Mais uma vez é preciso Recomeçar

CLUBE DO LIVRO ESPÍRITA DO BRASIL

www.clubedolivroespirita.com.br

Mais uma vez é preciso Recomeçar

MARISE CEBAN
pelo espírito Sofia

JOEL F. DE SOUZA
Revisor técnico

2ª Edição
Fevereiro de 2010
10.000 exemplares
15.001 a 25.000

CENTRO ESPÍRITA AMOR E CARIDADE
BAURU

Rua 7 de Setembro, 8-56
Fone/Fax (14) 3227-0618
CEP 17015-031 - Bauru - SP
site: www.ceac.org.br
e-mail: editoraceac@ceac.org.br

Dados Internacionais de Catalogação na Publicação (CIP)
(Câmara Brasileira do Livro, SP, Brasil)

Sofia (Espírito).
Mais uma vez é preciso recomeçar / pelo espírito Sofia ; [psicografado por] Marise Ceban ; Joel F. de Souza, revisor técnico. -- 1. ed. -- Bauru, SP : CEAC Editora, 2009.

1. Espiritismo 2. Psicografia. 3. Romance espírita I. Ceban, Marise. II. Título.

09-11268 CDD-133.9

Índices para catálogo sistemático:

1. Romance espírita : Espiritismo 133.9

Mais uma vez é preciso recomeçar é uma
continuação do romance *"Sibéria, berço da Renovação"*–
pelo espírito Sofia;[psicografado por]Marise Ceban
Bauru, SP: CEAC Editora, 2008.

Ao meu marido JOEL,
pelo companheirismo e pelas
revisões dos meus trabalhos.

Sumário

Observação sobre as notas:
autora espiritual (NAE); revisor (NR)

Prefácio

A alegria toma conta de mim.

Tantos anos são passados desde os mais recentes acontecimentos e outros tantos da feitura do primeiro livro[1]; porém o sentimento ainda nos causa profunda comoção.

Não saberia especificar com grande eloquência toda a trajetória desse vivenciar. Sei apenas que meu espírito assimila a cada dia novos aprendizados neste emaranhado fluídico da Criação.

As leis divinas são tão perfeitas e belas que permitem a cada um de nós verificar, nas mínimas coisas, a grandiosidade de DEUS.

Quanto agradeço, Mestre Jesus, as oportunidades que me destes e que ainda permites.

Bem-aventurados aqueles que se orientam pelo Evangelho do Cristo.

1 Psicografado em 2.001.

Bem-aventurados todos que se permitem corrigir.

Bem-aventurados somos, porque, como filhos de DEUS, podemos caminhar ao Seu encontro.

Irmãos! Que estas experiências narradas possam trazer esperanças aos corações intranquilos.

Estejam certos de que a paz do dever cumprido é a maior alegria que o espírito pode sentir.

Jesus é o nosso Guia, sigamo-lo.

SOFIA

Itupeva/SP, maio de 2.009.

Parte 1

Nasci. Dia 23 de fevereiro de 1.899.

Todos na família estavam contentes. Minha mãe encontrava-se radiante com uma menina. Era tudo o que ela queria. Meu pai, um homem tosco, estava feliz só pelo fato de ter mais um filho, se homem ou mulher, tanto fazia.

Havia um irmão, Ivan Suschikskits. Um bom menino. Era até então a esperança da família. Seguiria os passos do pai.

A região era inóspita: o gelo e o frio acompanhavam as pessoas durante toda a sua vida.

Vivíamos numa espécie de cabana. Éramos pobres. A família se mantinha com o trabalho de meu pai, entregador de correspondência e também lenhador. Minha mãe o ajudava, fazendo maravilhosos pães que eram vendidos ou trocados por outros alimentos. Assim sobrevivíamos.

Nada de extraordinário acontecia. Na cidade pacata, os moradores, tristes em sua maioria, viviam quase como autômatos.

Com o passar dos anos, porém, minha mãe percebeu que Ivan não se desenvolvia como uma criança comum. Algo de errado estava acontecendo com aquele menino.

– Bassiliev, estou percebendo que nosso filho age de modo estranho. Seus movimentos são lentos, até sua fisionomia aparenta uma forma grotesca. Já era tempo dele falar. Até Lídia, bem menor, demonstra vontade de se expressar.

– Minha mulher, não quero saber de explicações. Estou desconsolado com o caminho que essa criança está tomando. Não poderei contar com ele se continuar desse jeito.

– O que faremos, Bassiliev?

– Eu sei lá o que faremos? Deixe-me em paz e resolva você, a culpa é sua.

Meu pai se afastava dos problemas domésticos com muita facilidade. Para ele, essa tarefa era exclusivamente das mulheres. Elas eram responsáveis também pelos filhos que colocavam no mundo.

Minha mãe, Helena, era amorosa, compreensiva, mas se impunha quando necessário. Tratava-se de uma mulher enérgica, acostumada com as dificuldades da vida.

– Irei procurar me informar sobre o problema do Ivan. Se Bassiliev não quer participar, é um problema dele. Irei resolvê-lo à minha maneira.

Decidida, Helena procurou conversar com o maior número de pessoas da cidade, em busca de respostas para a dificuldade de Ivan.

Para uma cidade perdida no mapa, longínqua, sem muitos recursos, a tarefa se tornou dificultosa, todavia minha mãe não se deteve.

Os anos foram passando, eu fui crescendo. Menina esperta, gostava dos afazeres domésticos, mas também procurava desvendar o que existia além da minha casa.

Como éramos muito amigas, minha mãe e eu nos tornamos confidentes. Tudo perguntava para ela que, na medida do seu entendimento, respondia-me.

A vida era uma beleza. A cidade em que vivíamos possuía um bom movimento. Quando o frio permitia, as pessoas circulavam pelas ruas para adquirir o considerado indispensável às suas sobrevivências. A preocupação com o inverno mais rigoroso fazia com que trabalhassem para armazenar provisões para os dias nos quais a neve não lhes permitiria a saída de casa. Para as crianças, contudo, era sempre uma festa, uma vez que podíamos brincar com a neve. Uma delícia.

Em casa, nas horas mais calmas do fim da tarde, minha mãe sentava-se ao meu lado para ensinar-me as letras. Ela não era culta, mas queria que eu aprendesse, pelo menos, o necessário.

Eu adorava estudar, sentia uma alegria imensa.

– Papai, venha estudar comigo! Sempre convidava meu pai quando ele voltava do trabalho; porém a resposta era constantemente a mesma:

– Não me amole, menina, estou cansado. Você pensa que nada faço durante o dia? Sua mãe é quem tem tempo. Eu me acabo no trabalho e quando chego em casa preciso ainda aguentar amolação de criança! Helena, tire esse infeliz das minhas pernas!

Longe de se aborrecer, minha mãe lhe obedecia. Ivan não andava, se arrastava, grudava nas pernas das pessoas e as olhava fixamente.

Longe de fazer um carinho no filho, meu pai, quando não o empurrava, gritava para minha mãe, a qual imediatamente retirava o *"estorvo"* de perto dele.

Nem um pouco de paciência, nem tolerância, muito menos amor emanava daquele homem. Sisudo, triste, era evidente que a felicidade não morava em seu coração.

Em casa também tínhamos o costume de orar. Minha mãe e eu fazíamos as preces antes que eu adormecesse. Éramos cúmplices, rezávamos baixinho, pois meu pai não poderia ouvir. Se por vezes manifestávamos o nosso júbilo em voz um pouco mais alta, ouvíamos gritos de *"calem-se, quero dormir"*. Ele tinha horror à religião e a tudo que dela provinha.

Quanto a mim, ao contrário, queria aprender mais e mais sobre as Escrituras, sobre o *"Nazareno"*, como era chamado aquele que veio falar de Deus.

Na vizinhança, tínhamos uma companheira que vivia para a sua devoção. Era uma senhora viúva, mãe de duas meninas que regulavam em idade comigo. Sempre que possível, eu seguia para a casa dela. Eram momentos maravilhosos, pois nos ensinava tudo o que sabia sobre os apóstolos e sobre Jesus.

Quando as tarefas do lar permitiam e Ivan não estava nervoso, minha mãe para lá se dirigia também, tomando o cuidado de retornar bem antes da chegada de meu pai.

– Sabe, Lídia, as lições passadas por Weruska me fortalecem muito, inclusive para cuidar de Ivan. Tenho aprendido que ele possui um problema na cabeça – não tem cura –, portanto o exemplo de amor que vejo no livro sagrado me encoraja.

– A senhora está querendo me dizer que Ivan ficará assim para o resto de sua vida?

– Isso mesmo, Lídia. Nunca conheceremos o verdadeiro Ivan. Ele nunca será igual a você ou a qualquer outra criança.

– E quando ele crescer?

– Não irá se tornar um adulto. Permanecerá como está agora, alheio ao mundo. Tenho a impressão de que ele vive fora da nossa realidade.

– Sabe, mamãe, também acho. Ele não acompanha as minhas palavras, não me entende!

– Não é só a você que ele não entende, nem mesmo alguém à sua volta; ele não entende nada.

– Como é isso, mamãe?

– Explicou-me um doutor que estava de passagem por aqui, no mês passado. Ele foi categórico: existem outros casos iguais na Europa e não há cura. Essas pessoas, consideradas loucas, ficam internadas em um lugar apropriado para elas.

– Não estou entendendo.

– Ele me contou que os médicos estão estudando essa doença e que por isso as pessoas ficam isoladas da família. Em alguns lugares essa doença é tão drástica, que as pessoas agem como animais.

– Nossa, mamãe! Não quero acreditar que Ivan se transforme num animal.

– Nem eu, minha filha. Peço a Deus que nos livre de tal castigo. Se isso acontecer, não sei como seu pai reagirá.

– Acho que ele nos matará.

– Credo, Lídia! Não diga uma coisa dessas! Confio em Deus que seu irmão não piorará.

– Vamos rezar todos os dias para ele.

– É o que venho fazendo, minha filha.

Mesmo sendo uma criança de nove anos, percebera o profundo sofrimento de minha mãe. Estava de mãos atadas e, pior ainda, sozinha.

Será que todos os homens são como meu pai? – pensava. Nunca irei me casar. Eu me encontrava com medo de vir a me unir a um marido igual ou pior e, além do mais, não queria ter um filho como o Ivan.

– Lídia, você não deve pensar dessa forma! Olhe para as pessoas lá fora. Quantas crianças iguais ao Ivan você conhece?

– Nenhuma mamãe, somente ele.

– Então não fique achando que com você acontecerá a mesma coisa. Essas respostas somente a Deus pertencem.

– Então Deus foi ruim com a senhora?

– Claro que não, Lídia! Se me encontro passando por essa dificuldade, alguma coisa Deus reservou para mim.

– Deus continua sendo bom?

– Sem dúvida, minha filha. Louvemos a graça de você estar com saúde.

– Ainda bem que tenho saúde. Louvado seja Deus.

Em todos os momentos possíveis, minha mãe procurava me orientar para a crença em Deus, a fim de que eu aceitasse as dificuldades com resignação.

– Não podemos lutar contra Deus. O que está escrito não podemos contestar. Devemos, como bons filhos, aceitar tudo o que Deus-Pai nos manda.

– E por que papai não O aceita? Ele nem gosta do Ivan!

– Minha filha, não recrimine seu pai, ele teve uma infância difícil, vivendo apenas para o trabalho. Criado sem mãe, não pôde receber a oportunidade de aprender o que você está aprendendo.

– Desculpe-me, mamãe, não quis ofendê-lo.

– Sei disso, minha filha. Temos que ter paciência com seu pai. Um dia ele irá compreender. O que cabe a nós, Lídia, é fazer a nossa parte da melhor forma possível.

– Não sei qual é a minha parte, mamãe!

– Não se preocupe, filha, a existência está apenas começando para você, nada ainda viveu de ruim. Aproveite as oportunidades que a vida está lhe oferecendo, o futuro só a Deus pertence.

– Está bem, mamãe.

– Agora é tempo de aprender e de me ajudar nas tarefas de casa.

Assim estava caminhando minha vida. Havia simplicidade, dificuldades materiais, mas nunca nos faltou o pão, necessário para o corpo; nem a fé, necessária para a alma.

Eu me achava sempre à procura de coisas novas. Já mais crescida, comecei a sair de casa e a conversar com as meninas da minha idade pelas vizinhanças.

Nessa convivência, um dia conhecemos uma senhora. Estranha, muito feia, com um lenço na cabeça, assustou-nos. Entretanto, sua fala macia e seus gestos carinhosos atiçaram nossa curiosidade.

Não passávamos de garotas do interior, criadas somente com os assuntos de casa, família, comidas. Estávamos apenas nos preparando para sermos boas donas de casa. Que mais poderia existir?

Quando Tífia se avizinhou – esse era o nome daquela senhora estranha –, ficamos ao mesmo tempo assustadas e curiosas.

– Vocês são muito jovens, nada conhecem da vida. Eu poderei ajudá-las a conhecer o mundo.

– Nós já conhecemos o mundo.

– Você está sendo tola, garota. Que mundo você conhece? Estas ruas? A floresta ao lado? Algumas pessoas? Sua família?

– Sim, para nós é o bastante.

– Pensam que me enganam? Sei que se eu falar que posso mudar para melhor suas vidas, vocês ficarão curiosas.

– Eu estou curiosa. Como a senhora pode mudar nossas vidas? – Falei rapidamente.

– Muito bem, garota. Vejo que você é esperta e quer melhorar de vida.

– Quero saber: como pode mudar as nossas vidas? – insisti na pergunta.

– Se me acompanharem até minha casa, então mostrar-lhes-ei.

Olhamos uma para a outra, receosas. O que fazer? A curiosidade mandava-nos ir, mas o medo refreava nossos passos. Instalara-se a dúvida.

– Não iremos à sua casa. Se quiser falar alguma coisa, fale aqui, do contrário pode ir embora.

Izolda falou por todas nós. Era a mais velha, tinha um desembaraço maior. Agiu com determinação.

– Você está falando por todas? Essa não parece ser a opinião de suas companheiras. Quero ouvir cada uma.

– Eu não vou para sua casa. – falei em primeiro lugar.

Depois Barasha e, por última, Petrúvia.

– Está bem. Por agora nada mais tenho a dizer. Voltarei quando estiverem sentindo minha falta.

Foi um alívio quando a mulher se afastou.

Passada a primeira impressão, o susto da apreensão foi embora. Voltáramos a ser as jovens alegres e dispostas para a vida novamente. Falávamos sobre os rapazes da região.

Logo cedo, com meus quatorze anos, despertei para o sentimento do amor. Estava apaixonada por um rapaz,

Dimitri Miskiv. Não era bonito nem gentil, mas, mesmo assim, sentia algo especial por ele.

– Não sei, disse Izolda, como você pode gostar de um rapaz tão sem jeito!

– É mesmo, Lídia, ele nem olha para você!

Barasha, a mais jovem, parecia mais velha do que os seus doze anos.

– Vocês poderiam me deixar em paz? Já disse que Dimitri é um bom rapaz. É trabalhador e gosta muito de ler romances policiais.

– Credo! Que gosto horrível.

– Você não sabe o que diz, Petrúvia. Já leu algum livro desses?

– Claro que não! Você sabe muito bem, Lídia, que nós, meninas, não podemos ler esse tipo de coisa.

– Então você não pode falar nada a respeito deles. Dimitri me contou uma história, no outro dia. Pareceu-me divertida e emocionante.

– Pare de se preocupar com esse garoto, você tem outras coisas para pensar! – Izolda, com seu ar ajuizado, falava naturalmente.

– Deixe de dizer besteiras, Lídia, queremos que você continue conosco.

– Ora, Barasha, claro que estarei com vocês. Para onde irei?

– Sei que você não vai sair daqui, mas não será mais nossa amiga.

– Você está falando asneiras, Barasha, nunca vou largar de vocês.

– Esse rapaz pode desvirtuar seus pensamentos, proibindo-a de falar conosco.

– Parece que vocês estão querendo me envergonhar. Não estou gostando dessa conversa.

– Então poderemos mudar de assunto, contudo com uma condição: você esquecer esse rapaz.

Pensei um pouco. Analisei o que era melhor para mim. Resolvi aceitar a proposta.

– Está bem, não falarei mais de Dimitri por um longo período de tempo.

Eu não poderia comentar mais nada com elas, porque, se ele viesse dialogar comigo, é claro que eu aceitaria.

A conversa continuou na amenidade. Logo, porém, minha mãe me chamaria.

– Preciso ir agora, falarei com vocês amanhã.

– Corri para casa como sempre fazia. Obedecia minha mãe nas menores coisas. Uma, porque era minha obrigação, conforme ela mesmo dizia; depois, porque eu adorava aquela mulher.

– Sim, mamãe! O que a senhora deseja?

– Lídia, vá até a casa de nossa companheira Weruska. Peça a ela que por favor venha até aqui.

– O que está acontecendo, mamãe? A senhora parece nervosa.

– Vá correndo, Lídia, não temos tempo a perder. Seu irmão passa mal.

Sem maiores perguntas, saí correndo.

Weruska, nossa vizinha mais próxima, era uma pessoa muito crente. Como já disse, era na casa dela que estudávamos as escrituras. Por que mamãe mandou chamá-la?

De imediato, a boa senhora se dispôs a me acompanhar.

– Aqui estou, Helena, o que houve?

– Preciso que me ajude nas orações! Ivan se debate como um alienado. Parece que não sente dor. Olhe, já está todo ensanguentado!

– Estou pronta para fazer o que for preciso. Nossas preces poderão acalmá-lo.

– Também acredito, Weruska, por isso pedi-lhe que viesse.

Meu irmão estava mais transfigurado que de costume. Tornara-se um alienado, mas, naquele instante, parecia em piores condições: transformara-se num farrapo humano, se é que alguém pode chegar a tanto.

Nessas circunstâncias, as preces começaram. Mamãe permitiu que eu permanecesse no quarto, desde que acompanhasse as rezas e não desvirtuasse o pensamento.

Procurei fazer o melhor que pude, embora a curiosidade me afligisse.

– Helena, veja! Ele está acalmando.

– Sim, pelo menos já não se bate mais! Só Deus-Pai para nos abençoar! Weruska, vamos Lhe agradecer, este é o momento.

Não entendi bem o que acontecera. Meu irmão estava mais calmo que habitualmente, parecendo um anjo a olhar para o alto.

– O que aconteceu com Ivan?

– Quieta, Lídia, depois conversaremos. Agora não faça perguntas.

– Helena, acredito cada vez mais no poder da oração. Como nos explica o padre nas preleções da igreja, temos um instrumento poderoso para falar com Deus.

– Sim, amiga Weruska. Não podemos jamais nos furtar à oração.

– Quando cheguei e o vi se debatendo, lembrei-me imediatamente da passagem do *"rapaz endemoninhado"*, constante dos Evangelhos[1].

– Bem lembrado! Era isso mesmo o que parecia acontecer. Ivan se debatia sem ao menos sentir dor.

– Vou ajudá-la, Helena. Esses ferimentos poderão causar problemas.

– Mais tarde vou até a casa da senhora Cravoskia. Pode ser que por lá esteja hospedado aquele doutor de Moscou. Ele poderá aliviar Ivan.

– Será o melhor a fazer.

Weruska saiu. Minha mãe agora olhava para Ivan, o qual permanecia muito calmo. Fez-lhe alguns carinhos, pegou-me pela mão e fomos para a cozinha.

– Sente-se, Lídia. Agora podemos conversar.

– Nossa, mamãe! Estou muito impressionada com o que aconteceu aqui em casa!

1 Mt, 17:14-21, conforme o Novo Testamento; Sociedade Bíblica do Brasil; tradução de JOÃO FERREIRA DE ALMEIDA (NR).

– Fale então, minha filha.

– Por que Ivan se debateu tanto? Nunca vi meu irmão daquele jeito.

– Em outros momentos, ele teve crises parecidas, todavia essa foi a pior delas.

– Por qual motivo, mamãe?

– Não o sei, minha filha. Apenas procuro dar-lhe o meu amor e o meu carinho nesses momentos, a fim dele vir a se sentir reconfortado.

– Mas será que ele sente seu amor, mamãe?

– Não sei lhe dizer, Lídia, mas é a única coisa que posso fazer. Sempre rezo sozinha, pedindo a Deus que me oriente, mas dessa vez, como ele até se machucava, achei melhor pedir a colaboração da valorosa amiga.

– A senhora acredita que ele se acalmou por causa de dona Weruska?

– Não por causa dela, mas por causa da prece.Da devoção, da sua fé que, unida a minha, pôde ajudar seu irmão.

– Que história foi aquela do *"endemoninhado"*, que dona Weruska comentou?

– Trata-se de uma passagem que nós lemos nos Evangelhos. Você não se lembra, Lídia?

– Para ser sincera, não estou lembrada.

– Da próxima vez que formos estudar as Escrituras com Weruska, pedir-lhe-ei para novamente lê-la para nós.

– E como o rapaz foi curado?

– Com o poder de Jesus Cristo. Este pediu a Deus e o rapaz se curou.

– Nossa! Como aconteceu com Ivan.

– Não, minha filha, Ivan não ficou curado como o rapaz do Evangelho. Ivan apenas ficou calmo. Ele continua doente.

– Entendi. Jesus Cristo curou o rapaz.

– Ele tudo pode, assim como Deus[2].

– Gosto muito das Escrituras. Por que não podemos ter uma aqui em casa?

– Porque seu pai não quer.

– Se a senhora comprar, ele não vai jogar fora. Seria um pecado.

– Pois fique sabendo, senhora tagarela, que ele já queimou uma. Quando me casei com ele, trouxe as Escrituras que havia ganhado de minha mãe. Quando as viu, a primeira coisa que fez foi queimá-las.

– Ele está errado.

– Embora ele esteja errado, você nem eu podemos criticá-lo.

– Mas mamãe!...

– Não discuta. Vá se lavar para prepararmos a refeição, seu pai não demora a chegar.

De certa forma fiquei com raiva de meu pai. Por que ele não gostava da Bíblia? Que ele não gostasse, até

2 Expressão muito forte, porquanto sabemos que nada se equivale ao poder de DEUS, conforme nos ensina a *Doutrina dos Espíritos.* (NR).

entendo, porém proibir minha mãe de lê-la, isso não podia fazer.

Enquanto a ajudava, meus pensamentos giravam em torno de meu pai. Ele era muito rude, não agia com delicadeza com ninguém, mas daí a queimar um pertence de minha mãe já era demais.

Resolvi: arrumaria outra Bíblia e dar-lhe-ia de presente. Mas como faria isso?

Pensei e considerei haver achado a solução: iria falar com Dimitri, ele lia muito, quem sabe poderia me ajudar.

Trabalhei mais contente. Quando meu pai chegou, a raiva já havia passado, embora os fatos estivessem presentes em minha cabeça.

Minha mãe, não sei bem por qual motivo, nada falou sobre Ivan. Quando meu pai perguntou se estava tudo bem, ela lhe respondeu:

– O dia transcorreu sem novidades. E para você, como foi?

– Um dia daqueles, amargo, tudo deu errado. Parece que tudo caminha para trás.

– Tenha mais confiança. Um dia as coisas poderão mudar.

– Cale-se. Não seja sem juízo. O que poderá mudar, se a vida é uma droga?

– Você está dizendo tolices, Bassiliev. É preciso que você coloque Deus em seu coração, Ele faz a diferença em nossas vidas.

– Já lhe disse que não quero falar sobre esse tal Deus. Você que fique com Ele para um canto, eu seguirei para o outro canto. Ora, que conversa tola! Assim perco até a vontade de comer.

Minha mãe sabia que ele só praguejava, pois não largaria um prato de comida ainda se a casa caísse sobre a sua cabeça.

Senti novamente uma grande raiva por aquele homem. Ainda bem que logo terminou o jantar. Depois de tudo arrumado, fui para minha cama, posicionada numa extremidade do cômodo onde comíamos, juntamente com Ivan e muitas outras tralhas.

O dia fora agitado e todas as suas emoções passaram pela minha mente: a mulher desconhecida, a conversa sobre Dimitri, a doença de Ivan, a oração, a explicação das Escrituras, a raiva de meu pai. Ufa! Fora, realmente, muita coisa para um único dia.

Como o sono não vinha, comecei a pensar sobre aquele homem do Evangelho, Jesus. Ele era estranho, mas ao mesmo tempo, fascinante. E com esses pensamentos acabei adormecendo.

A vida continuou sua rotina.

Num domingo bem cedo, quando a cidade ainda estava deserta, Tífia reapareceu. Como se encontrava bem a minha frente, assustei-me.

– Não se assuste, menina. Quero conversar com você.

– Tenho coisas a fazer. O que deseja?

– Quero que você conheça meus poderes. Sei que você admira muito um rapaz chamado Dimitri e posso dar-lhe algumas ideias.

– Não quero conversar com a senhora. Vá embora! Mas estava curiosa: como ela sabia tanta coisa sobre mim? Fiz menção de me retirar.

– Espere! Mais devagar, mocinha. Não precisa fugir de mim. Não devoro criancinhas. O assunto é sério, trata-se da sua felicidade.

– Não quero saber, vá embora.

No entanto, Izolda chegou para me ajudar. Determinada como era, logo deu saída para Tífia.

– Não sei, Izolda, como você consegue ser tão enérgica! Quando eu a mandei embora, ela nem se moveu, continuou falando.

– É porque você fala com medo. Eu não tenho medo dela.

– Você tem razão, ela me causa medo.

– Quando aparecer de novo, simplesmente vire as costas e saia. Ela esteve na casa de Petrúvia, ontem a tarde, então imaginei que poderia procurar outra de nós.

– O que será que tanto quer nos falar? Essa mulher parece doente.

– Pelo que dizem, é feiticeira. Quer pegar jovens garotas para transformá-las em bruxas também.

– Cruzes! Deus me livre! Que ela vá para bem longe de mim!

– Não precisa se benzer tanto, Lídia. Ela já se encontra longe daqui. Izolda ria.

– Ela sabe até sobre Dimitri.

– Ela sabe tudo sobre os moradores desta aldeia. Já não lhe disse que é feiticeira?

– É, você tem razão, ela pode tudo.

– Nem tudo. O padre falou, inclusive para minha mãe, que ela não pode mais do que Deus.

– O padre está sabendo sobre ela?

– Sim. Ele falou também que iria procurá-la, falar-lhe-ia e pedir-lhe-ia para que deixasse nossa aldeia, que seguisse para outro lugar.

– Seria muito bom se ela fosse embora.

– Também acho, Lídia. Se ela voltar de novo, faça o que lhe falei: vire as costas e vá embora. Ela não irá lhe pegar à força.

Nesse instante minha mãe apareceu na porta.

– Bom dia, Izolda. Como está sua mãe?

– Muito bem, dona Helena. Bem, já vou. Até logo mais.

– Mamãe, será que poderei me encontrar mais tarde com Izolda e as outras colegas para conversarmos?

– Hoje não, Lídia. Ontem conversei com seu pai e hoje iremos à casa de Weruska. Ele permitiu. Será uma boa oportunidade de refletirmos um pouco sobre as Escrituras.

– Ele sabe que vamos rezar?

– Não, Lídia. Ele sabe somente que iremos à casa de Weruska fazer-lhe uma visita.

– Ah!

Gostei muito da ideia. Era bom rezar. Melhor ainda era escutar as histórias que dona Weruska lia nos livros sagrados.

Esses encontros eram sempre reconfortantes. Mamãe ou dona Weruska liam os trechos evangélicos e depois, na maioria das vezes, dona Weruska os comentava.

Minha mãe era uma mulher muito inteligente, motivo pelo qual não sabia porque falava tão pouco naquelas reuniões. Quando lhe perguntava, somente me respondia:

– Filha, eu nada sei. Aprendo muito com nossa companheira. É preciso ouvir a palavra de Deus para compreendermos o seu real significado.

– Eu gosto muito, mamãe.

A Bíblia era lida sequencialmente, dividida em duas partes, ou seja, o Antigo e o Novo Testamento. Naquele dia seria comentado o Novo Testamento. Estávamos no Evangelho de Mateus e o assunto foi *"Mãos não lavadas"*[3].

Consegui entender perfeitamente que, assim como tínhamos os costumes materiais, precisávamos cuidar para termos também os costumes espirituais, ou seja, aqueles que nos ensinam a ser pessoas melhores.

– Precisamos cuidar principalmente daquilo que falamos. Podemos envenenar a vida de uma pessoa só por palavras.

– Não estou entendendo a sua explicação, dona Weruska. Como podemos envenenar uma pessoa só pelo que falamos? Não precisamos de veneno?

3 Mt, 15:1-20 (NR).

– Quero dizer, Lídia, que podemos envenenar não no sentido de veneno líquido, mas sim no sentido de que podemos tornar a vida ruim para uma pessoa. Por exemplo: se falarem mentiras a seu respeito, como você reagirá?

– Se forem mentiras, vou ficar muito brava. Ninguém tem o direito de inventar mentiras sobre outras pessoas. Mamãe me ensinou isso e achei certo.

– Sua mãe está certíssima. Então, Lídia, se falarem mentiras a nosso respeito, poderemos ter atitudes descontroladas e isso será um veneno. Ficaremos nervosas, tristes e, por vezes, uma só mentira poderá nos criar situações embaraçosas.

Isso é certo. Creio que entendi o que a senhora explicou.

– Pois bem, ainda precisamos estar atentas às nossas atitudes, porque do contrário pecaremos, trazendo sofrimentos futuros para nós mesmos.

– Não queremos ir para o inferno. – falou a filha mais nova de dona Weruska.

– Também eu morro de medo de ir para o inferno. Comentei.

– Sabemos que ninguém quer ir para o inferno, por isso estamos aqui aprendendo as lições sagradas. A cada uma corresponde uma parte do trabalho.

– Sábias palavras, amiga Helena, espero que nossas filhas saibam aproveitá-las.

Terminada a conversação, seguimos caladas. Nem minha mãe nem eu ousávamos conversar. Por outro lado ficava a me perguntar: qual seria a minha parte no trabalho? E sobre qual trabalho minha mãe se referira?

Fiquei a pensar por um bom tempo nesse assunto. Enquanto isso, os meses passavam.

Procurei me afastar de Dimitri. Alguma coisa me dizia que era errado eu estar conversando com ele. Encontrava-me apreensiva, principalmente pelo sentimento que nutria por ele. Era um erro.

Evitava até conversar com minhas companheiras nos horários de folga. Não saberia o que dizer e, além do mais, temia a presença de Tífia.

Um dia, porém, não pude evitar o encontro com Dimitri. Retornava para casa depois de entregar uma encomenda de pães para minha mãe.

– Olá, sumida! Há quanto tempo não a vejo! Por onde anda?

– Estou muito ocupada. Não posso conversar com você hoje... quero dizer, nunca mais.

– Qual o motivo?

– Não posso. Só isso. Tenho muito trabalho.

– Deixe um pouco o trabalho de lado. Quero contar-lhe algumas histórias.

Lembrei-me de imediato sobre os livros.

– Sabe, Dimitri, queria mesmo lhe pedir um favor. Será que você consegue um exemplar da Bíblia para mim? Quero dá-la de presente para minha mãe.

– Claro que consigo. Mas quem irá pagar?

– Pretendo arranjar o dinheiro.

– Então está feito. Quando estiver com ela em minhas mãos, vou até sua casa entregá-la.

– Não! Lá em casa nunca! Se meu pai ficar sabendo, poderá queimá-la.

– Então, onde a entregarei?

– Darei um jeito. Espere o meu comunicado.

E saí correndo. Não queria dar oportunidade para Dimitri continuar a conversa. Estava fazendo uma coisa muito errada, conversar com ele, mas a causa era boa. Deus poderia me perdoar. Em minhas preces, hoje à noite, falarei com Deus sobre esse assunto.

Minha mãe nem percebeu o estado de agitação no qual cheguei, estava com a atenção voltada para Ivan.

– Lídia, ajude-me, filha. Seu irmão começou a se debater novamente. Segure as mãos dele, enquanto vou buscar um pouco de água. Poderá lhe fazer bem.

– Não demore, mamãe, Ivan está fazendo muita força, acho que não vou aguent...

Nesse instante o rapazote se sentou e, com muita fúria, começou a me agredir.

Minha mãe, apavorada, correu em nossa direção. Com muito amor, porém com firmeza na voz, falou áspera com Ivan que a encarou, surpreendido.

– Basta, rapaz! O que pensa que está fazendo? Temos lhe dado amor, compreensão e tolerância. Ninguém quer o seu mal, muito ao contrário. Se sua irmã estava lhe segurando, era apenas para que você não machucasse a si próprio. Vamos, está livre agora! Portanto, se quiser se bater, então faça isso.

Parei de chorar. Estava espantada. Minha própria mãe mandava Ivan se bater! Aguardei os acontecimentos.

Para minha surpresa, Ivan sentou-se e permaneceu completamente quieto.

– Estamos dispostas a lhe ajudar, todavia se você não quiser colaborar, mudaremos as atitudes.

Minha mãe se levantou e eu me afastei, enquanto Ivan, agora de cabeça baixa, nada manifestava.

– Você está machucada, Lídia?

– Um pouco. Veja meu braço. Também me puxou o cabelo!

– Nada de mais. Preciso aprender a lidar com a nova fase de Ivan, parece estar se tornando violento.

– Não quero mais cuidar dele.

– Não seja tola, se preciso for, cuidará sim.

Minha mãe sempre fora enérgica e eu não ousaria desafiá-la. Seguiria suas ordens.

Passados alguns meses, mudou-se para a cidade uma família abastada. O pai era médico, Sr. Grinspy, Arthur Grinspy; sua esposa, dona Waltraud Grinspy. A família se completava com uma moça chamada Rinha Grinspy e Arthur Sell Grinspy, o filho que estava em Moscou, terminando seus estudos. Também seria médico.

Ficamos conhecidos dessas pessoas, porque minha mãe foi falar com o Dr. Arthur tão logo soube que o distinto senhor era médico. Queria uma opinião sobre Ivan.

Sem rodeios, a consulta foi marcada. O caso de meu irmão foi analisado e o veredito foi dado. Ele precisava de um tratamento à base da força.

– Eu mesmo cuidarei disso. Traga o rapaz duas vezes por mês, farei o que for necessário por ele. Era uma oportunidade para o médico fazer suas experiências.

Como minha mãe não tinha posses para pagar o tratamento, então ficou acertado que eu, com quatorze anos na época, faria toda a limpeza da casa e ainda ajudaria dona Waltraud na cozinha.

– Mamãe, se estiver como empregada dessa família a semana inteira, não terei mais tempo para nada.

– Lídia, você não deve reclamar. Seu trabalho será em benefício de seu irmão. Além disso, você estará se disciplinando. Quero o melhor para você.

– Se é do seu desejo, então irei.

– Não é só do meu desejo, pois temos uma dificuldade financeira e você precisa colaborar. Além do mais, terá a oportunidade de aprender coisas novas.

Permanecemos um bom tempo caladas. Minha mãe olhava para mim; entretanto, desconsolada, eu olhava em direção ao vazio.

– Lídia, essa é a sua parte no trabalho.

Imediatamente lembrei-me da grande dúvida de meses atrás. Alegrei-me, achara minha tarefa! Seria muito bom colaborar: ganharia o céu.

– Está bem, mamãe, a senhora tem razão.

– Pois então se prepare. Começará essa tarefa na próxima segunda-feira.

Estávamos no sábado. Pedi permissão e fui encontrar com minhas companheiras. Há muito tempo não as via e queria que soubessem do fato de estar com um grande trabalho a ser executado.

Todas se encontravam muito alegres e o reencontro provocou muita falação. Os assuntos pareciam novos, embora elas estivessem falando de suas famílias, de conhecidos, do movimento da pacata cidade.

Falei-lhes sobre a família Grinspy. Elas ficaram impressionadas com o fato de Ivan receber um tratamento tão longo e como este seria caro, pois eu iria pagá-lo com o suor do meu rosto.

– Lídia, você não está aborrecida com a tarefa?

– Não, querida Izolda. Conversando com minha mãe, ela me explicou que farei um serviço muito nobre: auxiliarei meu irmão neste momento difícil para ele.

– Você será uma heroína caso ele fique curado!

– Não tinha pensado nisso. Só desejo, sinceramente, que ele fique bom. Nos últimos tempos ele começou a ficar agressivo, até em mim já bateu.

– Nossa! Estou assombrada! O que sua mãe fez?

– Conversou com ele, dando-lhe uma repreensão bem dada. Você acredita, Barasha, que ele ficou quietinho? Acho até que entendeu minha mãe.

– Será que vocês não estão dando muito mimo para esse menino? Não seria melhor tratá-lo com desprezo?

– Não sei não, Izolda. Minha mãe sempre me disse que era melhor tratá-lo com carinho e muita atenção.

– Mas parece que não está dando certo. Se ele começou a agredir, é porque crê que todos são tolos.

– Não penso assim, Barasha. Vocês estão enganadas. Bem, creio que vou embora, esta conversa não está me agradando. Sei que meu irmão tem muitos problemas de saúde, mas, mesmo assim, nós o amamos e queremos que ele fique curado.

– Desculpe-nos, Lídia, não quisemos ofender. Só pensamos em amenizar o seu sofrimento e o de sua mãe. Fique conosco mais um pouco.

– Agradeço suas palavras gentis, Izolda, mas preciso ir.

Enquanto seguia para casa, pensei em como minhas amigas estavam sendo egoístas e insensíveis. Ivan era um doente, não tinha consciência do que fazia. No fundo sentia muita pena dele e, ao mesmo tempo, queria ajudar muito minha mãe. Era ela a pessoa que mais amava no mundo. Sabia que sofria muito, mas não demonstrava, estando sempre alegre e disposta.

Admirava-a, queria ser como ela. A conversa com as garotas me animou ainda mais para realizar o trabalho traçado. Conseguiremos ajudar Ivan.

O final da semana passou sem maiores novidades. Na segunda-feira, bem cedo, acompanhada de mamãe, apresentei-me para a senhora Waltraud.

– Senhora, esta é minha filha Lídia, a qual servir-lhe-á durante toda a semana pelo tempo que for necessário, conforme combinado com o Dr. Arthur, para o tratamento de meu filho.

– Fique descansada, dona Helena, sua filha não será tratada como escrava. Ela nos servirá, porém será tratada com dignidade. Somos tementes a Deus e tratamos as pessoas com o respeito que Ele nos pede.

– Fico muito feliz por minha filha ficar num lar cristão. Também somos tementes a Deus, minha senhora.

– Ótimo, assim poderemos resolver tudo com simplicidade.

– Bem, Lídia, seja uma boa criada, obedecendo e trabalhando com amor, como sempre fizemos lá em casa.

– Não se preocupe, mamãe, farei como me ensinou.

– Estarei lhe aguardando no fim do mês, quando você terá uma folga.

– Até lá, mamãe.

Quando me vi sozinha, olhei cada detalhe da cozinha onde me encontrava. Era uma casa suntuosa e parecia um lar feliz.

Com o passar dos dias fui descobrindo que a família se dava muito bem. Ninguém era rude como meu pai, nem o senhor Grinspy. Este tratava as esposa e filha com carinho.

Procurava desempenhar minhas atribuições da melhor forma possível e esse modo foi visto e apreciado pela patroa.

– Lídia, vejo o seu empenho em conservar a casa em ordem e isso muito me alegra. Se você quiser, nos períodos de maior folga, poderei ensinar-lhe alguns pratos típicos de minha terra natal.

– Gostaria muitíssimo, senhora. Onde é sua terra natal?

– Na Alemanha, uma terra muito distante. Vim para cá, como fui para muitos outros lugares, por causa do trabalho de meu marido.

– Na profissão de médico é preciso mudar de lugar?

– Sim, principalmente porque meu marido é um pesquisador. Ele vai atrás de casos difíceis.

– E por que vieram parar aqui?

– Boa pergunta, Lídia. Ficamos sabendo em Moscou, cidade onde morávamos, que nesta redondeza não havia um médico. Arthur acredita que o médico precisa estar em todos os cantos para ajudar as pessoas. Por esse motivo interessou-se em estar por aqui.

– É muito digno da parte dele fazer esse trabalho. Estou vendo, principalmente, o caso do meu irmão Ivan.

– Agora pelo menos ele terá uma oportunidade de cura.

– Agradeço muito a Deus por isso. Ah! Também agradeço ao seu marido.

Dona Waltraud sorriu.

Assim prosseguia minha vida, com muito trabalho, mas também com a descoberta de muitas coisas novas.

Rinha não era como sua mãe, pessoa afável e compreensiva. Não era ruim, contudo era quieta, mal conversava comigo. Estava sempre ocupada com os trabalhos manuais ou com os estudos de música.

Tocava piano, era muito versada. Quando sentava-se para tocar, principalmente após o jantar, encantava-me. Gostaria muito de ver minha mãe sentada ali, a ouvir tão belas músicas.

Desconhecia quando minha mãe trazia meu irmão para o tratamento. A sala de atendimento aos pacientes se dava através de uma entrada separada e nem era eu quem limpava o local. Havia uma senhora, muito séria, quem auxiliava o Dr. Arthur em todos os momentos. Ela chegara na cidade alguns dias depois da família Grinspy.

A minha curiosidade foi tão grande que cheguei a perguntar para dona Waltraud quem era a tal senhora.

– Lídia, ela é uma ajudante do Arthur, trabalha com ele há muitos anos. Sabe lidar com os pacientes e aplicar alguns medicamentos. É de grande valia para o meu marido.

– Ela veio de onde?

– Meu marido a conheceu ainda na Alemanha. Era uma jovem naquela época e se ofereceu para trabalhar. Era sozinha no mundo, mas gostava muito de lidar com as pessoas. Tinha cuidado da mãe doente por vários anos, tinha prática.

– Não é fácil cuidar dos doentes. Vejo isso pela minha mãe.

– Realmente, Lídia, se não é fácil lidar com eles nem na própria casa, que dizer então dos pacientes que sequer conhecemos? Helga é uma mulher dedicada.

– Eu não teria coragem.

– Lídia, no próximo domingo você poderá ir para casa, é a sua folga.

– Que bom! Estou com saudades de todos.

– Você deverá retornar na segunda-feira, bem cedo.

– Estarei aqui.

Fui para as minhas atividades com muito ânimo. Rever minha família, estar em casa novamente, era tudo o que queria. Precisava contar as novidades.

O tempo passou tão rápido que mal o percebi. O domingo chegou, preparei-me cuidadosamente, pedi permissão para dona Waltraud e saí.

Na rua, a sensação era de bem-estar. Fui cantarolando uma música, daquelas que ouvira Rinha tocar. Tudo era maravilhoso.

– Parece que anda nas nuvens!

– Oh!

Assustei-me. Era Dimitri.

– Você anda me espionando? Não gostei de encontrá-lo.

– O que houve? Agora que trabalha numa casa rica ficou orgulhosa?

– Não se fala assim com uma moça. Não sou orgulhosa, ou melhor, não fiquei orgulhosa só porque trabalho numa casa rica. Lá sou apenas uma trabalhadora, mais nada além disso.

– Então por que está me tratando tão mal?

– Vou ser sincera: não gostei de ver você aqui, logo que saí da casa dos Grinspy. Estou indo rever meus familiares.

– Encontrava-me ansioso para vê-la. Consegui a Bíblia.

Com essas palavras a alegria retornou.

– Que bom! Ela está aí com você?

– Não. Quero saber se você ainda a quer.

– Claro que sim! Você poderá entregá-la em minha casa, logo mais à tardinha. Espere que eu saia de casa.

– E o pagamento?

– Oh! Havia me esquecido. Como poderei pagá-lo?

– Eu é quem pergunto.

– Darei a resposta hoje à tarde. Até logo.

À medida que fui me despedindo, saí andando, não queria me demorar com Dimitri, principalmente porque pecava estando com ele.

Quanto mais me aproximava de casa, mais meu coração batia. Era muita alegria! Como estariam todos? Creio que bem, caso contrário dona Waltraud ter-me-ia dito alguma coisa.

Parei diante da porta, respirei fundo e entrei.

No primeiro cômodo da casinha, encontrei a família reunida. A única a se alegrar por me ver foi mamãe. Levantou-se e veio me abraçar.

– Filha querida, quantas saudades!

Meu irmão, é claro, nenhuma reação demonstrou. Entretanto reparei em meu pai: nem uma alteração em sua face.

– Bom dia, papai! Como vai?

Enquanto falava fui me aproximando. Ele permaneceu sentado. Percebi que era melhor não chegar perto.

– Já de volta?

– É minha única folga no mês.

Minha mãe, muito vivaz, desconversou:

– Lídia! Estávamos com saudades! Veja os bolinhos que preparei para você comer.

– É um grande desaforo! O dinheiro que você poderia contribuir para o sustento desta casa, está sendo gasto com um *"imbecil"* que a nada responde. É claro que ele ficará nesse estado pelo resto da vida.

Fiquei chocada! Foi mesmo meu pai quem proferiu tais palavras?

– Não fale assim, Bassiliev, estamos tentando salvar Ivan.

– Ora, mulher. Você está me desafiando. Este garoto nunca irá ficar curado. Quero que vá lá, na casa do tal médico, e renegocie o pagamento de nossa filha. Quero o dinheiro dela.

– Não irei fazer isso. Já conversamos. Dobrarei o meu serviço, mas continuaremos tratando do Ivan.

– Não. Quero o dinheiro dos serviços da Lídia. Estou ficando velho, já não posso trabalhar tanto.

– Lutarei até o fim.

Quando percebi que meu pai se levantava com ares de quem ia agredir, falei de maneira ríspida:

– Não vou parar de trabalhar em benefício de Ivan. O meu trabalho continuará sendo feito para pagamento de seu tratamento. Estou do lado de mamãe. Não quero...

Não pude terminar a frase, fui esbofeteada.

Minha mãe colocou-se na minha frente. Meu pai freou a mão, embora estivesse visível a sua ira.

– Não vou bater numa velha, saia da frente.

– Não sairei. Você só irá bater na minha filha se me matar primeiro.

Diante da coragem daquela mulher, meu pai esmoreceu. Virou as costas e saiu de casa. Minha mãe e eu começamos a chorar.

Ivan nos olhava como sempre, distante, muito distante. Não fazia parte daquele mundo. No que pensava? Onde estava seu pensamento? Coisa estranha...

– Lídia! Não vamos nos desesperar pelas incompreensões de seu pai. Ele, coitado, não tem o amor necessário para ajudar o Ivan. Sejamos nós, fortes o bastante, para superar as dificuldades.

– Estarei sempre do seu lado, mamãe, seja o que for que decida.

– Tenho certeza, filha, de estarmos fazendo a melhor coisa em benefício de seu irmão.

– É muito misteriosa a atitude de Ivan. Não consigo perceber onde ele se esconde, em que mundo vive.

– Sei das suas inquietudes, pois as minhas são as mesmas; porém, confio em Deus. Nada nos é dado sem que o mereçamos.

– E como vai indo o tratamento com o Dr. Grinspy?

– Lento, bastante lento. Estive, durante este mês, três vezes em seu consultório. Ele analisou por muito tempo as reações de Ivan. Praticamente são nulas. Falei com o doutor sobre os últimos acontecimentos, ou seja, na fúria em que o garoto se transforma.

– Isso se repetiu?

– Sim, enquanto você esteve fora, foram duas as crises de rebeldia. Foi preciso mais de uma hora para acalmá-lo, mesmo porque estava sozinha em ambas as situações.

– Como a senhora fez?

– Rezei, rezei muito. Conversei com ele, dei carinho. Graças a Deus seu pai não estava em casa.

– Papai ainda não assistiu a nenhum desequilíbrio de Ivan?

– Graças a Deus, não. Tenho medo se porventura isso vier a acontecer.

– Sim. Como ele irá reagir?

– Falemos um pouco de você. Noto que alguma coisa mudou. Está mais madura, fala com mais seriedade. Parece que a mudança de casa lhe fez bem.

– Estou aprendendo muitas coisas boas na nova casa, mas a saudade é muito grande.

– Não está pensando em desistir?

– Não, mamãe. É a última coisa em que penso. Estou aproveitando da melhor forma.

– Diga-me: o que faz durante o dia? Quero saber tudo.

A conversa seguiu num ritmo agradável, comigo falando o tempo todo. Os olhos de minha mãe brilhavam, parecia encantada. Para ela, também, era tudo novidade.

Só na hora da refeição foi que meu pai apareceu. Sem graça, com a cabeça baixa, nada falou. Minha mãe agiu como se nada tivesse ocorrido, permanecendo em silêncio.

Ajudei-a na cozinha e, à tardinha, saí na beira da porta, conforme havia combinado com Dimitri. Não precisei esperar muito, pois o rapaz já estava por perto, aguardando-me.

– Você demorou. Quase desisti!

– Bem, Dimitri, não posso me demorar aqui fora. Trouxe o livro?

– Aqui está.

– Quanto ao pagamento, farei na próxima semana. Vou receber umas gorjetas. Vá encontrar-se comigo no domingo, pela manhãzinha.

– Está bem. Espero que em nosso próximo encontro possamos conversar mais.

– Não posso. Vá agora. Nada mais temos a tratar.

Dimitri se foi. Com muita ansiedade entrei em casa. Afinal, era um presente para minha mãe que estava carregando em minhas mãos. Como ela reagiria?

Por sorte meu pai dormia.

– Mamãe! Pegue-o, é seu.

– Nossa!

Os olhos daquela mulher se arregalaram tanto que pareceram saltar. Nada falou. Abriu o livro numa página qualquer e começou a lê-lo.

– Minha filha, é uma maravilha! Onde o conseguiu?

– Comprei-o para a senhora.

– Como? Você tem dinheiro?

– Hoje não, mas vou ter no próximo domingo. Vou fazer uma encomenda de doces para uma amiga de dona Waltraud e ela disse que me daria alguns trocados. Assim pagarei o livro sem prejuízo do tratamento de Ivan.

– Minha filha! Mas esse dinheiro extra será para suas despesas!

– Nada disso, mamãe. Estive pensando, depois da conversa de papai. Pretendo fazer outras encomendas. Se porventura conseguir bons trocados, guardaremos o dinheiro para nós. Tencionava colocá-lo na casa, mas após a ganância demonstrada por papai, acho que não deverei fazer isso.

– Não quero interferir em suas escolhas, filha; contudo, se começar a ganhar alguns trocados, precisaremos contar para seu pai.

– Mas, mamãe! Ele vai pegar o dinheiro para gastálo nas bebidas!

– Sei disso, minha filha; porém, como dever, precisaremos lhe contar.

– Não estou de acordo, mamãe, mas se a senhora deseja proceder dessa forma, nada tenho a dizer. Obedecerei.

Minha mãe ficou por longo tempo dando-me argumentos sobre o que é dever familiar, sobre a obediência que devíamos ao chefe da casa e outras coisas desse tipo.

Sinceramente posicionava-me contra tais determinações legais, mas se era assim, tudo seria feito conforme os costumes.

Quando me deitei, senti uma vontade imensa de estar na casa dos Grinspy. Lá possuía mais liberdade. Praticamente era dona de meu nariz. Podia tomar algumas atitudes sem consultar meus familiares.

Analisando mais detidamente meus desejos, percebi que já não era tão feliz em minha própria casa. Agora tinha outros desejos. Descobri também que em nenhum momento senti falta nem me apeteceu rever minhas amigas. Modificara-me. Minha mãe tinha razão: transformarame numa pessoa mais séria.

Quando cheguei na casa dos Grinspy, todos se encontravam ainda dormindo. Comecei a preparar-me para as atividades do dia. Minha satisfação era grande.

De todos os acontecimentos ocorridos no dia anterior, apenas dois me marcaram: ver minha mãe e dar-lhe a Bíblia.

Mais para o fim da tarde, fui ao pátio limpar a neve que se acumulava. Um pouco afastada da casa estava Helga a conversar com alguém. De início não dei atenção, porém, olhando mais detidamente, verifiquei ser Tífia. Fiquei nervosa, embaraçada, e retornei a casa.

O que será que conversavam? Será que Tífia estava me procurando? Ou eram amigas? Helga estaria passando informações a meu respeito?

Ó meu Deus! Quantas dúvidas!

O que faria? Era um caso difícil. Tífia era uma feiticeira, poderia arruinar-me ali mesmo, dentro do emprego. Eu não tinha mais a proteção de minha família. Se ela inventar uma mentira, dona Waltraud poderá me colocar na rua. Como eu ficarei sem poder pagar o tratamento de Ivan? E ele, ficará condenado a viver doente o resto de sua vida?

– Lídia! Parece nervosa. O que houve?

– Nada, senhora Waltraud.

– Por que não está retirando a neve como disse que faria?

– É porque...

Demorei a responder. Nada me ocorreu na hora. Resolvi então dizer a verdade.

– Senhora Waltraud, eu comecei a limpar a neve, mas reparei que dona Helga conversava com uma mulher. Essa mulher é Tífia, a feiticeira, e pressinto que ela anda querendo fazer alguma coisa contra mim. Tenho medo.

Dona Waltraud foi até à janela e olhou para fora; depois virou-se para mim e, serenamente, falou.

– Conheço aquela mulher com quem Helga está falando. Não sei o nome dela, mas se trata de uma paciente do Arthur. Tem sérios problemas respiratórios, por isso anda sempre com a cabeça coberta. Sem dúvida Helga presta-lhe alguma explicação.

– Ela se trata com o Dr. Arthur?

– Sim, Lídia. Se fosse uma feiticeira, como você diz, ela mesma se curaria, não precisaria de ninguém para ajudá-la. Você não acha?

– Eu não sei o que dizer! Minha amiga Izolda disse para termos cuidado com ela...

– Deixe estar. Quando Helga entrar, perguntar-lhe-ei pessoalmente o que essa senhora queria. Agora, tranquilize-se! Vá cuidar de suas tarefas.

Saí da sala um pouco calma, porém a dúvida ainda me torturava.

Já em meu quarto, quando me preparava para deitar, bateram à porta. Era dona Helga.

– A senhora por aqui?

– Posso conversar um pouco com você?

– Sim... – hesitei. Por favor, entre.

– Dona Waltraud perguntou-se nesta tarde sobre dona Tífia. Como me falou para conversar com você, aqui estou.

– É porque tenho certo receio dessa mulher, ela me parece...

– Então, deixe-me explicar-lhe, depois você tirará suas próprias conclusões. Está certo?

– Sim, está. Para mim também era uma ótima oportunidade, a de me achar diante dessa mulher, Helga, pois igualmente a receava. Poderia tirar tais receios nesta mesma noite.

– Essa senhora, Tífia, vive sozinha numa casa muito retirada daqui, praticamente no meio da floresta. Vive lá, simplesmente, porque seu marido era lenhador e conseguiu, com o seu patrão, permissão para construir pequena moradia perto de seu trabalho.

Quando o marido faleceu, ela conseguiu permanecer na casa, porquanto não tinha outro lugar para morar. É uma pessoa muito doente. Sofre com o frio, precisa estar sempre muito agasalhada para resistir um pouco mais. Quando desaparece da cidade é porque está de cama, ou seja, piorou de sua doença. Como vive desacompanhada, por vezes demora a se recuperar. Ninguém gosta dela na cidade, ela sabe disso, mas como ela mesma diz: "*não tenho para onde ir*". Uma vez confessou-me que procura as meninas para conversar, para poder se distrair, ter algum diálogo. No fundo, Lídia, Tífia é uma pessoa muito infeliz. Sabe de uma coisa ou outra apenas por prestar atenção nas pessoas. É só.

– Ela vem muito aqui?

– Às vezes. Ela vem conversar com o Dr. Arthur. Depois passa algum tempo comigo. Gosto de lhe dar atenção, tenho pena.

– Ela não é feiticeira?

Helga sorriu.

– Claro que não. De onde você tirou essa idéia?

– Minha amiga Izolda disse para nos afastarmos dela. Ela falou coisas a meu respeito, verdadeiras. Não sei como soube.

– Então vocês acham que ela é feiticeira? Ora, Lídia, quando você encontrar suas amigas, será bom informá-las de que não existem feiticeiras e muito menos a senhora Tífia é uma.

– Vou fazer isso, mas não sei se irão acreditar em mim.

– Se você falar com convicção, não sei por que irão desconfiar.

– Pode ser.

– Quando dona Tífia voltar a esta casa, virei lhe buscar para tirar esta sua má impressão. É aconselhável conversar com ela.

– Eu? Conversar com ela?

– Sim, você mesma. É preciso conhecer as pessoas para depois julgá-las.

– Não sei se terei coragem.

– Você verá no dia. Agora, boa noite.

– Boa noite, dona Helga!

Quando fechei a porta, pensei: Lídia, você está completamente enganada com relação às pessoas. Aprendera uma grande lição: é preciso conhecer alguém para se poder falar desse alguém.

De todo modo, o melhor a fazer seria seguir as orientações de dona Helga.

Tinha meus sonhos. Desejava conhecer pessoas, ser rica para poder desfrutar de uma vida confortável, ter alguém para me servir. Era assim que adormecia quase todas as noites.

Diariamente limpava a neve do pátio na frente da casa. Nesses momentos podia observar todos que por ali passavam. Não eram pessoas bonitas, a grande maioria levava em seus semblantes a dor, a tristeza, a espera por tempos melhores.

Comecei a sair para a limpeza sempre no mesmo horário. Não sei explicar o motivo, contudo era observada por uma menina ao longe.

Parecia nova nas redondezas. Resolvi ir até ela para lhe perguntar o nome e outras coisas que estavam me incomodando.

– Bom dia, qual o seu nome?

Não obtive resposta. Insisti.

– Menina, qual o seu nome e por que me olha tanto? Há vários dias tenho observado a sua presença.

– Não gosto de você.

– Como assim? Você nem me conhece!

– Conheço muito bem. Você é a Lídia, aquela que pretende se casar com Dimitri.

– Claro que nunca pensei em casar com Dimitri!

– Não é o que dizem por aí. Até mesmo ele afirma que namora você.

– Isso é um absurdo! Apenas conversamos uma vez ou outra.

– É porque ele não deu o primeiro passo, senão a coisa estava mais séria.

A raiva tomou conta de mim. Aquela menina, que não era tão menina assim, estava querendo me dar lições de moral.

– Olhe aqui! Fique sabendo que nós apenas conversamos e, se você não quiser aceitar, problema seu. Não faço parte dessa bobeira.

– Bem, quero avisá-la, Lídia, que meu nome é Kripsia e estou, com autorização de meus familiares, namorando para casar com Dimitri. Não quero a sua interferência.

– Fique sossegada. É bom mesmo ele se afastar de mim.

Retornei para os meus compromissos, porém a moça não saiu do lugar no qual diariamente ficava.

No dia seguinte, quando saí para retirar a neve, Kripsia não estava me observando e não apareceu mais. Fiquei aliviada por algumas semanas; no entanto, numa tarde, quando atravessava a rua, encontrei Rinha conversando com Kripsia.

Levei um susto. Será que elas se conheciam há muito tempo? O que Kripsia teria dito a meu respeito para minha patroazinha?

Notei que Rinha começou a mudar em relação a mim. É certo que ela nunca demonstrara qualquer indício de amizade por mim, contudo agora me tratava com rispidez. Eu nada lhe respondia, recebia as ofensas com a cabeça baixa. Com o passar do tempo, as visitas de Kripsia se intensificaram e Rinha piorava no trato comigo.

Sem se aperceber disso, dona Waltraud começou a ser envenenada pelas duas moças. Era claro que Rinha tinha um poder maior sobre a mãe, quem mais a envenenava.

– Lídia, as coisas não andam mais tão bem nesta casa! Creio que você está fazendo corpo mole no serviço. Minha filha tem razão, estou lhe dando muita liberdade.

– Perdoe-me, senhora Waltraud, meu serviço continua o mesmo. Onde estou errando?

– Você está mais lenta, precisa se esforçar mais.

Agora entendia claramente que Kripsia trabalhava para que eu fosse afastada daquela casa.

No dia de minha folga, saí bem cedo da residência dos Grinspy, mas, antes de ir ver minha família, fui até à casa de minha amiga Izolda.

– Nossa! Lídia! É você? Há quanto tempo!

– Izolda, preciso de sua ajuda.

– Fale, estou escutando.

Passei a narrar-lhe os últimos acontecimentos. Izolda conhecia Kripsia. Presentemente esta mora com os tios na cidade. Antes morava no canto esquerdo da floresta, com seu pai. Era órfã. Como tornou-se mocinha, o genitor resolveu mandá-la para a tia, a fim de que esta cuidasse dela e lhe desse alguns conselhos. Eis a pequena história, conhecida, da jovem.

– Como posso ajudá-la, Lídia?

– Não sei ao certo. Penso que você poderia falar com Dimitri. Ele poderia pedir para ela ficar calada.

– Posso fazer isso, mas não garanto que ele irá me ouvir.

– Izolda, não posso sair desse emprego, porque, senão, meu irmão ficará sem assistência e, por outro lado, o que dirão meus pais? Você sabe que é mentira, jamais namorei nem ele nem ninguém!

– Acalme-se, amiga! Farei o que puder para ajudá-la. Não concordo com o que essa garota anda fazendo.

Retirei-me da casa de Izolda mais aliviada. Agora sim, estava pronta para ver minha mãe.

Como sempre, as coisas em casa não estavam bem. Meu pai continuava a proferir as mesmas ofensas e a querer o meu dinheiro Depois saía brigando comigo e minha mãe. Quanto ao Ivan, este encontrava-se sempre agitado, não havendo nele nenhum sinal de qualquer melhoria.

– Mamãe, a senhora tem certeza de que o tratamento do Dr. Grinspy está contribuindo para a melhora de Ivan?

– Quero acreditar que sim, Lídia; porém, com o passar dos tempos, ele se torna mais agressivo.

– E o que o doutor fala?

– Diz que é assim mesmo, com o tempo aceitará o tratamento e melhorará totalmente.

– Está muito demorado. Já estou há quase um ano naquela casa.

– Vamos aguardar, a fé deve prevalecer.

– Sim, mamãe, tenho orado todos os dias pela melhora de meu irmão.

– As coisas estão indo bem? Você ainda nada falou do seu trabalho.

– Tudo está muito bem, mamãe. Nada para se preocupar.

Eu era falante, contava cada detalhe dos acontecimentos para minha mãe, porém desta vez achava-me diferente. Queria me calar, esquecer por um dia os aborrecimentos causados pelos desaforos ouvidos.

– Mamãe, vamos fazer alguma comida diferente?

– Você preparará, eu só irei ajudá-la. Tenho lido muito as Escrituras. Vou lendo alguns trechos para você, enquanto trabalha.

– Será bom. Não tenho a oportunidade de falar sobre a Bíblia. Naquela casa ninguém é religioso.

– Lídia, com este livro temos ânimo para enfrentar qualquer dificuldade.

– Mamãe, não é o livro. Desde que lhe conheço, a senhora sempre foi muito corajosa.

– Procurei enfrentar a vida conforme os ensinamentos de minha mãe, mas agora, com o livro na mão, vejo as dificuldades com outros olhos. A fé nos move, Lídia.

– Espero que a sua fé chegue até mim.

– A fé não é transferida, minha filha, é uma conquista. Desejo muito que você a encontre.

– Também desejo encontrá-la.

A conversa com minha mãe me animou muito. Quando retornei à casa dos Grinspy, achava-me renovada. Tudo aguentaria sem fraquejar. Estava confiante também na conversa de Izolda com Dimitri. Algum resultado haveria de dar.

Por uma semana, nada de anormal aconteceu. Nem Kripsia apareceu na casa. No entanto, numa quarta-feira à tarde, quando cuidava dos meus afazeres, Helga entrou na cozinha e me disse:

– Lídia, venha comigo. Lá fora alguém quer vê-la.

Obedeci. Nada passava pela minha cabeça. Quando cheguei na soleira da porta, vi que Tífia me aguardava.

No primeiro momento senti medo, depois constrangimento, por fim resolvi ir até onde se encontrava.

– Como tem passado, mocinha?

– Bem, e a senhora?

– Não muito bem, alguns problemas de saúde me tiram o bom ânimo.

– Desejo-lhe melhoras.

– Obrigado, mas não vá embora. Vi-a limpando a neve noutro dia e perguntei para minha amiga Helga o que você fazia aqui.

– Ela lhe explicou, presumo.

– Sim, mas isso não vem ao caso. Gostei de você, garota. Quando lhe convidei para ir à minha casa, realmente queria lhe ajudar. Esse rapaz, Dimitri, vai se dar muito mal com essa moça com a qual pretende se casar. Você seria mais adequada para ele.

– Sinto muito, senhora, não desejo falar sobre isso.

– Por que, Lídia? Você não está namorando alguém, está?

– Por favor, pare com esse assunto! A senhora está me constrangendo. Não foi para falar sobre isso que vim atendê-la.

– Foi porque, então?

– Para conhecê-la melhor. Tive uma impressão errada, precisava conversar para conhecê-la.

– Lídia é uma boa moça, senhora Tífia. Aqui nesta casa todos gostam muito dela. Helga, sem que eu esperasse, defendeu-me, talvez até querendo me proteger. Vislumbrei nela, imediatamente, uma aliada.

– Não estou dizendo o contrário e até acho que ela seria melhor esposa para Dimitri.

– Peço licença, preciso terminar meu trabalho. Outro dia conversaremos com maior tranquilidade.

– Se está com pressa, pode ir, garota. Outro dia falaremos. Devo me retirar também.

Quando me vi a sós com Helga, aproveitei para explicar-lhe a situação.

– Você não deve nenhuma explicação para mim, Lídia. Fique sossegada, nada será dito para a família Grinspy.

– Obrigada, dona Helga. Realmente nada tenho a ver com esse rapaz.

– Para mim, a menina Rinha está sendo criada com muito mimo. Poderá ser um belo problema no futuro. Já reparei que essa nova amizade, a da garota Kripsia, não é salutar para uma jovem avoada como Rinha. Aquela outra lhe domina completamente. Acredito mesmo que ela poderá influenciar a senhora Grinspy negativamente. Tenho informações da própria tia de Kripsia, que ela não é uma garota confiável, o próprio pai estava cheio dela.

– E por que a tia a aceitou?

– Porque deve favores para o irmão. O tio de Kripsia é um bêbado e quem sustenta a família é Grovischi, o pai de Kripsia.

– Que situação complicada!

– Pois é, Lídia. Nem tudo que aparenta ser é de verdade. As pessoas possuem problemas enormes e muitas vezes achamos que nada de ruim as atinge.

– Minha mãe, bem diz, que sem fé nada podemos.

– Sua mãe tem muita razão.

Retirei-me para o interior da casa. Por sorte ninguém percebeu minha ausência e, por outro lado, pude perceber em Helga uma verdadeira companheira. Alguma coisa dizia-me ser ela minha garantia naquela casa.

Com o passar dos dias, Kripsia começou a me atacar pessoalmente. Aguardava o momento oportuno e, a sós, falava tudo o que lhe vinha à cabeça.

Eu queria esconder o quanto podia, porém Helga me aconselhou:

– Fale com a Sra. Waltraud. Conte-lhe tudo. Ela vai entender o quanto você está sendo vítima dessa menina impetuosa.

– Ela poderá não gostar, poderá pensar que estou a fazer intrigas. Não se esqueça que a senhorita Rinha é muito amiga de Kripsia.

– Este é um bom motivo. Quando dona Waltraud souber com que tipo de amizades a filha está conversando, tomará uma atitude.

– Seguirei o seu conselho.

– Pode citar o meu nome. Se a dona Waltraud vier me perguntar alguma coisa, confirmarei o que você disse, mesmo porque será a pura verdade.

Criei coragem. Hoje será o dia. Assim que tiver uma oportunidade, contar-lhe-ei toda a opressão pela qual venho passando.

À tarde encontrei dona Waltraud sozinha na sala. Coisa rara, pois sempre tinha a companhia de sua filha.

– Dona Waltraud, posso lhe falar?

Por causa das conversas de Kripsia, a patroa não estava nada amável comigo, contudo foi educada.

– Diga.

– É um assunto delicado, porém, peço a sua atenção. Vou falar sobre Kripsia.

E assim comecei a narrar todo o ocorrido. Dona Waltraud em nenhum momento me interrompeu. O silêncio significava atenção. Quando terminei, ela me olhou fixamente e perguntou-me:

– Você conheceu essa garota aqui na porta de casa, trabalhando. Foi na mesma época que ela se aproximou de Rinha?

– Sim, na mesma época. Ela usou de um artifício, a música, para estabelecer amizade com a senhorita Rinha.

– Pelo que você está me contando, essa garota é perigosa!

– Não intenciono ser maliciosa, todavia se a senhora quiser uma confirmação de tudo o que foi dito, poderá consultar dona Helga.

– É o que farei agora mesmo. Vá chamá-la. Preciso resolver o assunto o mais rapidamente possível.

Helga confirmou toda história e ainda acrescentou:

– Dona Waltraud, a tia dessa garota é paciente do senhor seu marido e vem semanalmente aqui falar com o doutor. Em cada visita uma informação diferente. A pobre senhora se acha desgostosa, a sobrinha lhe dá muito trabalho.

– Bem, Helga, esses detalhes não quero saber de momento. Obrigada pelas informações.

– Nada lhe disse anteriormente para não parecer intrigueira.

– Acredito que sim. Vou falar com Rinha, ela precisa terminar essa amizade imediatamente.

– Não precisa me contar nada, mamãe, ouvi toda a conversa.

– Rinha! Dona Waltraud estava admirada, não esperava essa atitude da filha.

– Perdoe-me, mamãe, mas quando estava chegando, escutei meu nome e resolvi aguardar o término da conversa. Creia-me, estou indignada com tudo isso.

Alguns minutos de silêncio se fizeram na sala. Foi a própria Rinha quem tornou a falar:

– Lídia, desculpe-me pelas palavras agressivas que lhe disse. Mamãe, quero me desculpar com a senhora também, pois enchi sua cabeça de conversas maldosas a respeito de Lídia.

– Deixemos essa história de lado. Espero que você tome as medidas cabíveis: não quero mais tal garota aqui nesta casa.

– Fique tranquila, mamãe, isso será feito na primeira oportunidade.

Kripsia não foi recebida nas três vezes em que esteve na casa. Helga tratou de conversar com ela, explicando-lhe que Rinha não desejava mais vê-la. Falar-lhe-ia no próximo domingo, na igreja.

Assim foi feito. Fiquei sabendo da conversa, porque Kripsia, logo na segunda-feira cedo, quando eu limpava a neve, veio falar comigo. O tom da conversa foi ameaçador:

– Você pensa que está lidando com quem? Foi falar coisas que não deveriam ser ditas! Escute bem, garota, você não perde por esperar! Vou me vingar de você!

– Kripsia, não entendo porque me tem tanto ódio! Você sabe muito bem que eu só conversava de vez em quando com Dimitri e, nos últimos tempos, falei com ele apenas para pagar o livro que dele comprei.

– Ora, cale-se. Dimitri é só um pedaço da história. Nós tínhamos outros interesses nessa família. Você estragou tudo! Arranjaremos uma solução.

Fiquei assustada! Contei a conversa ameaçadora para Helga que, novamente, aconselhou-me a falar com a patroa.

– Que ameaça esquisita! Não posso imaginar qual motivo teriam para se aproximar de minha família. De qualquer modo ficarei acautelada.

– Sim, senhora.

– Se perceber algum movimento estranho, avise-me.

– O que diz o Dr. Arthur?

– Não contei para ele, não considerei ser um assunto grave. Porém, se alguma outra coisa acontecer, informar-lhe-ei de tudo.

Voltei às atividades normais. Embora minha situação na casa houvesse melhorado, meu coração não sossegara: Kripsia queria mesmo vingar-se.

– Dimitri, pense em alguma coisa, rapidamente. Agora que estou fora daquela casa não sei como você poderá conhecer Rinha.

– Espere um pouco, estou pensando. Aliei-me a você para facilitar as coisas, não para ser perturbado.

– Você tentou se unir também com a criadinha, mas não conseguiu.

– Não me atormente. Tentei aproximar-me de Lídia logo na primeira folga dela, mas foi esperta não me dando atenção.

– Quis só saber do livro. Kripsia riu-se, fazendo Dimitri se lembrar do primeiro encontro comigo tão logo comecei a trabalhar para os Grinspy.

– Pare de zombar de mim. Preciso de ideias e não de risadas.

– Só vejo um jeito: você mesmo precisará se aproximar de Rinha. Irá, vagarosamente, conquistando-a.

– Preciso pensar. As coisas terão que ser feitas com critério. Para me casar com Rinha, minhas atitudes deverão ser polidas, devo adquirir ares de moço educado no exterior.

Kripsia se divertia.

– Essa história é engraçada.

– Garota, se você continuar se divertindo com as minhas ideias, ficará fora do plano.

– Isso nunca! Quero ser dona daquela casa e de muito mais. Irei traí-lo se for esquecida.

– Sei que é bem capaz de tal comportamento. Vamos então continuar.

Dimitri pensava em casar-se com Rinha para possuir a fortuna de seu pai. Kripsia fazia parte do plano. Ela seria a intermediária entre o casal, já que eles não se conheciam. Quando falei com dona Waltraud e esta proibiu a amizade da filha com a jovem, Kripsia ficou sem ter como continuar o plano. Por esse motivo, as ameaças.

Passadas algumas semanas, percebi que Rinha retornava diferente do culto semanal na igreja. Parecia mais feliz, semblante mais alegre. Não podia perguntar o que estava acontecendo, porque não lhe era íntima, mas fiquei bem curiosa.

Num domingo à tarde, depois de tudo arrumado, sentei-me com Helga na cozinha para uma conversa. Sem que eu esperasse, ela me contou que um rapaz da igreja estava cortejando Rinha.

– Ah! Então é esse o motivo da mudança! Faz algumas semanas venho percebendo a alegria no semblante da senhorita Rinha. Então é um rapaz! Como não pensei nisso antes?

– É, Lídia, o amor transforma as pessoas. E parece ser um rapaz de boa estirpe.

– Como ela o conheceu?

– O próprio padre foi o alcoviteiro.

– Bom para ela. – falei com certa inveja.

– O que foi, Lídia? Parece aborrecida.

– Só estou pensando: por que Deus não me dá um noivo também? Será porque sou apenas uma criada?

– Quanta tolice! É claro que ainda não chegou sua hora. O que nos está reservado ninguém tira.

– Você conhece o rapaz?

– Não, nunca o vi. Pelos comentários é aqui da cidade.

– Gostaria de conhecê-lo. É bonito?

– Sim, é forte, bem apanhado. Parece ser um bom rapaz.

Eis Dimitri em plena ação. Conseguira se fazer notado. Aproveitara da amizade com o pároco, pelas leituras e aquisição da Bíblia, a fim de ser apresentado à ilustre família.

Rinha estava encantada. Ele era bem falante, possuía educação, cultura e ainda por cima era galante.

Tudo estava pronto para a preparação do jogo. Ele levaria a situação em equilíbrio, intencionando ganhar confiança total. Depois as coisas correriam por si só.

Kripsia nunca mais apareceu na casa e a história se tornou completamente esquecida. A família não corria risco algum.

O fim do ano se aproximava. Dona Waltraud, toda esfuziante, entrou na cozinha onde eu preparava o jantar.

– Alegria, Lídia, muita alegria! Meu filho, Arthur Sell, vai chegar dentro de três semanas! Prepare tudo, quero recebê-lo com todas as honras!

– Assim será feito, senhora.

Fiquei contagiada pela euforia da matrona. Finalmente conheceria aquele filho tão falado. Como ele seria?

Naquelas semanas não se falava, não se fazia nada mais, senão preparar a chegada de Arthur filho. E Rinha se encontrava duplamente feliz: não só iria rever o irmão, como também ficaria oficialmente noiva nos próximos dias.

O grande momento chegou, o jantar seria de gala. Alguns poucos convidados, os mais íntimos e, é claro, o futuro noivo.

Arthur chegou por volta das onze horas da manhã, num dia frio e chuvoso.

Muito diferente do que imaginara: baixo, gordo, usava óculos e era um pouco calvo, porém bastante agradável. Calmo, falava num tom macio e emanava de si um ar tranquilo. Passou toda a tarde descansando.

Encontrava-me agitada, pois, além dos pratos a serem preparados, estivera ansiosa com a chegada do rapaz e também com a ideia de conhecer o noivo de Rinha. Nossa! Quanta coisa para um dia só! Uma senhora fora paga para me ajudar nos afazeres culinários.

Raras vezes o senhor Arthur falava comigo. Naquela tarde, todavia, ele dirigiu-me a palavra:

– Quero que tudo saia impecável. A presença de meu filho é uma alegria imensa. Para ele, o melhor!

– Entendo, senhor. Tudo está sendo feito conforme as ordens de dona Waltraud.

Por volta das vinte horas, os convidados começaram a chegar: dois casais de grandes posses e um músico, instrutor de Rinha ao piano.

A conversação seguia animada. Rinha, porém, se afigurava preocupada, porquanto seu noivo ainda não chegara.

Mais uns quinze minutos de espera e pronto, o rapaz chegou.

– Minha querida, sei não ser educado chegar atrasado, porém tive um pequeno problema em casa. Peço-lhe desculpas.

Aquela voz não me era estranha! Acabava de compor a mesa, enquanto a senhora Helga atendia os convidados, quando escutei o som familiar e olhei. Tal foi o meu espanto que tive ímpeto de esclarecer a verdade.

Era Dimitri! O noivo de Rinha era Dimitri! Meu Deus!... Ele não era noivo de Kripsia? Mas agora se passava por rapaz de alto padrão social, como Helga dissera! Iria esclarecer tudo quando a oportunidade se apresentasse. Por outro lado, não pude deixar de comentar com Helga de quem se tratava.

– Dona Helga, esse rapaz, o noivo de Rinha, ele...

– É um belo rapaz.

– Não é bem isso o que quero dizer.

– Então diga.

– O nome dele é Dimitri. Aquele mesmo rapaz, noivo de Kripsia. Lembra-se?

– Creio que você está enganada. Ele realmente se chama Dimitri, mas é o noivo de Rinha.

– Desculpe-me insistir, mas tenho certeza, é Dimitri Miskiv.

– Bem, nesse caso, creio que deveremos conversar com dona Waltraud, em particular. Ela resolverá o que fazer quanto ao anúncio do noivado.

– Está bem.

A reunião seguiu alegre. Quando dona Waltraud entrou na cozinha a fim de nos mandar servir o jantar, falei rapidamente.

– Senhora, este rapaz, o Dimitri, é o noivo de Kripsia! O mesmo de toda aquela confusão anterior!

– O que você está me dizendo, garota? Que esse rapaz é Dimitri Miskiv? Você está muito enganada. Este é Dimitri Pupovischi.

– Senhora, tenho certeza!...

– Fique com seus grosseiros comentários para quem os quiser ouvir. Agora trate de servir o jantar e mais nenhuma observação maliciosa. Acredito sinceramente que você esteja com inveja de Rinha.

– Não, a senhora...

– Agora chega! Sirva-nos a refeição.

E sem mais qualquer palavra dona Waltraud saiu da cozinha. Obedeci então as ordens recebidas. Ao servi-lo, Dimitri agiu como se eu nada fosse. Foi como se não me conhecesse.

O noivado foi anunciado. Os brindes foram feitos. Com o pretexto de pedir um pano, Dimitri se deslocou até à cozinha e olhou atentamente à sua volta, verificando se eu estava sozinha. Helga permanecia na sala, cuidando de alguns detalhes e não percebeu quando o rapaz se ausentou.

– Quero somente lhe avisar: saia do meu caminho! Se você tentar alguma intriga, saiba que será posta na rua, sem perdão. Adeus saúde do seu irmãozinho. Cuidarei eu mesmo para que a vida se torne insuportável para você.

Falou e saiu tão rapidamente como entrara, sequer me dando tempo de responder.

Continuei mais alguns minutos sozinha, sorvendo as palavras de Dimitri. Ele estava dando um golpe! Gostava daquela família, até me preocupava com Rinha, mas o que fazer? Ivan também precisava de mim. Resolvi calar-me.

Retornei à sala com o propósito de auxiliar Helga, porém nada precisava ser feito. A noite transcorrreu com conversas alegres, estando todos muito felizes.

No dia seguinte, após a noite maldormida, pensei melhor e achei por bem contar o ocorrido a Helga. Precisava de uma confidente, alguém que soubesse dos malignos planos de Dimitri.

Helga, que não houvera percebido a saída do rapaz, achou fantasiosa minha narrativa.

– Lídia, você ficou muito impressionada com aquela história e está fantasiando um pouco. Acredito, assim como dona Waltraud, que esteja com inveja de Rinha. Você também gostaria de ter um namorado.

– Sim, Helga, quero ter um namorado, mas é verdade tudo o que estou lhe contando.

– Vamos esquecer essa história, está bem? Foram ordens de nossa patroa.

– Nada mais direi, dona Helga.

Não obstante, seguia com minhas atribulações, embora me comportando como se nada de anormal estivesse ocorrendo. Todas as noites pedia a Jesus Cristo que me ajudasse e que cuidasse daquela família.

O senhor Arthur Sell era muito gentil e agradável. Conversava comigo, perguntava sobre meu irmão. Muitas vezes, enquanto arrumava a sala, ele dialogava com a mãe, esclarecendo-lhe que em Moscou começara a fazer pesquisas interessantes sobre doenças tropicais.

– Meu real desejo é tratar pessoalmente delas. Mas, infelizmente, não vi ainda nenhum caso, pois se tratam de moléstias de climas quentes.

– Ora, meu filho, por que você não faz como seu pai, cuidando, de forma geral, das pessoas?

– Quero um pouco mais, mamãe. Pretendo passar algum tempo aqui e retornar a Moscou. Minhas pesquisas não podem cessar.

– Não queremos que você parta novamente. Procure uma boa moça, case-se. Você precisa se acomodar. Uma esposa cuidará disso.

– Devo lhe dizer, mamãe, que não estou pensando em me casar tão depressa. Tenho meus estudos, preciso completá-los.

– Meu filho, você dispõe de tudo aqui. Esta é uma região muito fria, sem muitos recursos, onde pessoas degredadas constituem a maior parte de seus habitantes.

– Sei de tudo isso, mamãe, contudo existem outras regiões, talvez em piores estados.

– Que conversa animada! Do quê falam? Era Rinha que chegava com um sorriso nos lábios.

– Falamos de enfermidades.

– Vou alegrar o seu espírito, meu irmão. Não vivemos só das doenças, também vivemos da música.

– Ótima ideia, minha irmã. Toque para mim.

Eu, que a tudo assistia, senti o coração ser comprimido. Essa felicidade poderia terminar. Não sabia exatamente quais eram os planos de Dimitri, entretanto nada de bom poderia ser. Para ele chegar a me ameaçar, era sinal evidente de mentira em seus sentimentos.

Por várias semanas, a alegria na casa dos Grinspy foi patente. Algumas vezes, Tífia se aproximava para conversar comigo e eu lhe dava toda a atenção. Agora que não desconhecia sua real situação, sentia seu padecimento. Ainda insistia para que, num dia de folga, fosse até a sua casa. Queria me mostrar alguns objetos, conversar sobre a vida. Sempre lhe respondia que um dia iria até lá.

Na verdade não sentia vontade de visitá-la, mas quem sabe? Caso acontecesse, levaria Helga, também sua confidente. Acreditava não haver problema e, por outro lado, sentir-me-ia mais confiante.

Julgávamos – as mulheres daquela casa – que Kripsia havia desaparecido de vez. O que não imaginávamos era que ela estava rondando Arthur Sell. Sabia que o jovem médico caminhava muito pelas redondezas, praticamente todas as tardes, conforme Dimitri a colocava a par de todos os acontecimentos da família Grinspy.

Kripsia, todavia, que não gostava de Dimitri, mas queria se locupletar em seu pacto com este, tinha como muito mais fácil garantir o seu quinhão sem depender do inescrupuloso rapaz.

– Creio que você tem razão, Kripsia. Caso venha a se consorciar com Arthur, então repartiremos a fortuna, ou melhor, seremos parceiros de toda a herança.

– Sim, Dimitri, terei a metade dos bens e não a metade da sua metade, cuja parte pertence à Rinha. Poderemos ter tudo.

– Não poderei levá-la para a casa dos Grinspy, Kripsia. Lembre-se que sua amizade com ela não deu certo.

– Isso só não ocorreu por causa daquela empregadinha, sua amiguinha. Mas, por minha vez, já estou rondando os passeios de Arthur. Ele já percebeu minha presença ao passar pela casa de minha tia. Sei exatamente o horário. Mais alguns dias e sairei discretamente bem adornada para passear também.

– Não estou entendendo onde você que chegar?

– Ora, não se faça de ingênuo! Combinaremos, e um dia, nesses passeios, encontrar-nos-emos: ele, você e eu. O seu trabalho será apenas o de me apresentar. É claro que me adornará com qualidades que sejam bem vistas aos olhos de um cavalheiro.

– Você é muito sagaz. Trata-se de uma boa ideia. Coloque-mo-la em ação, a fim de dar certo para ficarmos com tudo.

– Exatamente.

O inverno estava rigoroso. Poucas pessoas saíam às ruas, porém Arthur Sell continuava fazendo seus passeios.

Um dia foi surpreendido por Dimitri, que vinha de lado oposto.

– Meu futuro cunhado! O que anda fazendo por estas paragens?

– Apenas dando um passeio. Aprecio muito este lado do vilarejo. É bastante calmo.

– Venho das aulas de línguas, as quais faço com um professor mais para o fim das casas.

– Entendo. É sempre bom aprofundarmos nossa cultura. Um dia precisaremos usá-la.

Enquanto falavam, Kripsia, astutamente, saiu muito bem vestida, portando ares de uma senhorita da alta classe.

Prestamente entrevista por Dimitri, a combinação entre os dois começou a ser posta em ação:

– Oh! Quem vejo! Que surpresa! É a senhorita Grovischi!

– Como vai, senhor Dimitri?

– Estou bem.

– Ah! Senhorita, desejo apresentar-lhe meu cunhado, irmão de minha futura esposa.

Kripsia estendeu a mão quase que automaticamente. Arthur, rapaz muito educado, cumprimentou-a respeitosamente, permanecendo calado.

– E Rinha? Como vai? Há muito tempo não a vejo.

– Ela está muito bem. A senhorita precisa aparecer para visitá-la. Creio que ela ficará muito contente.

– Somos amigas das aulas de piano. Sua irmã toca muitíssimo bem.

– Perdoe-me, senhorita, mas desconhecia que minha irmã fazia aulas de piano fora de casa.

Dimitri se atrapalhou, pensou rapidamente no que dizer, mas Kripsia já possuía a resposta pronta.

– Sou em quem devo pedir perdão. Não me expressei adequadamente. Estudamos em nossas próprias casas, mas, em algumas oportunidades, nosso instrutor de piano, que é a mesma pessoa, promove recitais em casa. Num desses eventos conheci Rinha.

– Ah! Sim. Fui tolo, não me lembrei dos tais recitais.

Dimitri respirou, aliviado. Precisavam tomar muito cuidado com as palavras. A hora era de estreitar os laços entre o futuro casal.

– Senhorita Grovischi, está em casa de seus tios?

– Sim, estou passando uma temporada com eles, papai está muito doente. Pediu para me afastar da casa, temeroso que algo de ruim viesse a lhe acontecer. Eu sofreria menos.

– Extraordinária a atitude de seu pai! – Dimitri instigava o diálogo.

– Realmente, senhorita, seu pai está sendo muito corajoso. Sou médico, poderia assisti-lo numa hora dessas.

Dimitri empalideceu. Kripsia, no entanto, manteve a serenidade.

– Agradeço-lhe muito a gentileza. Papai confia somente em seu antigo amigo que veio de Leningrado somente para assisti-lo.

– Bem, sendo assim, desejo suas melhoras.

– Novamente agradeço-lhe, senhor. Se houver necessidade, avisar-lhe-ei. A propósito, queria convidá-los para um jantar, assim conversaríamos mais frequentemente.

– Ótima ideia. Você concorda, Arthur?

– Creio que sim, nada me impede de declinar ao convite.

– A casa de minha tia é muito simples, porém a comida é excelente. E cada um seguiu seu caminho.

Kripsia estava feliz. Precisava somente evitar a casa dos Grinspy até Dimitri convencer mãe e filha de que eu tinha sido vítima de uma grande confusão.

Quando à tardinha tornaram a se encontrar, Kripsia tratou de cobrar por breves providências. Não podia esperar muito tempo, Arthur poderia voltar para Moscou.

– Estou esperando, Dimitri, que comece a falar de mim o mais rápido possível.

– Tenha paciência. Não posso simplesmente começar a pronunciar seu nome a partir do nada, preciso aguardar um momento propício. Tão logo ele surgir, falarei de você com convicção. Tenha certeza, sua reputação estará a salvo.

A sala permaneceu em silêncio por alguns instantes, até que Dimitri voltou a falar.

– Cuide somente de parecer honesta, gentil, delicada e culta, para Arthur. Do resto cuido eu.

– Já estou preparando minha tia para o jantar. Precisarei muito dela.

– É bom mesmo, nada poderá dar errado.

Enquanto as coisas caminhavam a passos firmes, um homem de aspecto grotesco, já passando dos cinquenta anos, agitado, fisionomia doentia, andava de um lado para outro em sua pequena cabana, junto à entrada da floresta.

Certamente era um homem de temperamento difícil, pois morava sozinho. Seu nome era Kriev Grovischi, pai de Kripsia.

Faltava-lhe uma companhia feminina. Talvez, casado novamente, poderia sentir-se melhor. A casa se encontrava em estado de abandono, suja, sem cuidados. Kriev, dentro dela, tornara-se ainda mais velho e rabugento.

Resolveu num determinado dia não ir ao trabalho. Era lenhador, seguiria para a cidade. Queria ver gente, divertir-se, conversar. Nada de excepcional para um homem na sua idade.

Enquanto caminhava, seguia pensando: seria bom encontrar uma mulher, casar-se, quem sabe ter outros filhos, já que sua única filha o tinha abandonado. Recordava-se de haver sido ele quem a expulsara. Mas, em se tratando de Kripsia, quem poderia aguentá-la?

Quando chegou, foi deparado com um mundo diferente. Há muitos anos não via tal movimento. Para onde seguiria? Ora, onde morava sua irmã? A memória o traía. Perguntaria para alguém.

Várias pessoas foram abordadas, mas nenhuma conhecia seu cunhado. Andando sem rumo, passou diante de uma casa onde uma moça limpava a neve. Era eu, Lídia.

O homem estacou o passo e ficou a me olhar por alguns minutos que me pareceram uma eternidade. Fiquei constrangida e, quando me preparava para entrar, ele seguiu adiante.

Naquele dia Kriev voltou para sua casa sem encontrar a residência de sua irmã, no entanto estava de uma certa forma feliz. Aquela moça, quase menina, tinha-o impressionado.

No dia seguinte, sua vontade era a de retornar à cidade, porém tinha um trabalho e não poderia faltar novamente. Recebeu uma advertência, mas continuou no emprego. Como há muitos anos não tinha nenhum contato com mulheres, resolveu pedir ajuda ao patrão. Como casar-se com uma que somente vira uma vez? Precisaria de coragem e assédio, é claro, junto à casa da mulher escolhida; todavia, isso não poderia ser feito em dia de trabalho. Nas tardes de folga, aos domingos, poderia visitá-la.

Kriev animou-se, mas precisava conter a euforia que insistia em dominá-lo.

Não pensava em mais nada, somente em mim e no casamento. Lembrou-se de Kripsia. Quem sabe ela poderia ajudá-lo? Se a filha me conhecesse, então tudo estaria resolvido. Mas como encontrá-la?

Novamente se dirigiu ao patrão, pedindo ajuda.

O homem, arrogante, dessa vez teve pena de seu empregado e resolveu ajudá-lo. Tinha alguns conhecidos na cidade, poderia pedir informações.

Kriev, agora, nutria esperanças. Mais de um mês se passou até que uma folga apareceu. Munido de um endereço, rumou para a cidade. Encontrou sua irmã e sua filha. Esta, porém, nenhuma atenção lhe deu.

O homem, determinado, começou a investigar a irmã, fazendo-lhe algumas perguntas. Como esta não me conhecia, em nada pôde ajudá-lo. Kriev voltou para casa, desolado, mas não antes sem passar em frente da mansão dos Grinspy.

O senhor Grovischi bebia e, atualmente, todas as noites dormia embriagado para afogar a tristeza e a mágoa da solidão. Encontrava-se, por isso, cada vez mais fraco e enfermiço.

Para Kripsia as coisas corriam céleres. Ela marcou o jantar. Dimitri precisava arranjar uma desculpa para si com relação a Rinha. Não podia negar o jantar, já que seu próprio irmão era um convidado e, diga-se, o convidado especial.

Sua noiva insistia em ir, queria conhecer aquela moça da qual seu irmão tanto falava. O rapaz resolveu que a levaria, mas, no dia marcado, logo cedo, mandou-lhe um recado: estava se sentindo mal; caso não melhorasse, seguiria mais tarde para consultar-se com o Dr. Arthur.

– *"Rinha, minha querida"* – dizia o bilhete – *"peça a seu irmão que vá ao jantar, que nos represente também. Será uma falta de compostura faltarmos, mas o que se há de fazer se a doença nos prega uma peça?"*.

O rapaz ficou aguardando até ao anoitecer. Quando Arthur Sell saiu para o jantar, ele se apresentou. Simulou em seu rosto um abatimento que não existia, dificuldades para locomover-se, para sentar-se. Logo que chegou, o Dr. Arthur veio, prestimoso, ao seu encontro.

– O que houve, meu rapaz? Diga-me tudo: como está se sentindo, como começou o mal-estar etc, etc.

Dimitri parecia um ator, era perfeito em cada detalhe. Sabia dissimular como poucos.

– Você não está com febre, portanto não posso dizer com garantias, mas talvez seja um problema pulmonar ou nas vias respiratórias. Preciso de mais tempo para determinar com precisão sua doença. Por hoje ficará aqui. De forma alguma permitirei que saia neste tempo frio.

– Estou muito constrangido, doutor. Tínhamos um jantar. Creio que Rinha esteja decepcionada comigo por não poder seguir o irmão.

– Não se preocupe. Se minha filha não entender um problema grave como este, será uma tola. Eu mesmo falarei com ela.

Rinha, ao contrário do que Dimitri poderia imaginar, gostou da ideia de tê-lo em sua casa por uma noite. Poderia cuidar do noivo sem censuras.

Enquanto isso, no jantar, as coisas corriam muito bem. Kripsia tinha o dom da dissimulação, do envolvimento. Tudo fazia para reter a atenção de Arthur. Seus tios, simples, mas educados, quase nada falavam. Conforme determinação da sobrinha, eles concordavam com tudo que ela falava, mesmo sabendo tratar-se de mentiras.

Ao final do jantar, o licor servido, a conversa continuava animada. De repente alguns gritos foram ouvidos.

– Saia! Eu sei que você está aqui! Quero sua ajuda, filha ingrata!

Kripsia reconheceu a voz de seu pai. De forma alguma Arthur poderia saber de quem provinha.

– Nossa, titio, quem será que grita desta maneira? Deve ser algum desafortunado e, ainda por cima, com voz de bêbado. Por favor, verifique para nós. Não podemos deixar que pessoas desse nível atrapalhem o nosso descanso.

– Permita-me resolver este assunto, disse Arthur, já se levantando.

Atenta, Kripsia envolveu o rapaz com sua voz sedutora, porém firme:

– Meu tio cuidará de tudo. Não é justo a você, nosso convidado, passar por um constrangimento destes.

Arthur sentou-se novamente.

Sem alternativa, Boris, tio de Kripsia, levantou-se e saiu. Em poucos instantes o silêncio foi restaurado.

Nosso jovem médico estava encantado com a senhorita que tinha diante de seus olhos. Era uma perfeita dama, fazia, muito bem, par com sua irmã. Rinha iria adorá-la.

– Posso convidá-la para um jantar em minha casa?

– Ficaria encantada caso não estivesse de viagem marcada para visitar papai. Devo partir na próxima semana para Leningrado.

– Oh! Meu coração sentirá sua partida.

– Não devo demorar-me. Quando da minha volta terei enorme prazer em aceitar seu convite.

– Aguardarei ansiosamente.

Seguiram-se as despedidas. Tão logo se viu livre do rapaz, Kripsia perguntou por seu pai.

– Disse-lhe que você conversaria com ele mais tarde. Coloquei-o no celeiro. E para que não fizesse barulho por se encontrar bêbado, dei-lhe uns tapas e ele adormeceu.

– Ótima ideia, meu tio.

– Vocês não precisavam ser tão estúpidos com meu irmão.

– Ora, titia, estragar o meu jantar com um homem rico é que ele não podia.

– Nossa sobrinha tem um homem de posses aos seus pés. Nada podia dar errado.

Boris, grande interesseiro, ficou do lado da sobrinha, visando algum lucro com isso.

– Espero que quando você estiver casada com esse senhor Arthur, não se esqueça de que lhe ajudei.

– Lembrar-me-ei dessa sua pequena colaboração, senhor Boris. – falou Kripsia, com desprezo.

– Ah! Não se esqueça também de você estar hospedada em minha casa. Se estivesse na cabana de seu pai, jamais poderia conhecer um homem fino, educado, rico.

– Não me esquecerei, senhor Boris. Com licença, agora vou me recolher. Espero que o infeliz que dorme no celeiro saia bem cedo. Não quero encontrá-lo quando acordar.

Com muita raiva, Kripsia retirou-se para seus aposentos. Lembrou-se, entretanto, do jantar, de Arthur, e sorriu. Seria melhor encarar as intervenções do tio como banais. Algo muito mais importante estava para acontecer: seria uma Grinspy.

No dia seguinte, bem cedo, Sérvia, tia de Kripsia, acordou seu irmão. Deu-lhe café e o retirou de casa antes que os outros acordassem.

– Sérvia, eu só quero que ela me diga se conhece ou não uma jovem que vi outro dia. Nada mais lhe peço.

– Meu irmão, eles não querem sua presença aqui. Temo por você. É melhor não vir mais aqui.

– Sérvia, preciso de ajuda!

– Tenho pena de você, mas nada posso fazer. Boris está a favor de Kripsia. Ela pretende se casar com um homem rico.

– Sérvia, você não quer me acompanhar até à casa onde vi a moça da qual gostei?

– Não conheço quase ninguém nesta cidade. Vivo para meu lar.

Sérvia olhou para o irmão: feio, maltratado pela vida, seu coração amoleceu.

– Vou com você. Quem sabe poderei ajudá-lo.

– Oh! Sérvia, que alegria!

Saíram ambos, ainda com a alvorada. Seguiram pelas ruas que começavam a despertar. De repente pararam, era a casa dos Grinspy.

– Esta é a casa onde mora o Dr. Arthur Grinspy, o médico que me auxilia quando preciso dele.

– Foi aqui, limpando a neve, que vi a moça da qual lhe falei e que desejo conhecer.

– Bem, meu irmão, não tenho convívio com essa moça e acho que nem a conheço, mas tenho amizade com a auxiliar do médico, dona ... Não me recordo... Ah! Sim, dona Helga.

– Sérvia, o que você pode fazer por mim?

– Ainda não sei, meu irmão. Verei o que é possível. Agora vá, o dia já amanheceu. Todos nós precisamos trabalhar.

Kriev se afastou. Estava feliz.

Sérvia pensava, em seu caminho de volta para casa: *"como irei ajudar Kriev?"*. Só em imaginar ficava envergonhada. Não teria coragem de conversar sobre essas coisas com dona Helga. Teria que encontrar uma solução. Sabia que não poderia contar com sua família, nem a própria filha gostava do pai. Era um pobre, tanto em recursos materiais, quanto, e principalmente, em recursos de sentimentos. Uma mulher nova, em sua vida, far-lhe-ia muito bem.

Tífia, quando sentia-se demasiadamente só, costumava caminhar pela floresta e pelas redondezas. Enquanto andava, falava consigo mesma, mas fazia-o em voz alta. Estava muito desequilibrada.

Numa manhã, quando se achava torturada por sentimentos de angústia e raiva pela vida que levava, encontrou-se com Kriev.

– Nossa! Minha senhora! O que faz sozinha, tão cedo, neste caminho?

– Estou a procurar a fantasia. Ela há de me fazer companhia.

– Acho que a conheço. A senhora não mora do outro lado da entrada da floresta? Não é viúva e muito solitária?

– Sim, sou eu mesma. Todos acham que sou uma feiticeira.

– É realmente o que dizem a seu respeito.

– Tudo mentira. Apenas sou uma pessoa desamparada.

– Mas também andando por estas paragens numa hora como esta e, ainda mais, sozinha e falando consigo mesma, o que mais as pessoas poderiam pensar?

– O senhor acredita em mim, não é?

– Hum... talvez. A senhora está me parecendo normal.

– Gostaria de ter mais pessoas à minha volta. Convido algumas moças para me visitar, contudo elas não aceitam. "*Temo entrar em sua casa*", como me disse uma jovem outro dia.

– Sabe, minha senhora, eu também estou querendo companhia. Ando muito sozinho. Penso em me casar. Minha filha não quer saber mais de mim e... bem, outras coisas me faltam.

– Por que não procura alguém, talvez encontre.

– Já a encontrei. É uma jovem empregada na casa de uma família rica, porém demorei muito para vir saber de quem se tratava. Agora parece que minha irmã irá me ajudar.

– Conheço muita gente na cidade. Acho que todo mundo, pelo menos de nome. Quem é a moça?

– O nome dela não sei, porém trabalha para a família de um médico. Costuma limpar a neve sempre pela manhã.

– Ah, sim! Sei quem é. Uma jovem muito simplória. Também tem reservas para comigo. Já conversamos um pouco. A auxiliar do médico, dona Helga, me levou até ela.

– É isso mesmo. Minha irmã também falou dessa dona Helga.

– Mas essa moça é muito jovem! Não acredito que poderá dar uma boa esposa.

– Já decidi, quero-a.

– Posso falar com dona Helga ou com ela mesma.

– Está certo. Em minha próxima folga a senhora irá comigo até lá. Eu mesmo falarei com ela.

– O senhor parece decidido.

– Realmente, sou. Quando quero um coisa, nada me atrapalha.

– Está combinado, então.

Dimitri se preparava para marcar a data de seu casamento que deveria ser o mais breve possível. De nada lhe adiantava perder mais tempo se podia usufruir de uma vida abastada.

Do mesmo modo, Arthur Sell, por sua vez, também estava cada vez mais envolvido com Kripsia, *"uma jovem encantadora"*.

Dona Waltraud, que a tudo assistia com interesse, resolveu conversar com o filho.

– Meu filho, tenho me perguntado sobre as suas demoras em seus passeios diários. Você tem encontrado alguém?

– Sim, mamãe, tenho passeado com uma jovem muito bonita e educada.

– Será prudente conversar com moça desconhecida?

– Não é desconhecida, foi o próprio Dimitri quem me apresentou. É uma jovem muito distinta.

– Ah!...

– Ademais, jantei uma vez em sua casa. Trata-se de família simples, porém muito honrada.

– As coisas estão caminhando muito rapidamente. Cuidado, meu filho, você precisa pensar nos seus estudos, na sua carreira de médico.

– Nada poderá prejudicar meu destino como médico. Por enquanto, estou apreciando e desfrutando a companhia de uma pessoa maravilhosa. Não pense, mamãe, que descuidarei das tarefas que me competem.

– Seu pai ficaria decepcionado com você e...

– Não se antecipe em suas conclusões, mamãe. Se me apaixonar e resolver constituir família, minha esposa seguirá o meu caminho, esteja certa.

– Desejo que você não se engane.

Nesse instante, Rinha adentrou a sala e, mais empolgada do que nunca, deu asas à conversa.

– O amor é muito lindo. Se você pretende se casar, Arthur, poderemos marcar a mesma data para a nossa felicidade.

– Você está alegre. Aconteceu alguma coisa diferente, minha irmã?

– Sim. Ontem Dimitri me confessou que no próximo sábado marcará a data de nosso casamento. Falará com papai no jantar.

– Isso é magnífico! Tenho certeza de que seu pai ficará tão feliz quanto eu, disse a Sra. Waltraud.

– Parabéns, minha irmã. Dimitri é um rapaz honesto. Desejo felicidades a vocês. Quanto a mim, nada de surpresas por agora. Se um dia me casar, será num futuro bem distante.

– Não fale do amor com desprezo, meu irmão. Se encontrar a pessoa certa, talvez se case antes mesmo de mim.

Todos riram.

Havia muita felicidade naquela casa e isso era contagiante. Até eu estava contente. Só pedia a Jesus Cristo que também pudesse encontrar um amor em minha vida.

– Dimitri, você está em débito comigo. Marcará a data de seu casamento, mas ainda não falou nada sobre mim àquela família.

– Tenha paciência, Kripsia. No próprio sábado falarei alguma coisa sobre você. Já lhe disse, é preciso esperar a hora certa. Não posso escorregar nesse assunto. Se falhar, não haverá volta para você. Quanto a mim, também ficarei numa situação delicadíssima, o que será prejudicial aos meus planos. Poderei me comprometer seriamente.

– Compreendo tudo isso, Dimitri. Se Arthur me convidar para o jantar, não poderei comparecer, terei de arranjar mais uma desculpa.

– Você não irá nesse jantar, mas, pense, jantará pelo resto de sua vida numa casa abastada; e mais, será a dona da festa.

– Sem dúvida, a rainha, pois como esposa do filho mais velho, serão meus todos os privilégios. Colocarei aquela dona Waltraud no seu devido lugar, ou seja, sob as minhas ordens. Tratarei de conquistar a simpatia do velho.

– Disso eu não tenho dúvidas. O doutor facilitará, e muito, a sua vida. Você o dominará.

– Sei manobrar as pessoas quando quero. Herdei de meu pai essa facilidade.

– Por falar nele, não apareceu mais, suponho.

– Ainda bem. Nunca mais veio a esta casa. Como não ouvi comentário nenhum, também não apareceu na cidade.

– É bom que continue assim.

– Ele nunca poderá saber o nome de meu marido nem onde vou morar. É capaz de estragar minha vida.

Sérvia escutou o final da conversa e sentiu medo, porque já falara ao irmão onde moravam os Grinspy. Se Kripsia soubesse...

– Ó meu Deus! Não quero sequer pensar nessa possibilidade! E a mulher foi se esquivando, devagarzinho, para que a sobrinha não percebesse sua presença.

– Dimitri, para quando pretende marcar a data?

– Ontem estive conversando com Rinha e lhe falei em um mês, porém a moça se assustou. *"Não será possível"*, disse-me, precisará resolver sobre a festa, o vestido, os convidados... e ademais ainda tinha minha roupa, etc, etc...

Kripsia riu.

– E então, o que decidiu?

– Diante de tantas objeções, só poderei marcar a data dentro de três meses.

– Não vejo tanto desespero. Três meses é um bom tempo.

– Ora, Kripsia, para mim parece uma eternidade.

– Não seja apressado, a fortuna já está em suas mãos. É só aguardar um pouco mais. Faça os caprichos de sua noiva, vale a pena.

A moça sorriu novamente. Pensava em seu próprio casamento. Esse, sim, precisaria ser acelerado, porque tudo ainda estava por fazer.

No dia seguinte, quando Kripsia encontrou Arthur para o passeio costumeiro, o rapaz exibia uma fisionomia diferente.

– Você está bem, meu querido amigo? Apressou-se em dizer para lhe parecer preocupada, interessada.

– Que bom vê-la, Kripsia. Melhor é saber ser você bastante observadora. Estou bem, feliz por minha irmã, a qual se casará em breve, mas preocupado com meus compromissos. Terei que voltar para Moscou.

– E quando será?

– Dentro de uma semana.

– Tão depressa? Sentirei muito a sua falta. Já estou acostumada com estes nossos encontros, os quais me dão enorme prazer.

– Também sentirei a sua. Antes de tudo, porém, quero convidá-la para o jantar de sábado. Nele, Dimitri marcará a data do casamento. Será um jantar especial. Aproveitarei para apresentá-la aos meus familiares.

– Creio não poder ir. Minha tia não está muito bem de saúde, estou cuidando de tudo. Não poderei deixar meu tio cuidar dela.

– Compreendo. Quer que eu a examine?

– Já ofereci isso a ela, sabedora da sua generosidade, mas disse sentir-se envergonhada. Porém, se não melhorar, precisarei dos seus préstimos.

– Pode contar comigo. Serei o mais discreto possível.

– Como não poderei demorar-me, vamos aproveitar o tempo em nosso prazer.

– Concordo com você.

O percurso transcorreu sem novidades. Quando Arthur chegou em casa, Dimitri encontrava-se na sala, sozinho, aguardando Rinha. Aproveitou então para falar sobre Kripsia.

– Caro Arthur, tem visto nossa amiga Kripsia?

– Sim, ainda agora estava com ela.

– E como ela tem passado?

– Muito bem. É extremamente encantadora. Confessando de homem para homem, creio estar ficando apaixonado.

– Ora, meu cunhado, não se envergonhe do amor. Veja como pareço bobo às voltas com sua irmã.

E Dimitri, percebendo que Rinha estacionara na escada a ouvir o que ele dizia, aproveitou para florear a conversa.

– Sem essa pérola que adentrou em minha vida, não conseguiria viver. É maravilhoso nos encontrarmos em êxtase por tanto amor.

A moça sorriu, olhou para o irmão e correu para os braços do seu grande amor.

– Ò Dimitri, como você é romântico! Estavam falando de amor! Por quem está interessado, meu irmão? Acaso também se encontra enamorado?

– Sim, minha querida irmã. Falávamos sobre uma jovem, amiga de Dimitri, que conheci. Por sinal é uma pessoa de seu conhecimento pessoal...

– Falaremos dela depois. Peço-lhe licença agora, Arthur, para conversar sobre assuntos urgentes. O rapaz falou abruptamente, intrometendo-se na frase do cunhado, a fim do nome de Kripsia não ser pronunciado. Precisava falar dela com cuidado, para que Rinha a aceitasse completamente.

Arthur, um pouco constrangido, saiu da sala sem mais uma palavra. Rinha de nada desconfiou, estava deslumbrada.

– Bem, minha querida, estou aqui para tratarmos do nosso casamento. Quero sua permissão para falar com o padre, preparar a igreja. Também quero saber dos últimos detalhes do jantar.

– Conseguiu mandar um mensageiro avisar sua família?

– Rinha, meu amor, já conversamos sobre isso. Não será possível meus pais estarem aqui para o jantar, somente para o casamento.

– Você virá mesmo sozinho?

– Sim, prefiro estar só. Não tenho grandes amigos para ocasiões como essa. Lembre-se, Rinha, é o passo mais importante da minha vida.

– Eu sei, querido, também o meu. Mas, Dimitri, de que amiga Arthur falava?

– Já que você insiste, falarei. Dimitri achou que era o momento oportuno para se tocar no assunto de Kripsia.

Rinha estava muito feliz com o casamento, seria fácil convencê-la sobre qualquer coisa.

– Arthur estava falando de Kripsia, minha antiga e boa amiga.

– Ora, não creio que vocês estavam...

– Calma, Rinha, não tire conclusões precipitadas. Sei de toda a história, como vocês foram enganadas pela empregada e pela ajudante de seu pai.

– Enganadas? Não estou entendendo!

– Toda história de Kripsia foi forjada. A empregada que sua amiga acoberta na cozinha é uma grande falsa. Mas posso perdoá-la, inclusive por achar que eu poderia ser um amigo antigo. Posso lhe garantir que nunca conversei com ela. Mas não tenho raiva dela...

– Será mandada embora desta casa. Falarei com mamãe.

– Nada disso será necessário, querida. Sejamos magnânimos. Ela precisa do emprego. Somente importa que você e sua mãe saibam da verdade e acreditem que Kripsia é uma boa moça.

Dimitri continuou elogiando Kripsia. Mentiu sobre suas qualidades, colocando palavras corretas para beneficiar, o mais que pôde, sua dileta companheira. Rinha, é claro, acreditou em tudo que lhe foi dito. A parte mais difícil estava feita. Sorte de Kripsia.

– Rinha, estou muito ansioso, parece que o tempo não passa. Tudo já está preparado, minhas roupas, sapatos etc.

A moça sorriu e abraçou o noivo. Estava feliz.

Quando Dimitri foi embora, Rinha contou tudo para sua mãe. Dona Waltraud ficou espantada.

– Essa empregada é perigosa, precisamos mandá-la embora.

– Não, mamãe, Dimitri a perdoou e Kripsia também. Provaram superioridade de caráter. Ajamos do mesmo modo, nobremente, como meu noivo me ensinou. Ela precisa muito desse emprego.

– Já que todos os envolvidos a perdoaram, eu que nada tenho de pessoal contra ela não posso condená-la sozinha. Assim sendo, ela ficará, mas será tratada como simples empregada, sem nenhuma consideração maior.

– Mamãe, acho que nem Arthur deveria saber do caso. Ele está passeando com Kripsia e poderá não gostar da nossa atitude à época. Melhor nos mantermos caladas.

– Está certo. Acredito que a jovem nada comentará com ele.

– Se ela quisesse, já teria comentado.

– Sim, minha filha, parece que Kripsia possui um caráter inabalável.

– Concordo, mamãe. Falarei para Arthur convidá-la para o jantar. Poderá ser uma boa oportunidade para desfazermos o mal entendido.

– Boa ideia, minha filha.

Dois dias após, quando Kripsia foi comunicada sobre o convite de Rinha, não pôde esconder a felicidade.

– Ah! É uma beleza!

– Nossa! Que euforia por um simples jantar! Já avisei minha irmã que você não poderá ir, pois sua tia encontra-se doente.

– Desculpe-me, Arthur, porém gosto muito de Rinha. Estou alegre em participar de sua felicidade. Também de meu amigo Dimitri. Você fez bem em avisá-la que não poderei ir. Espero só o seu entendimento de que para mim foi muito bom saber ter sido sua própria irmã quem me convidou.

– Compreendo o que você quis dizer. Será, Kripsia, que você não consegue uma camareira para ficar com sua tia? Será apenas por algumas horas.

– Não pensei nisso, Arthur. Seria uma falta de respeito para com minha querida tia. Esperemos. Ela aparenta estar bem melhor.

Kripsia estava querendo demonstrar qualidades que não possuía e Arthur, por sua vez, estava ajudando-a a resolver uma mentira.

– Desejo sinceramente que ela fique boa até amanhã. Todavia digo-lhe com sinceridade: se ela não melhorar, arranje alguém. Estarei ao seu lado para sustentá-la. Sei que será difícil para uma sobrinha tão dedicada, contudo faça um esforço, alegrar-me-á muito.

Era tudo o que Kripsia desejava ouvir. Tudo lhe favorecia. Até a mentira inventada de última hora estava sendo benéfica. Mal podia esperar para contar tudo a Dimitri.

A noite de sábado chegou. Tudo fora preparado. Rinha estava linda. Dimitri chegou. Não estava sozinho.

Quando vi ser Kripsia quem o acompanhava, fiquei atônita. Esperei dona Waltraud expulsá-la, mas ocorreu justamente o contrário: cumprimentaram-se esfuziantemente!

O que estava acontecendo? Deveria ser uma pessoa malquista naquela casa, no entanto estava sendo tratada com muito desvelo, principalmente por Arthur.

Antes de começar o jantar, Dimitri reuniu os presentes e anunciou o casamento: seria dentro de três meses. Mais precisamente, em quatorze de março. Estávamos no ano de 1.914.

Estava completamente decepcionada. Como Deus permitia algo assim? Será que o mal podia vencer o bem? Dona Waltraud me pegou desse modo mesmo, na cozinha, pensativa.

– Vamos logo, garota! O jantar precisa ser servido. Não quero comentários nesta casa sobre Kripsia. Agora sei de toda verdade.

Não entendi muito bem as últimas palavras da patroa. A qual *"verdade"* ela se referiu? Precisava dar andamento à minha tarefa. Helga estava me ajudando. Também nada disse.

Depois do jantar, começamos a preparar a louça para ser lavada. Bateram na porta.

– Quem será a esta hora?

– Só poderemos saber depois de verificar. Abra a porta, Lídia.

Era Tífia. Vinha na companhia de um homem.

– Boa noite, Lídia. Este é o senhor Kriev Grovischi. Está aqui para conhecê-la.

– A mim? Do que se trata?

– Não fique assustada, minha menina. Fiquei encantado quando a vi pela primeira vez. Quero simplesmente casar-me com você.

É claro que nada respondi. De imediato queria apenas fechar a porta e continuar o trabalho como se nada tivesse ouvido. Helga se aproximou:

– Meu senhor, não está precipitando as coisas? Essa mocinha conta apenas quinze anos. Não está preparada para o casamento. Trabalha aqui para ajudar sua família. O senhor ao menos conhece a história de Lídia? Como quer ajudá-la?

Kriev ficou aflito com tantas perguntas.

– Desculpe-me, não queria assustá-la. Meu desejo é apenas o de casar-me com ela.

– Nada de mais, minha amiga dona Helga. O senhor Kriev é um homem solitário, precisa de uma esposa para ajudá-lo em sua casa, ter uma companheira. É um bom homem.

– Não estou duvidando nem da palavra deste homem nem da sua, apenas estou surpresa com o rumo das coisas.

Encontrávamo-nos sob a porta, nesta confabulação, quando ouvimos uma voz provinda do interior da cozinha.

– O que está acontecendo aqui?

Era o doutor Arthur quem falava, não obstante se encontrar acompanhado de dona Waltraud.

Meu coração batia descompassadamente. Primeiro pelo susto das palavras do senhor Kriev e, segundo, pelas palavras do doutor. Muito pálida, respondi quase murmurando:

– Este senhor veio até aqui para um pedido de casamento. Acredito que ele esteja enganado.

– Dona Helga, o que está acontecendo? Seja breve.

Enquanto Helga narrava o ocorrido, Tífia e Kriev fizeram menção de se afastar.

– Esperem um pouco, a história mal começou. – doutor Arthur foi ríspido.

Depois do relato concluído, dona Waltraud falou:

– Acho melhor que Lídia se case o mais rápido possível. Sua inveja por Rinha já está incomodando a todos.

Levantei meus olhos, os quais até então permaneciam abaixados e senti vontade de responder, porém calei-me. Por certo ela estava falando de Kripsia e de Dimitri.

– Minha querida esposa, se você assim determinar, chamaremos amanhã mesmo a mãe desta garota e a informaremos do ocorrido.

– Acho que é a melhor solução.

– Agora o senhor pode se retirar. Venha amanhã à noite. Terá sua resposta.

Kriev se retirou. Mal cabia em si de contentamento. Foi muito mais fácil do que imaginara. A sorte estava a seu lado.

– Dona Tífia, acredito que sua presença me ajudou.

– O senhor não está querendo dizer que usei de bruxarias, está?

– Sim, acho que a senhora é uma bruxa. Foi muito fácil.

– O senhor está enganado. Mas vá lá, não posso negar que foi o pedido de casamento mais rápido que já presenciei.

Eu não tinha palavras. Nada dizia, embora o doutor Arthur falasse das providências a serem tomadas. Somente meu irmão e minha pobre mãe ocupavam minha mente.

– O que será feito do tratamento de meu irmão?

– Continuará como tem sido, uma vez que permanecerá trabalhando para nós. Nada mudará, a não ser o fato de você não dormir mais nesta casa.

– Doutor! Nem conheço aquele homem!

– Muitos casamentos são feitos dessa forma, arranjados. Para você, acredito, está ótimo.

– Vai se casar, como tanto deseja.

– Dona Waltraud, não é…

– Não precisa dizer nada. Sabemos sobre os seus desejos. Queria até casar-se com Dimitri.

– O quê? Waltraud, do que você está falando?

– Contar-lhe-ei toda história depois, meu querido. Agora precisamos voltar para a sala. Afinal é do casamento de sua filha que precisamos cuidar. Traga licor para todos, Lídia.

Comecei a trabalhar como autômata. Helga se ofereceu para servir o licor, contudo a tarefa era minha, a patroa frisara bem o meu nome.

Passei o resto da noite a refletir sobre aquele homem. Como veio dar em minha vida, assim do nada? Onde me vira, se nunca saía de casa? Talvez, durante as minhas folgas.

O que dirá minha mãe quando souber? Oh! Meu Deus! Sou tão jovem para casar-me com um velho!

No dia seguinte, o doutor Arthur mandou, logo cedo, um menino de recados levar um bilhete para minha mãe. Ele solicitava a presença dela no dia seguinte, segunda-feira, com o garoto Ivan. Era imprescindível que viesse.

Assim que minha mãe chegou, fui chamada para participar da conversa. Minha mãe olhou para mim. Percebi de imediato a enorme aflição que a envolvia. Por certo eu seria mandada embora e Ivan ficaria sem o atendimento necessário.

O doutor Arthur foi muito breve em seu esclarecimento: casar-me-ia com o pretendente dentro de alguns dias, continuaria trabalhando para sua esposa. E que minha mãe não temesse, seu filho seria beneficiado.

– Desculpe-me, doutor, mas que história é essa de casamento?

– Sua filha está desesperada por casar-se. Até tentou atrapalhar o casamento de minha filha, falando que meu futuro genro era seu namorado. Diante disso, com o surgimento de um pretendente ontem em nossa porta, resolvemos casá-la.

– Novamente peço desculpas, doutor, mas nem meu marido nem eu gostaríamos que nossa filha se casasse sem o nosso consentimento. Precisamos conhecer o rapaz.

– A senhora se esquece que sua filha há mais de um ano trabalha em nossa casa, mora conosco, portanto temos a guarda dela. Nós decidimos sobre o casamento.

Só estou lhe comunicando. Contudo, caso haja objeções, devolvê-la-emos. Não continuaremos o tratamento de seu filho e tudo será como antes. Só não quero incômodos mais tarde.

Por alguns instantes minha mãe ficou calada, pensativa. Olhou para mim, parecendo não acreditar no que estava ouvindo.

Porém, concordou.

– Falarei com meu marido. Seja feito de acordo com sua vontade.

Eu queria falar com mamãe, explicar-lhe o que estava acontecendo. Queria exprimir o meu amor por ela, dizer-lhe de minha preocupação com Ivan, mas nada pôde ser feito, fui mandada embora da sala. No momento seguinte, meu irmão seria examinado, o tratamento continuaria.

Retornei às minhas tarefas. Dona Waltraud mandou me chamar:

– Lídia, você terá folga no próximo domingo. Poderá conversar com sua mãe. Também quero lhe dizer para calar-se enquanto estiver trabalhando nesta casa. Esse assunto deverá morrer. Quero que trate muito bem o senhor Dimitri, pois morará aqui em breve, bem como a senhorita Kripsia. Meu filho Arthur se aproxima dela. Se tudo der certo, em breve também eles se casarão.

Dona Waltraud fez uma pausa, talvez esperasse alguma palavra minha. Como isso não aconteceu, continuou.

– Você, nesta casa, continuará a fazer tudo da mesma forma. Falaremos com seu pretendente, deixando claras as razões pelas quais você trabalha para nós. Se ele aceitar, muito que bem, se não, nada poderemos fazer, você se retirará.

Estava assustada. Percebera, pela conversa, que doravante minha vida passaria a pertencer a um homem totalmente desconhecido. Desse momento em diante não prestei atenção em mais nada. A patroa continuou falando, porém nada seria registrado por mim.

Sabia que não estava contente, sabia que tinha medo, sabia que sentia insegurança, mas em nenhum momento senti raiva da situação. Assumiria o destino traçado por Deus, Ele era o Pai-Criador. Em minhas preces, agora somente pedia resignação.

Não pude deixar de perceber que em meu interior alguma coisa mudava. Desejava ardentemente casar-me. Meu corpo queria ser abraçado, acarinhado, assim como Dimitri fazia com Rinha. Nada tinha notado antes, porém esse desejo já habitava em mim desde as conversas infantis com Dimitri, algum tempo atrás.

Durante todo aquele dia rezei. Pedi muito a Jesus que me auxiliasse a suportar minha cruz, que não sentisse repulsa por um homem bem mais velho. Em meus sonhos sempre via um jovem forte como um príncipe, mas se não fosse possível, que Jesus me ajudasse.

Kriev estava radiante. Já contara a novidade para os outros companheiros de trabalho. Todos o cumprimentavam pelo casamento.

– Olhem! Ela é uma jovenzinha! Somente quinze anos. É pura como a neve. Será minha, somente minha. Dentro de poucos dias ela estará em minha casa!

Os companheiros riam. Quando sozinho, Kriev bebia, agora não pela solidão, mas sim para comemorar. Era uma questão de dias. Bêbado, dançava até cair e no chão permanecia até o dia seguinte, quando seguia para o trabalho. Não detinha mais saúde para tais extravagâncias; entretanto, em breve tempo, haveria quem cuidasse dele.

– Ah! Como era mesmo o nome dela? Pensava várias vezes durante o dia, porém não conseguia recordar-se. Também, se só o ouvira uma vez, como o guardaria?

A semana se arrastou. Por fim chegou a minha folga extra. Quando cheguei em casa, abracei minha mãe. As lágrimas correram.

– Mamãe, nada do que foi dito é verdadeiro! Tentei somente alertar a família Grinspy contra uma grande mentira. Não me compreenderam.

Narrei-lhe, detalhadamente, tudo que havia acontecido. Minha mãe ouvia-me atentamente. Meu pai, também presente, olhava-me, desconfiado. Quando terminei o relato, ela me incentivou:

– Filha, abandone essa família que não lhe deu crédito. Volte para casa. Acredito em você, sei que está falando a verdade.

– Sua mentirosa! Agora vai casar ou por bem ou por mal. Minha família não descumpre compromissos – vociferou meu pai.

– Bassiliev, nossa família não se comprometeu com ninguém! Sua filha está sendo difamada. Não podemos aceitar. Somos pobres, porém temos dignidade.

– Não darei morada para esta ingrata. Meu dinheiro não sustentará mais uma boca. Aqui você não volta mais.

Nada demoveu meu pai. Mamãe, num canto do cômodo, chorava e rezava em silêncio.

– Minha filha, se são os desígnios de Deus, que seja feita a Sua vontade.

– Assim também creio, mamãe.

– Lídia, o meu amor por você é imenso. Estarei a seu lado onde for preciso.

– Compreendo-a, mamãe.

Regressei à casa dos Grinspy naquela mesma tarde. Kriev estaria presente ao cair da tarde para tratar dos pormenores. O casamento seria realizado naquela mesma semana.

Dimitri teve a sua oportunidade para me maltratar. No começo da noite, quando chegou para noivar, fui eu quem lhe abriu a porta e, como ninguém se encontrava na sala, falou:

– Ora, não é que o tiro foi certeiro? Estou muito feliz por seu casamento e Kripsia também. Espero que esse velho, com quem irá viver, coloque-a sob rédeas firmes. Aqui dentro quem vai mandar serei eu. Tome cuidado, poderá se queimar.

Segui para a cozinha, trêmula, mas nada respondi.

Tudo se desenvolveu como o esperado: eu estaria casada no próximo sábado, às onze horas da manhã.

Em meio a tanta confusão do outro dia, mal havia reparado naquele que seria brevemente meu esposo.

Contudo, agora, ao seu lado, estava tendo a oportunidade de constatar essa infeliz possibilidade. Kriev representava tudo quanto não gostaria de ver num homem: feio, aparentando velhice, corpo disforme, talvez inchado por excesso de bebida, barba por fazer... Enfim, um relaxo. Defendeu-se na presença do Doutor Arthur: como morasse sozinho, não tinha alguém a zelar por suas roupas, comida etc.

– Doutor, esse casamento para mim é um grande achado. Preciso muitíssimo de uma mulher em casa. Tenho uma filha, mas ela não quer saber de mim.

Meus patrões permaneceram calados. Somente se manifestaram quanto à data, à documentação e a minha presença na casa como serviçal.

Percebi e acreditei, que dona Waltraud, assim como também o Dr. Arthur, não gostaram muito do que ouviram. Se, como dissera, *"precisava de uma mulher para cuidar da casa"*, como deixaria então que eu continuasse a trabalhar em casa alheia? O resultado veremos mais tarde.

Assim sendo, assunto resolvido, os trabalhos continuaram os mesmos. A semana passou muito rapidamente. Meu estado interior era de apreensão, medo e tristeza.

Helga, atenta, perguntou-me:

– Ora, Lídia, você está cada dia mais triste. Não quer se casar?

– A senhora bem sabe o quanto pretendia me casar, ter família, filhos, mas meu desejo era um homem jovem, disposto, que fosse da minha escolha. Encontro-me, de agora para o futuro, presa a um indivíduo que não conheço, que traz em si tudo aquilo que não gosto. Ele lembra muito meu pai.

– Você já me falou sobre seu pai, homem embrutecido, que bebe para ofender a família. Trata muito mal sua mãe e também os filhos.

– Dona Helga, ele nem percebe meu irmão com problemas, dificuldades. É minha mãe quem zela por nossa família. Creio que terei uma vida semelhante à dela.

– Não pretendo decepcioná-la, Lídia, mas acredito, do mesmo modo, que esse casamento não será bom para você. Ainda mais da forma como está sucedendo.

– Tenho pensado muito. Para mim ele é como se fosse uma praga partida daquela senhora, Tífia. Ela sempre me dizia na rua, quando nos encontrávamos, que poderia me ajudar. Pois foi exatamente ela quem trouxe esse homem horrível para esta casa! Pelo menos se dona Waltraud não o tivesse visto, as coisas poderiam ter sido diferentes!

– Lídia, agora as coisas estão determinadas. Só Deus poderá ajudá-la.

– Sim, só Deus para me dar coragem. Preciso seguir adiante. Estou decepcionada, sim, mas de forma alguma revoltada. Acredito, verazmente, que é esse o desígnio de Deus para mim. Será cumprido conforme as Suas determinações.

– Sua mãe foi avisada?

– Dona Waltraud me garantiu que iria avisá-la. Não quero estar diante do padre sem minha mãe estar presente.

– Também eu estarei ao seu lado.

– Agradeço muito essa ajuda. É reconfortante.

Para não perder a esperança, ficava imaginando que nada mudaria. Continuaria trabalhando na casa dos Grinspy e pouco tempo ficaria com Kriev. Como o chamaria? Pelo nome de *"senhor"* ou de *"meu marido"*? Ele era muito mais velho do que eu e, por certo, exigiria todo respeito possível. Seria *"senhor Kriev"*.

O sábado chegou. O casamento aconteceu. Depois da cerimônia, seguiria diretamente para a casa de Kriev. Dona Waltraud me deu como folgas o sábado e domingo. Ninguém da família Grinspy esteve presente. Comigo, somente minha mãe, Ivan e dona Helga. Também estava presente Tífia que, tal como ela mesma dissera, não podia deixar de comparecer. Afinal, tivera uma grande participação naquele episódio.

Quando o fato se consumou, a primeira pessoa que abracei foi mamãe. Não contive as lágrimas.

– Minha filha, não chore. Pense em Deus e peça coragem para seguir adiante. A pobre mulher quase sussurrava em meus ouvidos.

– Vamos, temos muitas coisas a serem feitas. Chega de tanta lamentação. Parece mais um velório do que um casamento.

Kriev me puxou pelo braço, forçando minha separação de mamãe. Nada mais foi dito. Seguimos para casa.

Quando lá chegamos, percebi que não se tratava de uma casa, mas de uma cabana abandonada. Sim, abandonada, porque tudo estava fora de ordem, sujo, cheirando mal.

– Arrume tudo, a casa precisa de uma arrumação.

Foi a primeira de tantas ordens que se seguiriam. Obedeci maquinalmente, embora minha vontade fosse de fugir.

Kriev, por sua vez, sentou-se num banco encostado na lareira da cozinha, ou melhor, no fogão a lenha, e começou a beber. Disse-me em tom de mando:

– Preciso comemorar, em homenagem à mulher desta casa. É claro que brindou sozinho. Estando já na lida da casa, nem levantei meu rosto para olhá-lo.

Enquanto labutava, fazia minhas preces. Pedia a Jesus Cristo, meu guia, que eu pudesse aguentar. Seria preferível trabalhar como escrava a ser tocada por ele. Sentia nojo.

Já bêbado, dizendo muitas bobagens, Kriev, veio se aproximando de mim. Com rapidez, afastei-me para que nunca me alcançasse. A estratégia deu certo. Ele se cansou. A bebida o vencera. Caiu no chão e, de onde ficara, dormiu. Aproveitei para terminar meu serviço.

À noite, cansada, depois de leve refeição, fui para o canto do cômodo, onde se encontrava a cama. Deitei-me tremendo. Por sorte, o homem continuava dormindo.

Fui despertada durante a madrugada.

– O que você preparou para comer?

– Deixei no fogão uma sopa. Vou esquentá-la.

– Estou com muita fome. Preciso comer.

– O senhor pode lavar as mãos, já vou preparar tudo.

– Lavar-me, não é preciso. Espero na mesa, enquanto a panela esquenta.

Coloquei a sopa e o pão na mesa. Ia retirar-me quando Kriev ordenou que sentasse à mesa com ele.

– Fale alguma coisa. Quero conversa nesta casa, estou cansado de viver sozinho. Para isso casei-me com você.

– O que o senhor quer que eu diga?

– Qualquer coisa. Estou ouvindo qualquer coisa.

Comecei então a falar sobre Evangelho.

– Ora, cale-se! Essa coisa de igreja, não!

– O senhor disse que eu poderia falar sobre qualquer coisa.

– É, falei, mas não de igreja. Fique você sabendo que não gosto desse assunto.

Permaneci em silêncio. Depois de alguns minutos foi ele mesmo quem começou a conversar.

– Quero ter filhos, muitos filhos. Minha mulher tem que ser uma boa mãe. Você é bastante jovem, poderá me dar um filho por ano.

– Também quero ter filhos, mas não um por ano. Será bom termos dois a três filhos. Não podemos criar...

– Você terá quantos filhos eu quiser. Você fará o que eu quiser. Não pense que ficará à solta. Não quero também que você trabalhe mais naquela casa. Agora você tem a sua própria casa para cuidar e tem uma família.

– O senhor não pode fazer isso. Aceitou o trato com o doutor Grinspy.

– Eu não aceitei trato nenhum. Foi ele quem falou.

– Mas, senhor! Eu trabalho lá por causa de meu irmão!

– Não quero saber. Agora você pertence a mim. Faço com você o que quiser. Cale-se. Vá deitar que já estou indo.

Meu Deus! Era tudo o que eu não queria! O que ele faria comigo? Desesperei-me, porém, obedeci.

Não pude dormir. Meu corpo doía, minha cabeça explodia. Somente a prece me aliviava. Pensei também em minha mãe. Como seria bom se pudesse estar com ela, em casa, como antes. Agora era tarde. Eu era uma outra pessoa, uma mulher com todas as responsabilidades de ter uma família. Nada mais seria como antes.

O domingo passou sem transtornos. Somente a vergonha me dominava. Não conseguia olhar para Kriev. Ele agia como se nada tivesse mudado em sua vida. Não falava. Passou uma parte do dia bebendo novamente.

Encontrava-me preocupada. Será que ele me proibiria de voltar para o trabalho no dia seguinte? Queria perguntar-lhe, contudo tive medo. Por certo no dia seguinte teria uma oportunidade.

Pela manhã de segunda-feira, quando ia sair para o trabalho, encomendou-me:

– Fique em casa e cuide de tudo. Prepare a comida e minha roupa. Não quero que você volte para o trabalho nunca mais.

Fiquei apavorada. Não tive coragem de responder. Minha única atitude foi chorar. Kriev não deu a mínima a isso. Saiu para o trabalho.

Experimentava uma sensação de profunda desolação. Sozinha naquele fim de mundo, proibida de sair de casa, não sabia o que fazer. Para me ocupar, mas também por medo, fiz o que meu marido ordenara.

E assim o tempo foi transcorrendo. Minha aflição se tornava maior à medida que não achava um meio de conversar com mamãe. Como ela estaria? E Ivan, o que lhe acontecera?

Um dia resolvi perguntar para Kriev:

– Senhor meu marido, seria possível eu seguir para a cidade para saber notícias de minha família? Há quatro meses encontro-me nesta casa, isolada de tudo e de todos.

– Não está afastada de todos, tem a mim. Eu sim é que vivia afastado de todos, desde quando minha filha foi embora. Eu mesmo não aguentava mais aquela inútil.

Kriev seguiu falando e enunciou todas as características da filha. Conforme foi detalhando a conversa, recordei-me de Tífia quando me contara sobre Kripsia.

– Como é o nome de sua filha?

– Kripsia. Ela agora está morando com sua tia, minha irmã, na cidade e...

– Sim, eu conheço sua filha! O senhor já falou que ela mora com sua irmã e tudo o mais.

– De onde você conhece minha filha?

– Ela irá se casar com o filho de meu ex-patrão, o doutor Arthur Sell.

– Com um ricaço?

– Sim. Ela e o antigo namorado tramaram esse golpe. Ela está se casando – acho que já se casou – se cumpriram as datas planejadas.

– Ah! Então é assim que ela está vivendo? Não quero saber dela, quero outros filhos para suprir sua falta.

Era sempre assim. Praticamente todos os dias ele me cobrava filhos. Também os desejava, mas até agora não fora possível. Kriev, talvez pela bebida, estava muito debilitado. Eu ansiava por uma paixão, desejava ardentemente um homem vigoroso, que pudesse me fazer feliz. Porém já era casada e minhas fantasias deviam ficar embotadas em meu peito. *"Uma mulher honesta não tem fantasias"*, ensinava minha mãe.

Numa tarde, enquanto limpava a casa, bateram à porta. Era Tífia. Estava alegre, parecia bem disposta. Convidei-a para entrar na habitação precária e rústica, tendo aceitado de pronto. Observou detalhadamente tudo quanto podia.

– Está se esmerando na limpeza! O senhor Kriev não poderá reclamar. Então, como vão as coisas? E o bebê, quando nascerá?

– Qual bebê?

– O que você está esperando.

– A senhora está enganada. Não estou esperando bebê algum.

– Sua fisionomia é a de uma mulher que vai ser mãe. Bem, estou aqui mais para lhe contar algumas novidades. Deve se encontrar ansiosa por notícias.

– Principalmente sobre mamãe.

– Ela está bem. Seu irmão é quem vem passando meio adoentado. O doutor Arthur havia parado o tratamento, alegando descumprimento do acordo de sua parte. Porém, quando sua mãe lá voltou esta semana, pedindo-lhe ajuda, ele entendeu que talvez você estivesse cativa de seu marido.

– Sim, estou mesmo. Devo muito disso à senhora. É também responsável por este casamento atabalhoado.

– Foi para o seu bem. Mas agora seu irmão vem sendo atendido pelo médico de novo. Sua mãe conversou com dona Helga e esta me contou que ela sofre aguardando o pior: seu irmão, mais dia menos dia, ser vencido pela doença.

– Preciso arrumar um jeito de vê-los, confortar minha mãe, ajudá-la no que for preciso.

– Outra notícia é sobre o casamento de Dimitri e Rinha. *"Foi uma beleza"*, disseram as pessoas que foram convidadas. Quem irá casar também é a filha do seu marido, sua enteada.

– Já previra que esse evento pudesse acontecer mais cedo ou mais tarde.

– Ele está em Moscou, terminando seus estudos. Assim que voltar, marcará a data.

– Dona Tífia, o que posso fazer para ir visitar minha mãe?

– Pobre criança! Acho que poderei ajudá-la. Vamos falar com seu marido quando ele voltar para casa nesta tarde.

Tífia permaneceu em minha choupana até Kriev regressar. Assim que a viu ficou enraivecido:

– O que a senhora faz aqui?

– Vim visitar sua esposa. Ela era minha conhecida antes do senhor, lembra-se? Como ela nunca mais saiu de casa, vim até aqui, saber notícias.

– Hum!

– Estava lhe aguardando, senhor Kriev. Acredito que sua esposa precisa visitar os parentes.

– Para quê?

– Ora, para dizer que vai tudo bem e também para ver seu irmão que se encontra muito doente.

– Pelo que sei, ele sempre foi doente.

– Piorou, e muito. Parou o tratamento, como o senhor sabe, pela ausência dos trabalhos de Lídia na casa dos Grinspy.

– Não venha me dizer que a culpa é minha.

– Ninguém está lhe dizendo algo parecido. Só estou tentando lhe esclarecer que é necessário ser visitado por Lídia. Que Lídia o veja, talvez antes que parta dessa vida, e que conforte um pouco sua mãe.

– Não quero que ela vá. Esta é a casa dela agora. Tem trabalho aqui, além de cuidar de mim.

– Senhor Kriev, por que não posso ir? Perguntei-lhe ingenuamente, pois já me sentia angustiada.

– Se insistirem, é bem capaz de você voltar a trabalhar naquela casa. Eu a proíbo.

– Se sua preocupação for somente esta, então pode ficar tranquilo: sua irmã está trabalhando para a família Grinspy, no lugar de Lídia.

– Minha irmã? Como conseguiu entrar naquela casa?

– Não se esqueça de que, em breve, sua filha se tornará uma Grinspy. Tudo está fazendo para isso.

Fiquei admirada. Kripsia monopolizara toda a família! Será que Dimitri concordava? Bem, não sabia por que me preocupava, ninguém acreditou em mim naquela casa!

– Senhor Kriev, deixe-a ir. Lídia ficará apenas alguns dias com sua mãe. Eu mesma me proponho a trazê-la de volta.

– Devo-lhe um grande favor, senhora Tífia, mas daí a lhe entregar minha esposa… vou pensar.

– E quando saberei a resposta?

– Volte na semana próxima, talvez tenha uma resposta.

Apavorei-me:

– Por favor, senhor! Permita-me ir amanhã mesmo! Meu irmão está morrendo. Preciso ajudar minha mãe!

– Senhor, seja bondoso! Nossa Lídia precisa ir com urgência. A semana próxima poderá ser tarde demais.

Kriev pensou por alguns momentos. O silêncio pesou naquele cômodo. Tífia e eu permanecíamos sentadas, mas o homem não parava de andar. A tensão aumentava, pareciam momentos eternos.

– Eu mesmo seguirei com ela, amanhã de madrugada. Sairemos antes do dia clarear para que eu possa voltar para o trabalho.

Sorri, como há muito tempo não o fazia. A alegria tomou conta de mim. Mesmo sabendo que a situação em minha família não estava boa, fiquei contente. Pelo menos vê-los-ia.

– Bem, senhora, agora já pode se retirar. Cumpriu o seu papel.

– Eu a acompanho, senhora Tífia. Morri de vergonha, não era preciso ser tão áspero. Quando nos despedimos na porta, pedi desculpas para aquela senhora que tanto me ajudara naquela noite.

– Voltarei quando puder.

– Muito obrigada. Por tudo.

Nem mais uma palavra foi dita no casebre naquela noite. Quando me deitei senti um mal-estar. Não estava me alimentando muito bem naqueles últimos dias, talvez fosse fraqueza. Falaria com mamãe, ela saberia o que fazer.

Na madrugada seguinte, levantei-me muito tonta. Foi uma noite de vigília, não havia pregado os olhos. A ansiedade me dominara.

Kriev, acostumado a levantar-se muito cedo, saiu da cama no mesmo instante que eu. Preparei então uma pequena refeição e saímos.

Não me preocupei com o frio nem com o homem escabroso que seguia a meu lado. Só pensava em ver minha família. Era a primeira vez em vários meses que saía daquela casa. Respirei aliviada. Por alguns dias poderia me sentir livre.

Na porta da casa de meus pais, Kriev me deixou sozinha. Já havia luz indicando que alguém acordara. Bati levemente.

– Quem bate a esta hora? Era a voz de meu pai.

– Sou eu, Lídia. Vim visitá-los.

A porta se abriu. Uma emoção muito forte tomou conta de mim. Meu pai não esboçou nenhum movimento de acolhida, mas, logo atrás dele, vinha minha mãe, de braços abertos, ao meu encontro.

Abraçamo-nos, as lágrimas correram. Nada dissemos por alguns instantes.

– Vão ficar paradas como estátuas? Entrem. Preciso sair para o trabalho. Helena! Já terminou de arrumar minhas coisas?

Meu pai continuava o mesmo de sempre: rabugento, rígido com minha mãe.

– Aguarde, minha filha. Seu pai logo sairá para o trabalho. Assim poderemos conversar.

– Como está o Ivan? A pergunta estacionara em minha garganta, não podia esperar mais tempo para fazê-la.

Minha mãe voltou-se para mim, abaixou a cabeça e nada respondeu.

Percebi a gravidade da situação. Fui ajudá-la. Quando meu pai saiu, minha mãe me levou para vê-lo. Ivan mais se assemelhava a um cadáver que respirasse.

– Veja, Lídia! Já não se levanta mais! Não posso nem levá-lo ao doutor Arthur. Ele é que às vezes vem até aqui. Estamos somente esperando que faça sua partida.

– Mamãe, o estado de Ivan me impressiona! Como a senhora tem feito para cuidar dele?

– Deus nos dá forças quando precisamos. Tudo preciso fazer por ele.

– Ele não reage a nada? E quando está com fome?

– Como lhe disse, Lídia, ele não exibe reação alguma. Alimento-o somente com líquidos, boca a dentro, tendo em vista que não mastiga. Faço o asseio da cama, das roupas e dele próprio, pois também não coordena suas necessidades fisiológicas. Enfim, minha querida, a luta está sendo grande. Porém confio em Deus: *"tudo é possível quando temos fé"*[4].

– Mamãe, como a senhora é corajosa, forte e, além de tudo, amorosa. Eu a amo tanto!

– Lídia, a vida nos ensina como agir, como prosseguir no caminho que devemos percorrer. Você sabe muito bem que somente com o Evangelho poderemos superar as dificuldades. Será que esqueceu essas lições?

– Não, mamãe, não as esqueci. E são elas que me têm dado forças para continuar a viver.

– Observando-a melhor, percebo que emagreceu. Está pálida! Por acaso está prenha?

Corei de vergonha. Abaixei a cabeça. Nunca antes falara desses assuntos com minha mãe.

– Responda, minha filha: você espera um bebê?

– Não... Quero dizer... Não sei! A senhora é a segunda mulher a me perguntar. Só não ando me sentindo bem, não tenho me alimentado também.

– Veremos isto. Acredito que você esteja grávida. Venha, vou lhe preparar alguma coisa para comer. Enquanto isso, conversaremos. Você veio sozinha?

4 Conforme Mc 9:23 (NR).

– Não, o senhor Kriev me trouxe até à porta, mas não esperou nem ao menos eu bater nela.

– Ele me pareceu muito estranho quando o conheci em seu casamento, mas nada posso dizer; afinal, nunca conversei com ele.

– A senhora tem razão, ele é muito estranho. Parece o papai: rude e estúpido. Não consigo ficar à vontade naquela casa.

– Sei como é, minha filha. No começo, quando me casei com seu pai, também me sentia assim. Com o passar do tempo vamos nos acostumando.

– Não tenho a sua fibra, a sua coragem.

– Tem sim, filha querida. Está demonstrando isso, aguenta-o. Mora com ele e obedece às suas ordens.

– Isso é verdade.

– Ele, pelo menos, permite que você leia o livro sagrado.

– Não. Sempre faço a leitura escondida. Aproveito quando passa o dia todo fora.

– Não se esqueça, minha filha: jamais deixe de fazer suas orações. É a fé em Deus que nos alimenta.

– Mamãe, tenho medo do futuro! Ele bebe muito, não tem boa saúde. Não sei o que será!

– Entendo, Lídia. Se por algum motivo você ficar sozinha, sempre terá esta casa que lhe acolherá como antes.

– Ó Mamãe!

Abraçamo-nos. Nesse instante senti-me esperançosa.

– Você irá embora hoje?

– Não, poderei ficar aqui pelo menos até domingo.

– Muito bom. Teremos tempo para matar as saudades.

Falamos muito, relembramos o passado, rezamos perto de Ivan. Fizemos tudo o que há muito tempo não fazíamos juntas.

No meio da semana, numa noite na qual meu pai chegou totalmente bêbado, minha mãe deu-lhe comida, ou melhor, quis lhe dar de comer, porém ele queria somente dormir. Mamãe aproveitou a oportunidade e pediu para uma vizinha, moça nova, ali morando há aproximadamente um mês, para ficar com Ivan. Seguimos céleres para a casa de dona Weruska. Faríamos o Evangelho, como antigamente.

– Que bela surpresa vê-las aqui!

– A felicidade também é nossa, querida amiga – falou mamãe, demonstrando muita sinceridade.

– Vamos, então, rezar hoje, em especial, pelo nosso irmãozinho Ivan. Que Deus possa dele se apiedar.

O Evangelho naquela noite foi, particularmente, maravilhoso. Vimos passagens nas quais Jesus pedia para que largássemos tudo e o seguíssemos. Todas as presentes – formávamos um grupo de cinco mulheres – concordamos: era necessário atentarmos para os ensinamentos do Mestre. Só com a determinação de sermos melhores, de largarmos tudo o que não nos convinha, é que seríamos felizes.

– É preciso também saber enfrentar as dificuldades, como está fazendo a nossa irmã Helena. Deus, que a tudo vê, tê-la-á num bom lugar no futuro.

De certa forma fiquei envergonhada. Em meus pensamentos, julgava estar sofrendo demais, carregando um fardo demasiadamente pesado. Mas agora, avaliando a situação de mamãe, senti-me bastante constrangida. Tinha somente Kriev para aturar e, mesmo assim, apenas quando regressava do trabalho. Mamãe tinha que cuidar o dia todo de Ivan, com todas as suas dificuldades, e ainda aguentar meu pai quando tornava do serviço. Verifiquei que a minha parte no sacrifício da vida era muito pequena. Meu íntimo só clamava por pedir perdão a Deus após tantas reclamações.

Mais alguns comentários e nos preparamos para sair.

– Dona Weruska, este encontro muito me ajudou, mas devo ir, Ivan precisa de mim. Ademais, nossa nova vizinha já colaborou intensamente. É de minha responsabilidade cuidar da minha família.

– Querida amiga, muito me alegrou tê-la aqui nesta noite, como já o disse. A você também, Lídia, que sua sorte seja boa. Deus há de acompanhá-las.

Despedimo-nos e saímos sem olhar para trás. Minha mãe apressou a marcha. Seus passos obstinados no caminho de casa davam a impressão de profunda preocupação.

– Mamãe, está andando muito rapidamente! Sinto-me ofegante.

– Oh! Perdoe-me, filha! Estou preocupada com Ivan. A nossa vizinha, senhora Saschavoia, é muito inexperiente. Somente o reconforto da palavra de Deus para que eu me ausentasse de casa.

Tinha certeza agora: estava grávida! Tudo faria para que a bênção daquele filho tornasse meu lar numa morada segundo os princípios de Deus, nosso Pai.

Chegamos a casa. Tão logo a porta foi aberta, Saschavoia veio ao nosso encontro.

– Dona Helena! Estava aflita! Alguns momentos após sua saída, o garoto começou a se mover na cama, parecendo delirar: suava frio e os olhos, fixos no teto, pareciam ver alguma coisa.

– Ele ainda está suando frio e se debatendo! – falei nervosa. Só nos demoramos meia hora! Como ele pode ter mudado tão de repente?

– Acalme-se, Lídia. Isto sempre acontece. Saschavoia, agradeço-lhe muito sua presteza em nos ajudar. Agora, se desejar, poderá ir para sua casa. Porém, como a vejo muito nervosa, aconselho-a a assentar-se e tomar um chá que Lídia irá lhe preparar. Certo, filha?

Não poderia recusar um pedido de mamãe, embora estivesse preocupada com a atitude daquela senhora.

Enquanto colocava a água para aquecer, senti um remorso muito grande: como podia estar julgando aquela senhora? Se estivesse em seu lugar, como teria me comportado? Sinceramente, nada melhor; muito pelo contrário, teria sido bem capaz de haver tomado atitudes erradas.

Servi-lhe o chá com muito carinho. Minha mãe, com todo seu amor e dedicação, cuidava de Ivan ao mesmo tempo em que conversava com ele. Teria sido entendida? Acredito que não. Mas, mesmo assim, mamãe continuava.

Aos poucos, todas nós fomos nos acalmando, assim como Ivan passou a apresentar um semblante descansado.

Saschavoia retirou-se. Por cerca de uma hora, meu irmão pareceu dormir; todavia, posteriormente, reentrou em seu delírio.

– Bem que a senhora parecia pressentir algo não ir bem ao apressar o passo! – falei.

– O coração de qualquer mãe nunca se engana. E você mesma constatará isso num futuro breve. Receio que seu irmão não irá muito longe. Não posso contar com seu pai. Assim sendo, peço-lhe, embora o adiantado da hora, que vá até a casa dos Grinspy. Peça ao doutor Arthur que venha nos atender por caridade.

Gelei. Como poderia voltar àquela casa após havê-la abandonado? Como não me movi do lugar, mamãe falou:

– A culpa não é sua. Em parte eles a atribuíram ao senhor Kriev. Nada há a censurá-la. Ademais minha filha, este é um caso de extrema urgência. Siga em frente, pensando somente em ajudar seu irmão.

O conselho de mamãe adentrou meu ser como uma facada. Para que estudar o Evangelho se, chegada a hora de exemplificá-lo, eu queria fugir? Saí do meu torpor, recompus-me e segui o caminho.

De pronto, o médico me acompanhou. Nada foi dito, nada foi perguntado. Somente o interesse pela manutenção da vida foi colocado em evidência. Para mim, mais que para qualquer outro, a lição estava sendo válida.

Infelizmente, quando chegamos em casa, o clínico constatou que nada mais era possível fazer: Ivan estava praticamente morto. Entrementes, ainda assim tentou reanimá-lo com uma sangria. Tudo, porém, foi em vão.

Mamãe a tudo resistia, sozinha. Após essas tantas conversas e alguns movimentos mais bruscos, meu pai acordou. De péssimo humor, como era de se esperar. Começou a gritar, a dizer desaforos. Contudo, quando percebeu que havia gente estranha em casa, olhou para a esposa e calou-se.

– Acalme-se, senhor, tenha compostura. Se o senhor possuísse só um pouco de solidariedade, não estaria dormindo, mas ao lado desta senhora sofrida, pelo menos no momento da morte de seu filho.

Papai empalideceu. Acatou as palavras duras do doutor. Percebera o seu erro. Mas como poderia esperar a morte do filho?

– O senhor já deveria estar preparado. Se acompanhasse o sofrimento de mãe e filho, poderia ter ajudado ao invés de criticado. Bem, minha senhora – falou, virando-se para minha mãe –, nada mais posso fazer. Agora será necessário tomar outras providências. A senhora tem alguém que possa lhe ajudar?

Mamãe, receosa, nada lhe respondeu. Não poderia contar com meu pai.

O médico, percebendo o desconforto daquela mulher, disse-lhe:

– Pedirei para dona Helga, minha auxiliar, que tome todas as providências. Dona Helena, não se preocupe com nada, tudo estará resolvido em poucas horas.

Dr. Arthur retirou-se. Ficamos os três no cômodo, em pé, calados, olhando para aquele homenzinho que mais parecia uma criança totalmente indefesa.

Era a primeira morte que presenciava, mas, não sei por que, pareceu-me muito natural.

Depois dos funerais, ainda em casa de meus pais, fiquei pensando por um longo período. Achava-me há tanto tempo afastada dos meus parentes e, quando vim vê-los, aconteceu a morte de Ivan. Era uma coincidência, mas, doutro lado, não: Tífia fora avisar-me. Ela sabia que meu irmão estava muito doente. Agradeci a Deus a oportunidade de haver podido estar com minha mãe naquele momento tão dolorido.

Embora estivesse visivelmente abatida, cansada e triste, dona Helena demonstrava coragem e conformidade com os desígnios divinos. Dava-me carinho e atenção. Também conversava com meu pai, que parecia desolado.

– Em meu peito se encontra uma grande tristeza, um vazio, como se nunca mais pudesse ser preenchido. Fui um péssimo pai!

– Não adianta se culpar agora, Bassiliev. Ivan não precisa mais de nós nem dos nossos lamentos. Tudo que por ele poderia ter sido feito já foi. Agora só devemos orar a Deus para que cuide de sua alma.

– Em momento algum estive a seu lado.

– Também em momento algum Ivan deixou de receber carinho ou assistência por esse motivo. Creio sinceramente, Bassiliev, que você deve se calar ao invés de se condenar. Ainda tem uma filha. Faça por ela tudo o que já deveria ter sido feito. Dê-lhe amor, demonstre-lhe compreensão. Assim, de alguma forma, você se sentirá melhor.

Papai nada disse. Abaixou a cabeça e seguiu para seu cantinho. Naquele resto de dia permaneceu em casa e nada mais falou. Não bebeu, somente tomou um caldo e deitou-se. O que andaria pela sua mente, só Deus poderia responder.

Dois dias a mais, antes da chegada de Kriev, foram suficientes para que mamãe se achasse mais fortalecida fisicamente. Até preparou alguns pãezinhos para que os levasse para minha casa. Muitos conselhos recebi daquela senhora simples, mas experiente da vida. É claro que, com a chegada do meu primeiro filho, minha vida mudaria totalmente.

– Lídia, disse-me ela, prossiga confiante em Deus. Prepare-se para receber esta criança com muito amor, com muita dedicação. Ensine-lhe os passos do Evangelho, a fim de que, no futuro, possa vir a ser uma pessoa de bem. Procure, de igual modo, compreender seu marido. Não sabemos por que ele foi colocado em sua vida para ser seu companheiro, mas por certo Deus o sabe.

– Tenha certeza, mamãe: cuidarei para que estas suas palavras fiquem entalhadas para sempre em meu coração.

O momento da partida chegou. Eu não sabia, mas seria uma das últimas vezes que conviveria com tanta intimidade com mamãe.

No casebre, as coisas seguiram como antes: cuidava da limpeza, da comida, aguardava a chegada de Kriev.

Raríssima a noite na qual não bebia. O melhor, se é que existia alguma coisa de melhor, era que não demorava muito para dormir.

Na cama, noite após noite, refletia sobre a insensibilidade daquele homem. Nada dizia com relação ao filho que chegaria em breve, mesmo vendo minha barriga crescer a cada dia. Não se preocupava em saber nada sobre mim nem sobre as necessidades materiais que dentro em pouco tempo precisariam ser supridas.

Não passávamos fome, contudo tínhamos somente o necessário. Como seria com uma criança a mais para ser alimentada, vestida, calçada? Eu fazia o que podia. Com algumas roupas velhas comecei a preparar as roupinhas para meu filho. Mais cedo ou mais tarde eu teria que tocar nesse assunto com Kriev. Estava adiando o máximo possível.

Vários meses depois, quando a gravidez já se encontrava em seu oitavo mês, recebi a visita de Tífia.

Trouxe-me muitas notícias que eu nem sonhava um dia pudessem ocorrer. Não podia me precisar o lugar, contudo sabia que uma guerra estava acontecendo. Havia muitas mortes. Nossos homens poderiam seguir para a batalha a qualquer momento.

Ouvindo isso, assustei-me. Como faria, sozinha, às portas de ter meu filho? Tífia nada podia dizer a respeito disso.

– Não fique nervosa. Se acontecer, siga para a casa de sua mãe.

– É, a senhora tem razão. Acalmei-me

O assunto recaiu sobre a família Grinspy.

Arthur Sell retornara de Moscou há dois meses e marcara seu casamento com Kripsia para o próximo mês. Rinha seria mãe no começo do outro ano. Dimitri parecia ser o dono da casa, nada era feito sem a sua aprovação. Até no consultório onde o Dr. Arthur recebia seus doentes ele dava palpites. Também viajou para Moscou. Parece que foi fazer inspeção nas propriedades da família.

– Ele foi com Rinha?

– Nada disso, minha criança. Seguiu sozinho. Dificilmente Rinha sai com ele. Prefere seguir desacompanhada para todos os lugares. Sei, através de dona Helga, que trata muito mal a pobre esposa. Ela nada fala a seus pais, pois a mantém sob ameaças. A pobre moça vive assustada.

– Parece que tanto ela quanto eu não tivemos sorte em nossos casamentos.

– Não. De todos os modos você ainda se encontra melhor do que ela: o interesse de Dimitri era somente material.

– Tentei avisá-las, mas infelizmente ninguém quis me ouvir. Pelo contrário, até me arranjaram um casamento para se ver livres de mim.

– Você não deve se magoar com isso.

– Sim. Deus abençoou este casamento.

– Até lhe deu um fruto.

– Bem, não vamos falar de mim. Quero saber mais sobre o casamento de Kripsia. Acho que devo contar para meu marido.

– Talvez. Contudo, acredito que isso em nada irá mudar o rumo das coisas.

– Sabemos nós que ela não ama Arthur. Assim como Rinha, ele poderá vir a ser muito infeliz. Se Kriev for lá e contar toda a verdade, evitaremos mais uma infelicidade.

– Percebo suas intenções. Porém, pelas demonstrações que tivemos até agora, você haverá de convir que seu marido jamais irá se envolver nesse assunto.

Pensei um pouco. Não era do temperamento de Kriev fazer isso.

– A senhora tem razão.

A conversa se desviou para meu filho. Por mais uma hora tive companhia. Depois a solidão voltou a me atacar. Junto com ela as inseguranças, os medos, as saudades da família.

Tífia nada falou de minha casa. Há muito tempo não via mamãe, nem quando seguia à cidade. Será que eles estavam bem? Parei meu serviço e fui orar. Só o Evangelho trazia serenidade para o meu interior.

– Deus, cuidai de meus familiares! Permitais que eu possa seguir para minha casa nos próximos dias. Gostaria que meu filho nascesse perto de minha mãe. Ouçai-me, Pai extremado.

Nada comentei com Kriev a respeito da visita de Tífia, menos ainda sobre o casamento de sua filha. Era melhor para todos. Porém, uns dez dias depois, chegou em nossa casa, inesperadamente, dona Sérvia. Chegou aflita, cansada, visivelmente contrariada.

Fiquei atônita. Não tivera nenhum contato com ela, sequer a conhecia. Achei ótima a sua presença acontecer num momento de folga de Kriev, assim eles poderiam conversar.

– Kriev, sei que foi um erro eu ter vindo até aqui. A pobre mulher foi logo se desculpando. Conhecendo o irmão, sabia que ele não gostava de visitas. Nem de recebê-las nem de fazê-las.

– Fale sem demoras, já que está aqui.

– É sobre Kripsia. Ela irá se casar.

– E o que tenho a ver com isso.

– Bem, falou a mulher envergonhada. Você é o pai e, como ela está fazendo uma coisa errada, acho melhor interferir. Ela está casando por interesse: quer ficar rica.

– Menos ainda deverei me meter. O marido que cuide disso. Ele vai casar porque quer.

– Eu sei, meu irmão. Ela mentiu em tudo para ele. Falou até que você estava muito doente, que morava em outro lugar, e que…

– Ora! Cale-se, mulher. Nada quero saber.

– É com o filho médico da família Grinspy. Eles são boas pessoas, estou trabalhando para eles no lugar de Lídia. Achei que…

– Você não tem que achar nada. Bem, se já disse a que veio, então pode ir embora. Nada farei quanto a esse assunto. E não retorne mais aqui para me atormentar. Eu não tenho filha. Meu único filho está para nascer em breves dias.

Virou as costas e saiu do cômodo. A senhora, completamente humilhada, saiu calada. Tive pena dela, vontade de dizer alguma coisa para reconfortá-la. Porém era melhor que eu também me calasse.

Mais nenhum incidente ocorreu durante aquela semana. Somente um leve mal-estar me incomodava. Quando as dores aumentaram, na madrugada de uma sexta-feira, Kriev ainda dormia. Acordei-o e pedi para que me levasse à casa de mamãe.

– Nada disso. Você ficará aqui mesmo. Mandarei um recado. Ela que venha até esta casa, se quiser ajudá-la.

– Mas Kriev, mamãe nem sabe onde moramos! Ela poderá...

– Não diga mais nada. Eu decido as coisas por aqui. Vou mandar um recado e está terminado este assunto.

Fiquei feliz quando saiu. Embora estivesse receosa pela hora que se aproximava, preferia ficar sozinha a ter alguém tão insensível a meu lado.

Já era quase meio-dia quando bateram à porta. Como até aquele momento não havia levantado, gritei sem sair do lugar:

– Entre, a porta está aberta.

Meu coração quase saltou do peito quando vi minha mãe.

– Oh! Mamãe! Rezei tanto! Graças a Deus a senhora está aqui!

– Fique tranquila, minha filha, esta senhora foi me avisar.

Só então reparei que Tífia estava acompanhando minha mãe.

Logo as duas mulheres arrumaram a casa, prepararam um caldo para mim e ficaram no aguardo.

– Pelo seu estado, acredito que esta criança nascerá em poucas horas.

– Também acredito nisso, dona Tífia. Mamãe falava e ao mesmo tempo acariciava minha cabeça. Era uma bênção para mim.

Mesmo naquele sofrimento físico, pedia a Deus para que meu marido não chegasse. Deus me perdoe, mas não queria vê-lo.

A noitinha se aproximava. Passei a sentir que meu filho estava nascendo e, com a ajuda das bondosas mulheres, tudo correu muito bem.

– É um belo menino. Perfeito, graças a Deus. Alegre-se, minha filha, ele está bem.

Eu me achava cansada, porém muito feliz. Rendi graças ao Pai do céu e peguei aquela criança frágil.

Altas horas da noite, com tudo limpo, cochilava em minha cama. A criança, agasalhada, dormia em seu cesto. Tanto mamãe quanto Tífia permaneciam à minha cabeceira.

Acordei com um barulho, era Kriev. Bêbado, cantarolava em alta voz. Abriu a porta como se quisesse derrubá-la. Quando se deu conta de que eu não estava sozinha em casa, calou-se. Minha mãe o olhava com muito espanto. Tive a certeza de haver se lembrado de meu pai.

Foi Tífia quem primeiro falou com Kriev:

– É melhor falar baixo. Uma criança dorme como um anjo nesta casa.

Ele nada falou. Aos poucos foi se aproximando do cesto. Olhou o próprio filho sem expressar nenhum sentimento, virou-se e foi sentar-se à mesa.

– O que temos para comer?

Nesse instante minha mãe levantou-se. Chegou perto do homem e, tranquilamente, falou-lhe:

– Para você nada temos a oferecer. É vergonhoso vê-lo dessa forma: bêbado, sem alegria, sem uma palavra de carinho para com sua esposa. Parece que o senhor não percebeu que seu filho nasceu. Essa criança não é fruto do amor, mas é fruto de uma união que o senhor mesmo procurou. Minha filha estava quieta no canto dela quando o senhor apareceu e, segundo sei, insistiu para casar-se com ela. O mínimo que eu, como mãe, lhe exijo, é um pouco de respeito.

Kriev olhava para minha mãe com os olhos arregalados. Sua face tornou-se avermelhada. Aquele mesmo homem que sempre dominara as situações, agora estava dominado. Levantou-se e, sem uma palavra, foi para o celeiro.

Senti-me aliviada. Dormi sossegadamente o resto da noite. Quando acordei, mamãe já havia tudo preparado.

– Bom dia, minha filha. Dona Tífia já se foi. Seu marido também seguiu para o trabalho. Eu o vi saindo, mas ele não veio até aqui.

– Sei. Kriev é um homem difícil.

– Não fique triste, Lídia. Seu pai também é assim. Você precisa se resignar com a situação. Agora você tem com quem se preocupar. Esta criança precisa totalmente de você para sobreviver.

– A senhora tem razão.

– Seja uma boa mãe. Deus confia em nós para cuidarmos de Suas criaturas.

Juntas, fizemos uma oração. Pedimos por aquela criança, por mim e também por Kriev.

Mais um dia e mamãe seguiu para sua casa. Minha vida agora seguiria o ritmo normal, porém acrescida de um filho.

Quando percebi que Kriev estava sóbrio e parecia sereno, fui lhe falar sobre o nosso filho.

– Senhor meu marido, não quero lhe atrapalhar, mas precisamos falar.

Kriev nada respondeu. Prossegui:

– Qual será o nome da criança?

Ele pareceu assustado. Novamente ficou envergonhado.

– É minha tarefa escolher um nome. Eu... confesso que não havia pensado nisso.

– O senhor não estava e não está dando a mínima importância para mim nem para seu filho. Algumas atitudes precisam ser tomadas. O menino precisa ser registrado e o senhor deve fazer isso.

– É, eu sei. Vamos chamá-lo de Bochenko Grovischi.

Não gostei muito do nome escolhido, preferia Ivan, como meu irmão. Contudo, fiquei calada e aceitei.

– Amanhã pedirei um tempo de folga para registrar Bochenko.

– Está bem. Levantei-me automaticamente e segui para meus afazeres.

Na casa dos Grinspy as coisas aconteciam rapidamente. O casamento de Arthur Sell com Kripsia estava marcado para uma semana depois do nascimento de meu filho.

Encontrava-me sozinha, cuidando de Bochenko, quando escutei alguém entrando na casa. Assustei-me. Era muito cedo para o retorno de Kriev. Quem entraria sem bater? Quando me preparava para levantar, fui surpreendida com uma voz:

– Não se preocupe em se levantar, estou apenas de passagem. Quero somente dar um recado.

Era Kripsia. Muito bem arrumada, sua aparência era de alguém tranquila. Mas percebi em seus olhos uma inquietação, um certo nervosismo.

– Ora, ora! Que já nasceu um bastardinho!

– Ele não é um bastardo! Veja como fala! Sou uma moça honrada!

Kripsia riu nervosamente.

– Não precisa ficar raivosa. Estou aqui apenas para avisar a você e a seu marido, aquele velho imprestável, que não tentem arruinar meu casamento. Se porventura ambos aparecerem na festa, chamarei a polícia.

– Você não precisa se preocupar. Seu pai, quando soube do seu casamento, falou que *"não tinha filha"*. Sinal que ele não se interessa por você.

– Melhor assim.

Enquanto conversávamos, não percebemos que alguém entrara na casa. Era Kriev, que voltara mais cedo. Vinha do cartório.

– O que está acontecendo nesta casa? Quem lhe deu ordem de estar aqui? Fora!

– Ela foi entrando sem que eu tivesse tempo...

– Fora, moça! Já disse!

Kripsia estava sem ação. Jamais poderia imaginar que seu pai a enxotaria de casa como estava fazendo. Ela não se moveu.

– Precisarei empurrá-la?!

Só quando Kriev pegou-a pelo braço foi que a moça voltou a si. Começou a andar.

– Pode deixar! Sei o caminho da saída.

Kriev largou-a, mas foi caminhando atrás dela. Enquanto a filha era expulsa,vociferava:

– Nunca mais quero vê-la! Não tenho filha! Não a conheço! Minha filha se suicidou há muito tempo. Fora! Fora! Fora!

Por alguns instantes, a casa permaneceu no mais absoluto silêncio. Kriev ficou abalado. Mas nada foi dito nem por ele nem por mim.

Com o passar dos dias, tudo voltou ao normal. Kriev, homem adoentado, cansado pelo trabalho, vivia mais resmungando do que qualquer outra coisa. Tinha muitas crises de vômito, tremedeira e febre.

Enquanto o filho não havia nascido era mais fácil cuidar dele. Porém, agora, o bebê requeria todo meu tempo. A casa estava ficando malcuidada e, por isso, Kriev gritava comigo.

Sozinha, com meus quefazeres, muitas vezes me lembrava do tempo passado, de como era feliz quando saía, à tardinha, para conversar com minhas amigas e também com Dimitri.

Ah! Como seria bom se Dimitri estivesse comigo! Era jovem como eu, forte, vigoroso. Mas, detendo-me em minhas próprias divagações, percebia que era Arthur Sell quem despertava a sensualidade em mim.

Sonhava em ter esse jovem médico em meus braços, dando-me o amor que meu marido não era capaz de me ofertar.

Trazia comigo a consciência de que meu casamento fora somente para espantar a solidão e obter os cuidados que um enfermo requer. Esse, sem dúvida, tinha sido o desejo de Kriev quando tratou, com dona Waltraud, daquele compromisso.

Nesses momentos, as lágrimas brotavam do fundo de meu coração, colocando para fora toda angústia que me consumia. Mas, como se obedecesse a um impulso inexplicável, mudava meus pensamentos através da oração, pedindo ao mestre Jesus que me auxiliasse a superar as dificuldades apresentadas e as do porvir. Então meus olhos, como se fossem guiados, encontravam Bochenko. Essa criança indefesa, alegre, dava-me ânimo novo para prosseguir.

Às vezes lembrava-me de Tífia, por alguns meses já ausente. Gostava das suas visitas. Além de ter com quem conversar, também ficava sabendo das notícias de parentes e amigos. Infelizmente mamãe não podia estar comigo. Tanto Kriev não me permitia sair quanto papai não permitia que ela viesse me ver. Sentia muito sua falta. Ela representava para mim mais do que uma genitora, era meu anjo protetor.

Como teria sido o casamento de Arthur com Kripsia? Será que estavam felizes? E Dimitri? Como estaria dando prosseguimento às suas ideias de ganância? Perguntas que por enquanto ficariam sem respostas.

Assim o tempo se escoava.

Kriev chegou amparado por companheiros de trabalho. Fiquei assustada. Não poderia atinar no ocorrido.

– Senhora, nosso companheiro Kriev não passou bem. Desmaiou, teve tremedeiras e parece estar com o braço esquerdo paralisado. Precisa de ajuda, de descanso e de uma boa refeição, pois nada comeu durante o dia.

Fui logo providenciando para acomodar meu marido. Sabia muito bem que a bebida contribuíra, e muito, para aquela doença dele. Meu papel era somente o de ampará-lo nesses momentos, uma vez de nada valerem minhas palavras, meus conselhos.

O desfalecido parecia que delirava, não tendo consciência de já se achar em casa. Balbuciando palavras incompreensíveis, seus olhos não se fixavam em ponto nenhum. Tive pena dele.

– Ficaremos com a senhora mais um pouco, caso precise de nós.

– Agradeço tudo o que os senhores têm feito pelo meu marido. Sentem-se, vou preparar algo para comerem.

O tempo passava e nada de Kriev voltar ao normal. Tampouco se alimentara, continuando conforme um alienado. Lembrei-me de Ivan. Será que aquele homem teria a mesma doença?

– Estou ficando assustada. Ele não apresenta nenhuma melhora.

– Não se preocupe, senhora. O marido de minha irmã ficou assim por três dias, depois se levantou como se nada tivesse acontecido.

– E ficou curado?

– Até hoje. E olhe que isso já tem mais ou menos cinco anos.

– O senhor acha então que devemos esperar?

– Claro.

Obedeci, porém meu interior estava preocupado.

Depois que os homens se foram, ajoelhei-me e, com toda a devoção de meu coração, pedi ajuda a Deus. Somente Ele poderia aliviar-me as aflições e as dores de Kriev. Não dormi naquela noite.

No dia seguinte, a situação continuava a mesma. Aquele homem continuava jogado na cama, imóvel, olhos arregalados, trêmulo e frio. Minha angústia aumentou. Era preciso tomar uma atitude.

Ao final da tarde, agasalhei Bochenko o mais que pude e parti para a cidade. Pediria ajuda na casa dos Grinspy. Sem detença, saí. O pensamento firme em Deus e a determinação de pedir ajuda moviam-me os passos.

Cheguei. A emoção tomou conta de meu peito. Dois anos haviam se passado. Durante esse tempo não tinha saído de minha cabana. Fui em primeiro lugar para casa de mamãe. Ela me ajudaria.

Quando me vi diante de Arthur Sell, meu coração disparou. Não poderia explicar a forte emoção que foi revê-lo. Expliquei-lhe o caso, pedi-lhe humildemente que me ajudasse, posto que não sabia a quem mais recorrer.

Bochenko ficou com minha mãe. Meu pai, que não conhecia o neto, deu ares de satisfação. Assim eu teria mais flexibilidade para tratar da doença de meu marido. Portanto, foi sozinha que cheguei diante dos Grinspy.

– Eu seguirei com você até sua casa. Lá, vendo o enfermo, poderei ajudá-lo melhor.

– Aonde você vai, Arthur?

Era Kripsia, que não gostou da minha presença naquela casa. O doutor Arthur Sell deu-lhe as explicações cabíveis e avisou que seguiria comigo.

– Vou com você, meu querido. Farei companhia na volta.

– Acredito, Kripsia, que sua presença somente me causará preocupações. Não há necessidade de passar frio. Fique aqui quentinha e me aguarde. Ademais, por que o interesse em me acompanhar? É a primeira vez que este tipo de manifestação acontece.

Kripsia não sabia o que responder, mas, era evidente: ou estava com ciúmes de mim ou, por outro lado, estava com medo de seu pai ou até mesmo eu vir a contar alguma coisa sobre o seu passado ao marido enganado. Para não gerar um clima de desconfiança, resolveu ficar.

Assim seguimos na charrete da família. Arthur Sell era gentil, um verdadeiro cavalheiro. Seguiu pelo caminho perguntando tudo sobre Kriev. De minha parte o encanto era total. Estava enlevada. Oh! Como seria bom se este fosse meu marido!

Encontramos Kriev tal qual o deixara. Somente parecia mais gelado do que antes.

– Parece-me ser grave o seu estado. Deixe-me a sós com ele, Lídia.

Assim o fiz.

Mais de meia hora depois, Arthur veio ter comigo.

– Parece que seu coração está fraco e também não têm funções os outros órgãos, como os rins e o fígado. Já preparei uma beberagem. Ele deverá apresentar alguma reação dentro de algumas horas. Vamos aguardar.

– Esperar, doutor Arthur? O senhor ficará esperando?

– Sim, ficarei aqui, esperando. Não tenho outro paciente para visitar esta noite. Ademais, seria muito incômodo para eu ir e voltar dentro de poucas horas.

O tempo parecia uma eternidade. Eu, acordada, sentada próxima ao fogareiro, pensava em como teria sido bom se a minha história fosse outra. Por que as coisas não são como nós desejamos, Senhor meu Deus? Se ao invés de Kriev, meu marido fosse este médico com saúde, jovem e bem educado, minha vida seria totalmente diferente.

Bochenko dormia como um anjinho. Rendia graças a Deus por ele. Era, naquela circunstância, a única alegria de minha vida.

– Lídia, até hoje não sei como este seu casamento aconteceu. Foi tudo tão rápido!

– Também não. A única certeza que tenho é a falta que sinto de sua casa, de Helga e também de sua família. Foi uma pena...

– Este senhor não goza de boa saúde. Acredito que você ficará viúva muito cedo.

– Nossa, Dr. Arthur! Isso será possível?

Não sei ao certo se, em minha pergunta e espanto, desejava ou temia que isso viesse a acontecer.

– Pelo que pude examinar, suas forças, por causa da bebida, não estão de acordo com a sua idade. Não é jovem, sabemos, porém poderia estar mais conservado.

– Ele bebe demais. Não deve ser por desgosto. Não sou uma esposa apaixonada, contudo ele sabia disso quando se casou comigo.

– Não, Lídia. Não acredito que beba por sua causa. Ademais, quem forçou o casamento, pelo que sei, foi ele mesmo. Bebe porque é fraco.

– Ele vai ficar bom desta vez? Tenho um filho muito pequeno ainda para criar.

– Não será ainda desta vez. Acredito que sairá desta com vida. Talvez fique mais debilitado, todavia sobreviverá.

Aquela conversa não me acalmava; muito ao contrário, deixava-me mais nervosa.

No dia seguinte, bem cedo, Kriev pareceu respirar com um pouco mais de serenidade, não apresentando tampouco a expressão fisionômica de um demente. Parecia dormir.

– Lídia, seu marido apresenta melhoras. Vou para casa cuidar de meus afazeres. Voltarei logo mais à noitinha. Seria bom ter uma companhia, sentiria mais conforto.

– Infelizmente não tenho ninguém por perto. Estou acostumada. Se preciso for, falarei novamente com o senhor.

– Lembre-se, ele deve tomar algumas gotas deste preparado que vou deixar aqui. Caso esteja lúcido, tente dar-lhe algo para comer.

– Está bem, doutor, farei o que manda. Obrigada. Como não temos condições financeiras, preparar-lhe-ei uma comida deliciosa e entregar-lha-ei mais tarde.

– Ora, Lídia! Não precisa pagamento. Sei muito bem da sua situação.

Quando me vi sozinha, a angústia tomou conta de mim. Em meus pensamentos, o desânimo me incentivava a fugir. Abandonar aquela casa, aquele homem, e seguir para um lugar onde pudesse ser feliz.

Kriev, naquele dia mesmo, apresentou melhoras. Comeu, conversou um pouco, mas não teve disposição para se levantar.

Durante os dias seguintes, aquele homem permaneceu prostrado na cama. Até quando, por muito eu insistir, foi ao trabalho. Algum tempo depois voltou, estava desempregado. Não era possível a ninguém abandonar o serviço por vários dias continuados.

Fiquei desesperada. Como seria agora? Kriev, muito calmo, tirou o casaco e deitou-se novamente. Permanecia indiferente ao ocorrido e, quanto mais eu o interrogava, mais indiferente se tornava.

– Lídia, não me perturbe! Só quero descansar e tomar um trago.

– Kriev, homem de Deus! Pense em nosso futuro! O que faremos para comer? Esta casa é do seu patrão! Onde viveremos? Temos Bochenko! Atenda-me, responda-me! O que faremos?

– Ora! Você, tão preocupada, que responda. Vá se virar!

Diante daquela resposta, voltou-se para o lado e mais nada pronunciou. Pasma, atônita, nada mais poderia dizer. Calei-me. Segui para minhas obrigações e, quando tudo estava em ordem, saí de casa. Iria buscar meu filho e procurar emprego. Será que a família Grinspy me aceitaria de volta?

Fui conversar com dona Waltraud antes de ir à casa de mamãe. Nada havia para eu fazer lá. Meu lugar estava ocupado por outra mulher. Era Sérvia, a irmã de Kriev.

Retornei de cabeça baixa. Deus haveria de me ajudar. Não era possível ficar desamparada num momento tão difícil.

Coloquei mamãe a par dos acontecimentos. Eu chorava, angustiada e temerosa.

– Lídia, não fique dessa maneira. Até parece que já se esqueceu de Deus! Ele não desampara Seus filhos. Jesus Cristo tanto nós ensinou sobre isso.

– Mamãe! Não vejo como possa continuar minha vida!

– Como não! Em primeiro lugar você deve levar seu filho e regressar para perto de seu marido, é sua obrigação; depois você poderá ficar com minhas freguesas de pão. Sei que em breve arranjaremos alguma família para o trabalho doméstico.

– Conversando com a senhora, sinto minhas esperanças voltarem. Confio em Jesus, Ele não me desamparará!

– Muito bem, minha filha. A situação pode ser passageira. Acredito que Kriev também poderá recobrar a disposição para o trabalho.

– Espero que sim, embora haja ouvido o parecer do Dr. Arthur Sell, o qual acredita ser isso muito difícil. Kriev está sem forças devido à bebida e à idade.

– Para Deus nada é impossível.

Ficamos por um bom tempo numa conversa de ânimo e equilíbrio. Eu já me achava renovada e, ao cair da tarde, com Bochenko no colo, segui para o tugúrio que ainda era o meu lar.

Inexorável, a vida continuou. Kriev não mais trabalhou. Eu mantinha os trabalhos da casa e ainda cozinhava para fora, preparando encomendas para as conhecidas de mamãe.

Não estava sendo fácil. Contudo buscava ter disposição para seguir sem aborrecimentos, o que na maioria das vezes se tornava impossível pela teimosia de meu marido. Ele não parava de beber vodca. Não sei quais motivos o levavam a fazer isso, apenas constatava ser mais lastimável o seu estado dia após dia. Minhas orações pareciam não o atingir.

Como se não bastassem todas aquelas dificuldades, alguns meses depois vi-me grávida novamente. No primeiro momento, tive vontade de arrancar aquela criança de dentro de mim, mas isso teria sido um pecado. Por um mês fiz penitências para poder pedir perdão a Deus por tal blasfêmia.

Criaria mais este filho. Nada para Deus é impossível. E se esse novo bebê estava para nascer, que se cumprisse a vontade do Pai.

Kriev não ficou alegre. Simplesmente ouviu a notícia e murmurou:

– Mulher foi feita para ser mãe, nada mais.

Aquelas palavras me envenenaram o espírito. Como era possível alguém ser tão amargo e rancoroso? A cada dia minha decepção com o matrimônio se tornava maior. Será que com outro homem – Arthur Sell me surgiu à mente, mas no mesmo instante a face de Dimitri brilhou como o sol – eu seria feliz? Em contrapartida, pensava que todos os homens eram iguais. Para domá-los só mesmo o ímpeto de uma mulher como Kripsia. Rinha também poderia ainda estar sofrendo nas mãos de Dimitri. Quem poderia saber?

Esses pensamentos me atormentavam. Daí ser preciso fazer um esforço maior para dar conta de minhas tarefas. Até quando, meu Deus, tais devaneios tomarão conta de minh'alma?

Conforme os meses avançavam e se aproximava o nascimento desse filho que eu já amava, Kriev piorava de todos os modos: dificilmente se levantava da cama, nem para fazer suas necessidades, transfigurando-se num ser muito mais rabugento, só abrindo a boca para gritar comigo ou pedir sua bebida.

Pensei um dia em não comprar a vodca e assim procedi. Foi o inferno manifestado em minha casa. Naquela oportunidade, ele levantou-se, agarrou Bochenko e me ameaçou, dizendo que iria jogá-lo ao chão se não buscasse o remédio de que tanto precisava.

Sem maiores contestações, fui buscar-lhe o veneno. Nunca mais tentaria mudar aquele homem. Seria a mulher submissa que sempre fora.

Quando senti que meu filho ia nascer, avisei Kriev e segui para casa de minha mãe. Não poderia e nem queria ter aquele filho sozinha. Seria como matá-lo. Em poucas horas, a criança nasceu: era novamente um menino.

– Graças a Deus, Lídia! Nasceu perfeito e com saúde, pois chora como um desesperado.

– Ainda bem, mamãe. Adormeci imediatamente. O cansaço do parto, a ansiedade e os temores dos últimos tempos, haviam me exaurido as forças.

No dia seguinte, eis-me já agoniada: precisava saber notícias de Kriev, ele estava só.

– Irei visitá-lo. Vou levar-lhe comida e pedir-lhe para que fique alguns dias aqui conosco. Pelo menos até passar seu resguardo.

– Temo, mamãe, que isso será impossível.

– Sei das dificuldades de se tratar com Kriev. Não são menores das enfrentadas com seu pai. Ele reclamará, e muito, todavia estou disposta a ouvir, desde que seja para o seu bem.

– Mamãe, a senhora é uma santa! Não sei o que faria nesta vida sem o seu amor e dedicação!

– Nada faço, a não ser o que toda mãe faria pelo seu filho. Agora, filha, tente dormir. Bochenko já foi alimentado e dorme como um anjo. Vou até dona Weruska, pedir-lhe que venha espiar você de vez em quando, depois irei até a floresta falar com Kriev. Que Deus me ajude!

– Sim, mamãe, que Deus a ajude!

Como era de se esperar, aquele homem endurecido pela vida não quis sair de sua cabana. Mamãe ficou com um trabalho a mais a ser feito, levar-lhe-ia alimentação e cuidaria um pouco da casa enquanto eu observava o período do resguardo.

– Lídia, sua casa está cheirando muito mal! E não consigo limpar a cama onde seu marido dorme. Ele se recusa a levantar e também não tem asseio consigo mesmo.

– Eu sei, mamãe. Kriev é teimoso. E há muitos meses já não se levanta. Não se desgaste por isso, em breves dias estarei pronta para voltar para casa. Cuidarei de tudo.

Quando voltei para casa fiquei chocada com a cena que presenciei. Até Bochenko se assustou. Tudo estava fora do lugar, comida pelo chão, pelos móveis, roupas jogadas em todos os cantos. O fedor era insuportável. Olhar para Kriev foi um terror. Cabelos desgrenhados, barba excessivamente comprida, sujo, horrivelmente sujo.

Comecei a chorar, a lamentar o regresso. Não havia lugar limpo nem para colocar o bebê. Por onde começar?

– Ah! Resolveu voltar? Já não a quero aqui, sua inútil. Mulher imprestável! Abandonou o marido doente para seu deleite. Por onde andou? Ah! Aparece com outra criança! Quem é o pai?

Estava chocada. As lágrimas de tristeza se transformaram em lágrimas de ódio. Não pude me conter:

– Cale-se, homem dos infernos! Este é seu filho! Escute bem: seu filho! Não o abandonei! Estava de resguardo, não podia sair. E não o deixei desamparado, pois minha mãe veio até aqui lhe trazer comida e cuidar da limpeza. Limpeza esta, diga-se, que era impedida de fazer porque você não a deixava. Olhe para você! Está pior do que um animal bravio!

– Ora! Se pudesse me levantar dar-lhe-ia uma surra de deixá-la esticada no chão. Você me deve respeito. Sou o dono da casa.

– Sim, dever-lhe-ia o legítimo respeito caso você se desse ao respeito! Não fiz outra coisa em minha vida senão lhe respeitar! É neste ponto que me encontro: arrependida! Por haver vivido estes últimos anos com um homem inútil, doente... Desprezível!

De repente o silêncio reinou no casebre. Nem o pobre recém-nascido se atrevia a resmungar.

Arrumei um canto onde colocar o menino, ajeitei Bochenko, e comecei a limpar a casa. Kriev, com sua garrafa na mão, aquietou-se totalmente.

Vários dias se passaram. Aquele homem, que mais parecia um espantalho, nada falou e pouco comeu. Parecia que só a vodca o alimentava. Assistia o lento definhar do pouco que restava de uma pessoa.

Kriev morreu numa manhã fria e chuvosa de 1.917. Como de costume, encontrava-me sozinha. Fiz minhas preces. Corajosamente segui a fim de tomar as providências para o enterro. Em meu íntimo sentia-me tranquila e, de certa forma, feliz.

Minha mãe me acompanhou em todos os momentos. Meu pai, um alienado, nada fez, nada falou. Reservou para si apenas o direito de resmungar.

– Helena! Novamente esta filha vai permanecer nesta casa? Já não chegaram os dias que ficou aqui quando nasceu seu filho?

– Bassiliev, não seja rude. Ela passa por momentos difíceis e, como se não bastasse, é nossa filha. Temos a obrigação de olhar por ela.

Não se passaram dois dias após os funerais quando recebi, por um menino, o recado de que a tosca habitação onde morávamos seria habitada, no dia seguinte, pela família do novo lenhador. A companhia já perdera muito tempo e dinheiro com a utilização indevida da cabana por nossa parte.

– Como! Será que o patrão não pode esperar mais alguns dias?

– Nada feito. Se a senhora precisar tirar alguma coisa da casa, faça-o hoje. É o tempo limite.

Aborrecida e muito nervosa, fui ao encontro de meus pais para pedir-lhes auxílio. Já era de se esperar o mau humor de papai.

– Não acho bom você ficar aqui. Teremos mais três bocas para alimentar. Sou velho e não tenho obrigação de amparar os filhos daquele bêbado.

– Ora, Bassiliev, não deve tratar Lídia desta forma, ela não constituir-se-á num peso para nós, muito menos estas crianças indefesas que culpa alguma possuem.

– Papai! Trabalharei como tenho feito nestes últimos tempos. Não seremos, nem eu nem meus filhos, embaraços para vocês. Somente peço um lugar para ficar, provisoriamente, até poder resolver o que farei da vida. Eu lhe imploro, papai!

– Vamos cuidar de buscar suas coisas, filha – era minha mãe quem falava. Diante da mudez de meu pai, ela tomava as providências.

Aos poucos fui me adaptando como podia na casa de meus genitores. Não achando trabalho de cozinheira nem de doméstica, submeti-me a trabalhar como lenhadora, ou melhor, não era bem lenhadora, somente carregadora: carregava a lenha cortada para armazenamento.

E desse modo os meses foram transcorrendo. Meu pai aproveitou a ajuda financeira proveniente do meu labor e parou definitivamente de trabalhar. Passava o dia inteiro de um canto a outro pela pequena cidade de Umba[5].

Meus filhos, com a graça de Deus, cresciam fortes e sadios. Não obstante, Bochenko era triste, acanhado e rancoroso. Krovienko era espertinho, carinhoso e alegre, deixando-me encantada com suas gracinhas. Era o filho mais amado. Não conseguia evitar isso. Um sentimento forte me impulsionava, às vezes, inconscientemente, para ele.

Mamãe, sempre que possível, me alertava para esse descompasso. Imediatamente procurava corrigir meu erro, dando carinho e atenção para Bochenko. Mas esse, por sua vez, preferia a solidão, evitando um contato direto comigo.

Embora estivesse na cidade em meus dias de folga, evitava qualquer contato com a família Grinspy. Sabia como as coisas estavam ocorrendo por lá através das visitas de Tífia que, agora, vinha à casa de meus pais com bastante frequência.

5 UMBA [66°35´00N/ 34°15´00E (coordenadas bastante aproximadas)/RÚSSIA. Partindo de MOSCOU em linha reta, no sentido Norte, UMBA, cidade pertencente ao Departamento de KANDALAKSHA, situa-se praticamente sobre o Círculo Polar Ártico, no Golfo de KANDALAKSHSKAIA, na Península de KOLA.

(*) Os leitores bem poderão imaginar a alegria por mim sentida ao constatar a veracidade da informação mediúnica e, além do mais, por UMBA não passar de uma cidade pequena, não constante de nenhuma informação enciclopédica ou da Internet (NR).

Num domingo de outono, sentei-me fora de casa com minhas crianças. Para Krovienko tudo era motivo de alegria.

– Veja, mamãe, como ele olha em volta! Tudo lhe é novidade.

– Sem dúvida, Lídia, tudo lhe é pela primeira vez. Afinal, esta criança quase não saiu do seu pequeno leito! Passou todo o tempo trancada dentro de casa. E você, Bochenko, o que está achando do movimento?

O menino nada respondeu. Ao lado da avó preferia somente olhar, sem nada comentar. Demonstrava um olhar de indiferença e pouco caso.

– Ora que beleza! Estes são seus filhos, Lídia?

Levantei a cabeça e alegrei-me por ver pessoa tão querida! Era Helga, que passeava pela tarde.

– Nossa! Que surpresa!

– E então, Lídia? Seus filhos são muito bonitos!

– Oh! Obrigada. Este é Krovienko e este é Bochenko. Filhos, conversem com dona Helga.

Bochenko continuou calado.

– Como tem se acostumado nesta nova fase de sua vida? Dona Tífia, quando me visita, fala sempre de você.

Estou bem, graças a Deus. Kriev nunca foi o marido ideal. Estou melhor agora, junto com minha família.

– Acredito que sim.

– Como tem passado a família Grinspy?

– Todos estão bem. Somente dona Waltraud anda desgostosa. Parece que seu filho seguirá para outro país, vai trabalhar com doenças que proliferam em climas quentes.

– Imagino quão grande perda isso representará para ela. E Kripsia, como vem enfrentando tal possibilidade?

– Não quer ir, briga muito com o marido. Ela é muito geniosa e trata muito mal a sogra. Dona Waltraud, em várias oportunidades, já se queixou dela para mim. Disse, inclusive, que se tivesse confiado em você nada disso estaria acontecendo.

– E o que mais está acontecendo?

– Bem, Lídia, você também sabia que Dimitri não era o bom moço que dizia ser. Pois então, ele trata muito mal nossa querida Rinha, além de já ter feito uma transferência de terras para seu nome. Não me pergunte como, não lhe saberia responder. Parece que o rapaz é um ladrão.

– Nossa! Isso eu não sabia.

– Ele e Kripsia se dão muito bem. Cá entre nós, acredito até que sejam amantes.

– Credo! Meu Deus, que absurdo! Aquela família não merecia algo assim.

– Também acho. Para dona Waltraud era preferível receber os desaforos de Kripsia do que ver sua família praticamente destruída em poucos anos.

– E o doutor Arthur? Por que não toma providências?

– Por várias vezes tenho me perguntado a mesma coisa. Até com ele já conversei, quando ele mesmo me pede conselhos. Sei apenas não ser tudo a lhe chegar aos ouvidos. A esposa e os filhos poupam-no de aborrecimentos maiores. Pobre família! Nada poderemos fazer para ajudá-los, exceto orar.

– Isso mesmo, somente orar.

– Devo ir, já estou em minha hora. Foi muito bom encontrá-la, informar-me de tudo estar caminhando bem. Sabe, Lídia, quando aconteceu seu casamento, e daquele jeito apressado, senti-me um pouco culpada.

– Deixe de bobagens, tudo já passou. E, além do mais, existem coisas que não entendemos.

– Sim, só Deus para nos orientar.

Tão logo me vi sozinha com meus filhos a tristeza tomou conta de minh'alma. Até aquele dia ainda não compreendia por que Kriev aparecera como um relâmpago em minha vida e mudara completamente o que desejara como futuro. Somente Bochenko e Krovienko aliviavam minha dor.

Os meses passaram sem novidades em casa de mamãe, porém não acontecia o mesmo na casa dos Grinspy.

Um dia, quando anoitecia, a própria dona Waltraud, acompanhada por Helga, chegou em minha casa. Encontrávamo-nos saindo para o encontro com dona Weruska, a fim de estudarmos o Evangelho, como fazíamos toda semana. Porém, com a repentina visita, daquela vez não fomos. Mamãe nunca me deixava sozinha em dificuldades.

A senhora iniciou sua narrativa contando tudo o que Helga já me antecipara anteriormente. Resolvi ouvir como se fora a primeira vez: calada e atenciosamente.

– Diante de todos esses fatos e por tudo o que a fiz sofrer, pensei muito e a única saída foi me aproximar novamente de você.

– Deixemos o passado como se encontra, dona Waltraud: enterrado. A que veio? – disse mamãe em tom sério, porém respeitoso.

– Bem, venho até aqui para pedir a Lídia que volte a se empregar em casa nestes dois meses que antecedem a partida de meu filho e, depois, que siga com ele para a nova pátria na qual dará continuidade aos seus estudos e trabalhará.

– Meu Deus! Isso não é um pedido, é uma condenação!

– Perdoe-me, dona Helena. Sei, como mãe, que é doloroso ver um filho partir. Porém peço-lhe, como mãe que também sou, para ouvir meu coração aflito.

A pobre senhora Waltraud se apresentava profundamente angustiada, preocupada, sua voz parecendo se findar. Por outro lado, minha mãe também tinha razão. Para que país eu seguiria? E como retornaria para minha terra natal? Que situação!

Por alguns minutos, o silêncio pesou. Foi mamãe, uma mulher muito decidida, quem reiniciou a conversação:

– Dona Waltraud, compreendo perfeitamente seu desespero de mãe. Numa situação como essa, talvez eu fizesse a mesma coisa, mas não devemos nos esquecer que minha filha foi praticamente retirada à força de sua casa. Além de tudo, também é mais que sabido o fato de Kripsia não a suportar por motivos de todos nós conhecidos e, ainda por cima, por mais um, desconhecido pela senhora até agora.

– Qual motivo? Apressou-se em perguntar a senhora, nesse momento tomada por grande curiosidade.

– Esta revelação de forma alguma a senhora ouviria da boca de Lídia, pois, embora tivesse sido considerada intrigueira, minha filha é muito digna e, tenho certeza, não revelaria: Kripsia é sua enteada.

Dona Waltraud envergonhou-se, pois fora tal como mamãe dissera: desacreditara-me quando tentei avisá-la das intenções de Dimitri e de Kripsia. Tão logo acabou de ouvir, tornou, perplexa:

– O que a senhora está me dizendo? Kripsia é o que de Lídia?

– Enteada. O marido de Lídia, o falecido Kriev, era pai de Kripsia. Contudo, sempre foi desprezado pela própria filha.

– Não posso crer! Ela sempre nos disse que era órfã! A própria tia nada me falou.

– Sérvia! Nada lhe falou porque era irmã do pai de sua nora. Calou-se porque precisava de dinheiro e, como foi trabalhar em sua casa, a situação se ajeitou para Kripsia.

– Nossa! Parece que estou me aprofundando cada vez mais num ninho de víboras!

– São exatamente estas as palavras corretas, senhora Waltraud.

– Devo confessar: cheguei a este ponto simplesmente por não dar crédito às afirmações de Lídia.

– E agora a senhora vem até aqui lhe pedir para ela abandonar a família e seguir com essa víbora para proteger seu filho? Para um país que nem sabemos onde fica?

O ambiente permaneceu carregado por pequeno período que se assemelhou a uma eternidade.

– Acho melhor a senhora arranjar outra cozinheira.

Dona Waltraud empalideceu.

– Isto significa que Lídia não irá de forma alguma?

– Foi isso que eu disse.

Mamãe estava determinada. Falou e decidiu por mim. Nada mais restava a fazer, somente sair. E foi o que dona Waltraud fez.

De cabeça baixa, muito triste – aparentando mesmo chorar –, partiu. Foi Helga quem, educadamente, despediu-se e agradeceu.

Senti-me triste, impaciente, confusa. Seria interessante partir destas terras? Como viveria sem minha mãe por perto? Se por um lado estivera totalmente afastada dela por mais de dois anos, por outro lado permanecera na mesma cidade. Mas agora a proposta era a de ir embora definitivamente! Que horror!

– Lídia! Em que pensa? Será que sua vontade era a de seguir com ela?

– Não, mamãe! Corei de vergonha – minha progenitora parecia ler meus pensamentos. Apenas estou pensando em toda essa novidade.

– Tenho pena dessa pobre mãe, mas não posso, por isso, vender minha filha.

– Ora, mamãe, o caso não é de me vender ou não.

– Claro que se trata de vendê-la! Ou você acha que se aceitar essa proposta horrível poderá retornar no mês seguinte? Será definitivo.

Dona Helena virou-se e começou a andar. De repente voltou-se e perguntou ainda:

– Será que estou enganada? Você deseja partir?

Diante desta pergunta meu rosto se transformou.

– Não, mamãe, não se trata de aceitar o convite – respondi rapidamente. Fiquei somente com pena daquela pobre mulher.

– Então deixemos este assunto de lado.

Seguiria o conselho de minha mãe, deixaria de falar sobre esta conversa. Porém, em meu íntimo, tornei-me sobressaltada, porquanto minha vontade foi a de conhecer aquele lugar tão distante.

Naquela noite e em várias outras seguintes, o sono não chegava: ficara eufórica demais.

Muitas vezes tive vontade de falar com minha mãe sobre o trabalho com a família Grinspy, porém tinha receio, seria repreendida.

Mais ou menos um mês depois daquela visita, eis que aparece em minha casa o próprio Arthur Sell, juntamente com sua mãe. Era óbvio o motivo da vinda.

Mamãe, educadamente, convidou-os para entrar. De início, o silêncio imperou. A situação era constrangedora, creio, para ambos os lados, muito mais para os Grinspy.

– Seus filhos estão indo muito bem, Lídia.

– Agradeço-lhe a atenção, doutor. Eles gozam de muito boa saúde. São crianças alegres e felizes.

– Estamos vendo. Rinha também está com dois filhos. Mas é uma pena, ambos possuem complicações orgânicas. São doentinhos.

– Oh! Eu não sabia.

– Bem, deixemos de tagarelar e passemos diretamente ao assunto. Lídia, sabemos que somente desculpas não pagam a desfeita nem os aborrecimentos da sua vida por nossa causa. Porém, são estas desculpas as que podemos oferecer.

Estamos em dificuldades. Deverei seguir para o Brasil, um país muito distante, para me dedicar a pacientes com doenças tropicais. Não temos a quem mais recorrer. Você é a única pessoa a qual poderia nos ajudar. Em especial, a mim.

– Por que Lídia é a *"única pessoa"*?

Mamãe se encontrava irrequieta. Talvez, no fundo, soubesse do meu desejo em seguir para aquele país e que, com um pouco mais de insistência, eu cederia.

– É porque, dona Helena, todas as mulheres por nós contatadas possuem família. Daí que... Bem, como Lídia possui filhos, mas não marido... Foi isso o que pretendi dizer.

– Então, por causa da má sorte de minha filha, vocês acham que podem levá-la?

Os Grinspy cobriram-se de vergonha.

– Já nos desculpamos pela nossa influência no casamento desastroso de Lídia. Peço humildemente que a senhora nos perdoe.

– Eu já lhes perdoei. – falei de forma rápida. É verdade! Há muito tempo já lhes perdoei. Foi minha mãe mesma quem me incentivou ao perdão, dizendo: *"Deus sabe por quais caminhos devemos caminhar"*.

– Sim é verdade, já lhes perdoamos. Confirmou minha mãe. Mas a questão agora não é exatamente esta. Para qual país seguirão vocês? Onde é esse tal *"Brasil"*? Se minha filha seguir para lá, sei que nunca mais nos veremos! Já estou velha.

Dona Waltraud também chorava. Minha mãe não escondia as lágrimas. E continuou:

– Ela e meus netos são a minha riqueza, vivo também para eles. O que farei se esta pequena família me abandonar?

O clima era de tristeza, muita tristeza. Nem Arthur Sell se atrevia a falar.

– Com que finalidade você vai para esse país, doutor Arthur?

– Vou para lá, Lídia, porque quero salvar vidas. Aquele é um país que necessita de muita assistência médica. Em meu íntimo, desejo salvar as pessoas da morte. Para mim, como clínico, é uma grande oportunidade de aprendizado.

– Dona Helena, estou de coração partido. O afastamento de meu filho é muito doloroso para mim. Se eu não estivesse agora convencida da dignidade de Lídia, não estaria aqui implorando a sua ajuda. Com ela por perto tenho certeza de que Arthur será bem cuidado, já que não posso contar com essa característica em minha nora.

Todos estavam emocionalmente abalados e, por isso, o cansaço começou a dominar nossas mentes. Foi mamãe quem, sensatamente, pediu um tempo para que pudéssemos pensar com mais vagar.

Aquela sugestão foi aceita. Marcamos um próximo encontro para dali a três dias, quando decidiríamos, definitivamente, os rumos das duas famílias.

Passei-os com muita ansiedade. Mal podia esperar a decisão. Queria conversar com minha mãe sobre o assunto. Era de meu interesse ir para outras terras, mas deparava-me receosa de sua interpretação. Todavia, na véspera do encontro, foi ela mesma quem veio me procurar:

– Lídia, sinto-me bastante preocupada com a decisão a ser tomada amanhã. Conversei com seu pai. Ele, como eu já esperava, acha que você deve ir. Quanto a mim, por tudo não gostaria de perdê-la assim, dessa forma.

– Mas a senhora não irá me perder.

– Não vamos tapar o Sol com a peneira. É claro, Lídia, se você partir, nunca mais nos veremos. Refleti bastante e acreditei ser da sua vontade seguir com o Dr. Arthur. Se realmente assim for, não direi mais nada.

Eu permanecia em silêncio, minhas lágrimas começando a rolar pelo rosto. Ansiava por ir, todavia não desejava deixar minha mãe aqui.

– E se a senhora seguir também? Estaremos juntas e felizes!

– Não, Lídia. Minha responsabilidade é junto com seu pai. De modo algum posso deixá-lo. Assumi esse compromisso quando me casei e não pretendo interrompê-lo.

– Desculpe-me – percebera a grande bobagem que dissera.

– Assim, minha filha, só me resta perguntar-lhe para obter a certeza: você quer mesmo ir?

– Tenho também pensado bastante neste assunto. Embora saiba o quanto sentirei sua falta, meu coração está estimulado a tomar essa atitude. Pressinto que será muito bom para mim e para as crianças.

– Você sabe que terá Kripsia a lhe infernizar a vida, não sabe?

– Sei, mamãe. Entretanto estou disposta a seguir mesmo assim.

– Bem, então. Nada mais há para ser questionado. A decisão está tomada.

– Não quero partir deixando-a triste.

– Estou, é claro, um pouco triste. Não obstante, de modo algum vou interromper o curso de sua vida. Uma vez já interferi, quando de seu casamento, agora você deve tomar suas iniciativas. Peço, apenas, que Deus lhe abençoe.

Abraçamo-nos demoradamente. Já era, em parte, a despedida.

Conforme combinado, Arthur Sell, no dia seguinte, veio saber da resposta. Chegou sozinho. Alegou que dona Waltraud ficara nervosa. Preocupada com a minha resposta, preferiu não vir.

Quando soube da solução afirmativa, alegrou-se.

– Você será uma companhia para mim, Lídia. Sei que poderei contar com sua colaboração em todos os momentos difíceis. Talvez o mesmo não venha a acontecer com Kripsia.

Nem eu nem minha mãe comentamos algo. Sabíamos exatamente do que ele falara.

Tomadas as decisões, os dias pareceram voar. O preparo das bagagens, as providências com as crianças... Faltavam somente vinte dias para o embarque.

Quando finalmente o dia chegou, o medo tomara conta de mim. Apavorava-me o viajar de navio, bem como ainda temia pelas dificuldades a serem enfrentadas.

Minha mãe preferiu se despedir em casa mesmo. Não me acompanharia até o cais. Meu pai, então, esse parecia feliz. Era tudo o que desejava: ter bocas a menos para alimentar naquela casa, pois não dava valor ao dinheiro ganho por mim, sempre achando ser insignificante. Nunca, também, irei me esquecer de dona Weruska com sua prece de despedida.

Na casa dos Grinspy, para onde me desloquei em seguida, o ambiente era mais soturno. Somente Kripsia parecia feliz.

Helga se despediu com tanto carinho que cheguei a chorar. Até Tífia se achava presente.

Enfim, a bordo, encetamos a viajem. Fiquei separada do casal Grinspy. Estavam numa classe superior. A longa viagem propiciou-me a oportunidade de estar mais próxima de meus filhos. A saudade do antigo lar, as lembranças da infância, tudo ficara para trás. A partir deste momento somente meus filhos constituíam a minha vida.

Ao final de quarenta e cinco dias desembarcamos no porto de Santos, cidade litorânea do estado de São Paulo.

– Permaneceremos aqui somente o tempo necessário para preparar a documentação e seguir viagem. Iremos para o norte deste país. Será lá que colocarei a minha medicina a serviço dos homens.

Corria o ano de 1920. Tudo era novidade![6]

Kripsia não gostou do que viu:

– Desejo sair deste lugar o mais rápido possível! Talvez, quem sabe, voltarmos para casa?

– Nada disso. Você é minha esposa e deverá seguir os meus passos. Não permitirei que neste assunto você seja mais forte do que eu.

Percebi, através da rápida discussão, que ela mandava no marido. Tudo conforme seus caprichos. Uma coisa, entretanto, não entendera: por que ela viera para este país longínquo? Bem, não era de minha conta.

– Quais são suas impressões do lugar, Lídia?

– Estou achando maravilhoso, doutor Arthur! Parece-me ser familiar!

– Que absurdo! Como pode dizer uma coisa dessas? É notório que você nunca esteve aqui!

– Desculpe-me, dona Kripsia. Não quero dizer absurdos, mas parece-me familiar.

– Kripsia! Deixe Lídia falar o que quiser! Fui eu quem fiz a pergunta.

6 Nossa personagem possuía, então, 21 anos (NR).

O ambiente ficou turvo o resto do dia. Por uma semana inteira permanecemos no porto. Sem alojamentos, comendo precariamente. Madame Grinspy não aguentava mais, reclamava o dia todo – para mim, lógico –, pois seu marido saía muito para resolver os problemas referentes aos papéis.

– Doutor Arthur, estou preocupada com Krovienko, está febril.

– Deixe-me examiná-lo, Lídia. Acredito haja adquirido um resfriado em consequência da brusca mudança de temperatura. As crianças sofrem muito mais do que os adultos.

Passados alguns dias a febre não cedeu. Meu coração se comprimia. Minhas preces pareciam não ser ouvidas. Doutor Arthur se tornou receoso:

– Vou procurar aqui o médico que me foi indicado na faculdade de Moscou, grande pesquisador das doenças deste país. Fique calma e dê muita água para o pequeno Krovienko. Regressarei assim que puder.

Várias horas se passaram até a volta dos dois médicos. Eu estava apavorada. Não dei muita atenção para o que falaram. Somente sei que medicaram meu filho. Naquela noite mesmo embarcamos num trem. Seguiríamos para a capital, São Paulo e, de lá, para nosso futuro lar.

Somente na tarde do dia seguinte foi que Krovienko começou a apresentar melhora: a febre começara a ceder.

– Graças a Deus! As coisas pareciam começar a se ajeitar.

– Sim, Lídia. Os percalços já eram previstos, não a doença de Krovienko, mas as outras dificuldades. Estamos em país estranho, existe a barreira da língua, fora o clima, a documentação e o transporte. Mas aos poucos chegaremos ao nosso destino.

– Não estou achando nada de bom! Quero retornar imediatamente!

– Já lhe disse, Kripsia: aqui a vontade é minha. Eu mando! Se não estiver satisfeita, vire as costas e suma-se.

– Aqui? Neste inferno? Como vou me virar sozinha?

– Então, cale-se! Se ficar, você estará em minhas mãos.

Nossa! Que mulher! Arthur Sell não merecia passar por aquelas situações. Acreditava ser agora, estando em país estranho, que tencionasse colocá-la sob seu comando. Em Umba ela reinava, porque, conhecendo tudo e todos, podia triunfar; porém, aqui, a situação era bem diferente: ela, assim como eu também, dependia das atitudes de Arthur Sell.

Bochenko, já de si bastante calado, deslumbrara-se, comentando tudo que via. Exultei: parecia que meu filho desabrochava para o mundo! Em seu rosto a alegria podia agora ser vista com transparência.

Em São Paulo, cidade muitíssimo maior que Umba, descansamos por três dias. Arthur Sell iria falar com algumas pessoas referendadas pelas autoridades de Moscou.

– Tudo pronto! Seguiremos para nossa futura casa! Primeiro iremos para uma cidade chamada Manaus, a qual nos servirá de referência e, de lá, prosseguiremos até o destino.

– Mas como iremos?

– De trem, carroça, barco... O necessário possível para chegarmos.

– Recuso-me a seguir viagem.

– Pois então, fique. Até qualquer dia, Kripsia.

Quando a moça percebeu que suas lamúrias não adiantavam nada, que seu marido subia noutro trem para seguir viagem, precipitou-se em alcançá-lo.

– Não foi você quem se recusou a seguir viagem?

Como a moça nada respondesse, o próprio Arthur Sell deu seguimento à conversa:

– Ora... ora! Ainda irei domá-la.

O jovem doutor aparentava contentamento. Nutria esperanças de dominar Kripsia. Acreditava até que ela viesse a se tornar dócil. Porém foi pura ilusão, como os fatos mostrariam.

Tinha certeza do fato de todos estarmos, de certa forma, apreensivos. Tudo era estranho, novo e as circunstâncias se apresentavam penosas e complicadas. A alimentação era difícil, a maioria dos alimentos sendo diferente dos nossos. Alguns de sabor agradável, outros nem tanto.

As crianças, principalmente Bochenko, ressentiam-se bastante. A febre em Krovienko havia passado, porém não totalmente. Em várias ocasiões, ela o pegava sem avisar. Debilitado desde o início da viagem, *"fragilizara-se"*, como dizia o doutor Arthur, facilitando assim a volta das febres e dos vômitos.

O percurso demorava demasiadamente. Movíamonos já há cerca de trinta dias. Ora fazia calor, ora chovia; em outros momentos, o vento parecia esfriar os corpos.

Kripsia, durante o longo trajeto, pouca coisa disse. Apenas balbuciava, afirmando ou negando, conforme o caso. O doutor Arthur se encontrava muitíssimo preocupado:

– Lídia, estamos numa situação muito difícil! Sequer imaginara as dificuldades de tal empreitada! As crianças me preocupam por demais! Temo pelas doenças deste país, pois ainda não as conheço.

– Sei de seus sentimentos, doutor, mas não está sendo muito penoso para mim. As crianças vão ficar bem. Acredito em Deus, Ele não irá nos faltar. Ademais, estou aqui porque quis vir. Não se amole com isso.

O médico esboçou um leve sorriso e continuou falando:

– Também estou com pena de Kripsia. Embora seja uma mulher intempestiva, autoritária, sinto o seu sofrimento. Não desejava isto para ela.

– Perdoe-me a intromissão, doutor. Esta viagem fará muito bem para ela: aprenderá a valorizar o marido que Deus colocou em seu caminho.

– Ora, Lídia, também sou uma pessoa com problemas.

– O Evangelho nos ensina que todos somos pessoas com problemas, mas é preciso nos amarmos como irmãos e suportarmo-nos uns aos outros.

– Nada conheço da religião. Não creio ser possível todos virem a se amar. Só existe o amor entre os familiares e, mesmo assim, pairam restrições.

– De forma alguma irei contrariá-lo. Disponho da posse de um exemplar do Livro Sagrado, caso o senhor deseje conhecer um pouco sobre o homem que nos ensinou sobre a vida eterna. Esteja à vontade.

– Obrigado, Lídia. Agradeço-lhe a gentil oferta. Todavia, será muito difícil lê-lo.

Nada lhe respondi. Talvez um dia, diante das dificuldades, este homem encorajar-se-ia a ler o Evangelho.

O deslocamento prosseguia sem outras novidades, exceto pela paisagem agora tornada seca, sem vida. Dificilmente avistávamos um vilarejo. As pessoas andavam seminuas e as crianças completamente sem roupa. Isso, informava-nos o doutor, por causa do calor estafante.

Também me ressentia do muito calor, mas, em hipótese alguma, seria capaz de retirar alguma peça do meu vestuário. A conselho de Arthur Sell, tirei das crianças as roupas mais grossas. *"Era preciso"*, dissera ele.

Lera em muitos livros que, neste clima, o melhor que teríamos a fazer seria nos proteger do Sol e colocar roupas que não sufocassem. Poderíamos ter sérios problemas com o calor.

Kripsia estava assustada e eu também. As pessoas deste país eram muito diferentes daquela gente da nossa boa Sibéria. Sorriam fartamente só pelo fato de passarmos por elas.

As casas de sapé – novidade para mim – eram extremamente pequenas e a quantidade dos habitantes que lá vivia era espantosa.

– Há pouca higiene nestes lugares. Veja as crianças! Soltas nos terrenos como se fossem animais, desprovidas de quaisquer coisas.

– Isto é um horror! – gritou Kripsia, enquanto se debatia.

A pobre moça estava tendo um ataque de histeria. Ainda bem que seu marido achava-se ao seu lado.

Muito calmamente ele lhe deu uma beberagem e tentou com carinhos fazê-la dormir. Era noite e fomos acolhidos por uma família do pequeno vilarejo pelo qual passávamos.

Eu estava também perturbada. Segundo o médico-guia, conhecido de Arthur Sell desde a Universidade de Moscou, faltavam ainda vários dias para chegar aonde nos dirigíamos.

– Será que resistiremos? Perguntei como num desabafo.

Os dois me olharam espantados, mas nada disseram. Até entre si tinham dúvidas.

Kripsia e as crianças dormiram como anjos. Porém, eu e os dois médicos vigiávamos não sei o que, porém vigiávamos.

As provisões haviam terminado há alguns dias e mantínhamo-nos às custas da alimentação nativa. Como não dominássemos a prática e como eu era a cozinheira encarregada do preparo, ficava horas olhando as mulheres aprontarem um determinado prato.

A região era paupérrima. Atravessávamos, agora, o interior do estado conhecido como Goiás.

Enfim, numa tarde de outono, após setenta dias, chegamos a Manaus, a cidade que vimos mais próxima da civilização.

– Graças a Deus! Chegamos!

– Não, Lídia. Ainda não é aqui o local onde ficaremos. Esta cidade é apenas um pouso de apresentação de documentos, abastecimento e contratação de um guia. Seguiremos daqui a três dias. Aproveitemos este tempo, suficiente para um bom descanso, até prosseguirmos para o interior da mata amazônica, região na qual desenvolverei minhas pesquisas.

Fiquei desapontada. Vi-me um pouco arrependida por haver aceito a viagem. E recordei-me de mamãe. As saudades me fizeram chorar.

Vi igualmente, pelos olhos de Kripsia, sua tristeza, porém parecia alheia a toda movimentação.

– Doutor Arthur, estou preocupada com sua esposa. Ela não está bem?

– Realmente, não. Acredito que Kripsia levou um choque muito grande e se encontra fora de si. Quando chegarmos, melhorará.

– Assim espero.

Passei a ler meu Evangelho, como fazia em todos os momentos possíveis. Ele me tranquilizava, dava-me ânimo. Era como se reencontrasse minha mãe. Procurava ler em voz alta, a fim de meus filhos também ouvirem os ensinamentos. Sonhava torná-los bons cristãos.

O resto da travessia seria feito de barco. Seguiríamos pelo rio Amazonas, confirmara o novo guia. Em alguns dias atingiríamos nosso novo lar, um vilarejo perto de Itacoatiara[7].

Fiquei mais animada. Conversei principalmente com Bochenko que, embora criança, também se esgotara, cansado pela viagem, querendo logo se estabelecer nalgum lugar.

O rio era imenso. Parecia o mar que atravessáramos quando saíramos da Sibéria. Todavia, a embarcação, se é que podíamos denominar aquele minúsculo barco como *"embarcação"*, era perigosa.

Simultâneo ao medo arrepiante, sentia prazer em ver a imensidão das águas, das terras, florestas, tudo criado por Deus, conforme lera na Bíblia.

– Estas terras não são habitadas por quê?

– Talvez, Lídia, devido às complexas formas das suas dificuldades: o clima, a imensidão da floresta, a dificuldade de comunicação. Tudo aqui se torna muito difícil. Pretendo estudar toda esta situação.

7 Município de Manaus. A grafia preferível é *"Itaquatiara"*. Em linha reta, no sentido Leste, dista da capital cerca de 155 Km, localizando-se à margem esquerda de quem desce o rio Amazonas (NR).

– O senhor terá muito trabalho, doutor Arthur.

– Imagino que sim. Será uma grande oportunidade de aprendizado. A medicina lucrará muito.

Desse modo, a longa viagem prosseguia, aparentemente sem sobressaltos. O que mais incomodava na embarcação eram os mosquitos. Sempre nos protegíamos, todavia chegavam num enxame. Kripsia era a mais irritadiça.

Vez ou outra divisávamos, nas encostas do rio, animais gigantescos, cobras jamais vistas, grossas como árvores. E essas possuíam dimensões quase impossíveis para serem reais.

Depois de permanecermos na embarcação por cerca de cinco dias, atingimos um pequeno povoado. Descemos. Por ordem de Arthur, caminhamos um pouco para esticar as pernas. Fizemos uma refeição na casa de um caboclo, conhecido do barqueiro, descansamos e no final da tarde nos preparamos para a continuação do traslado.

– Não vou mais conseguir sair deste lugar por nada deste mundo – falou Kripsia com fisionomia apática, voz sem expressão alguma.

– Você sabe muito bem o que penso sobre essa sua atitude. Parece-me já um assunto resolvido. Se estiver disposta a ficar, fique por sua conta ou volte se assim desejar. Seguirei viagem como planejei ainda em Moscou.

Daquela vez Kripsia nada respondeu. E também nem se mexeu enquanto partíamos. A impressão, realmente, era a de que ela ficaria.

Todos no barco, Arthur também entrou. O barqueiro fez movimentos de colocá-lo em movimento, entretanto

Kripsia não se moveu. Percebendo que as coisas continuariam sem o esboço de qualquer reação da esposa, Arthur pediu para o barqueiro esperar. Desceu e foi ao encontro daquela mulher caprichosa que, mesmo no fim do mundo, ainda queria dominá-lo.

– Você irá comigo nem que seja preciso arrastá-la!

– Deixe-me em paz! Ficarei aqui até tomar uma embarcação para voltar. Não quero mais ficar nestas terras nem tampouco ficar com você! Cometi um erro ao me casar!

Arthur ficou chocado. Jamais poderia esperar palavras tão duras.

– Não estou compreendendo muito bem! Você se arrepende de ter casado comigo só por estar nestas terras?

– Principalmente por estar nestas terras! Meu desejo era ficar rica, herdar sua fortuna, seus bens, suas propriedades. Tenho desprezo por você! Dimitri é quem simboliza o homem dos meus sonhos.

Arthur não se conteve e esbofeteou a mulher ali mesmo, diante do olhar espantado de quase toda população local.

Kripsia não revidou, embora fosse sua vontade, conforme víamos pelo seu olhar. Frente a frente com o marido, ainda teve a petulância de continuar o diálogo:

– Você para mim nada significa! Pretendo voltar para a Sibéria e me apossar de tudo que é seu. Quero que morra nestas paragens, desejo que sofra de calor, de fome, de febre; enfim, que padeça no inferno ainda vivo. Isto é o inferno! Não quero seguir com você. Pegue sua escrava e os filhos dela e sumam da minha frente. Eu os odeio.

Pobre doutor Arthur. Com a fisionomia completamente transtornada, voltou-se para o barco, mas não conseguia sair do lugar. O doutor Prochievichst, que a tudo assistia calado, saiu do veículo e se aproximou do amigo. Colocando a mão em seu ombro, falou-lhe:

– Amigo Arthur, deixe estar. Permaneceremos por aqui esta noite. Amanhã tudo ficará mais claro. Não se preocupe. Entendemos o estado febril dela, causado pelo calor. Devemos anotar estes sintomas como sendo um alerta para as doenças tropicais.

Arthur concordou com a cabeça. Desembarcamos novamente e procuramos nos alojar como foi possível na casa dos habitantes locais.

Mais tarde, enquanto as crianças dormiam e tudo havia serenado, o doutor Arthur veio me ver:

– Como se arrumou? E as crianças? Alojadas?

– Não se preocupe conosco, doutor, estamos todos bem. É preciso que o senhor descanse, pois amanhã teremos um dia estafante. A viagem com este calor sempre nos cansa.

– Você tem razão. Já está aprendendo a viver neste país.

– Aprender é a grande lição da vida.

– Sábias palavras, Lídia. Vivemos bem, quando aprendemos a lidar com as adversidades. O problema é o de nem todos quererem aprender. Veja Kripsia. Com você posso abrir meu coração, uma vez que você a conhece melhor do que eu mesmo.

Fiquei calada. E, ato contínuo, aquele homem abatido e triste tomou coragem e abriu-me a intimidade dos seus sentimentos:

– Kripsia não delirou hoje à tarde, quando exprobrou tudo o que pensava. Ela me odeia. Pena somente agora eu haver percebido com clareza essa falta de afeição, com meu casamento correndo na casa do terceiro ano. Como pude ser tão ingênuo? Como me deixei enganar por uma falsária que, unida ao meu cunhado, faz também sofrer minha irmã Rinha? Se ao menos pudéssemos recuar no tempo!

– Infelizmente, doutor, o tempo não recua. Neste instante é preciso saber o que fazer no dia de amanhã. Dimitri e Kripsia estavam combinados desde o princípio. Desconheço os motivos, contudo seus planos são os da conquista de terras.

O médico continuava de cabeça baixa, completamente sem esboçar nenhuma reação. Dessa forma, continuei falando.

– Sabemos que Dimitri já conseguiu passar para seu nome algumas propriedades de seu pai. Dentro em breve, quando este se tornar mais velho e não tiver mais forças para lutar, ele se apossará de todos os bens. Creio que, com esse cenário que se delineia, Kripsia, que contava com o parceiro, recalcou-se mais por se encontrar à parte daquelas vitórias do que propriamente com as dificuldades desta viagem.

De repente assustei-me. O Dr. Arthur Sell, com um sobressalto, levantou-se.

– Você está coberta de razão. A revolta de Kripsia é por se encontrar distanciada das terras conquistadas por Dimitri!

Bem, minha mente agora ficou aberta e saberei exatamente como proceder. Boa noite, Lídia, amanhã seguiremos viagem.

– Boa noite, doutor. E antes que eu pudesse dizer mais qualquer coisa, ele já desaparecera.

Finalmente, depois de tantas adversidades, atingimos o nosso objetivo. O povoado ficava um pouco afastado do rio Madeira e sua aparência era desoladora. Apenas casebres se apresentavam às nossas vistas[8].

As crianças, nuas em maioria, barrigas inchadas, tórax esqueléticos, sujas, pareciam abandonadas. O calor era escaldante.

Imediatamente, após aquela rápida olhada, virei-me para Kripsia: encontrava-se impassiva.

Depois da conversa em nossa última parada, Arthur mudara radicalmente com ela. Suas palavras tornaram-se ríspidas, de comando. Quando não era obedecido, puxava a esposa pelo braço e, com força, intimidava-a.

Embora fossem atitudes grosseiras, na verdade estava dando certo. A arrogância da jovem patroa passou a ser pisoteada e era tratada semelhantemente a uma serva. Foi o jeito encontrado pelo marido, cansado de ser espoliado e humilhado.

8 Pesquisando nos mapas, verifiquei que nossa Autora espiritual fixou-se alguns quilômetros acima do rio Madeira – uns 30, talvez –, porém não próxima a este, mas na densa floresta amazônica. (NR)

O amigo de Arthur, o doutor Prochievichst, já havia preparado tudo. Ele, Arthur e Kripsia alojaram-se numa casinhola com dois cômodos, enquanto eu com as crianças ficamos num cômodo ao fundo, somente para dormir. O banheiro era comum, na parte mais afastada do quintal.

Ressentia-me. A falta de conforto era evidente. Atingíramos uma situação muitíssimo pior do que aquela vivida na cabana de Kriev. Contudo permaneci otimista. Alguma coisa me insuflava bom ânimo, coragem, esperança. É claro que só podia advir das orações, uma prática constante em minha vida.

Nos dias que se seguiram, procurei arrumar toda a bagagem: algumas roupas, objetos de uso pessoal e os livros do doutor.

– Lídia, não guarde as roupas ainda – falou-me Arthur. Você precisará rearranjá-las de forma a podermos usá-las. O calor aqui torna inviável o uso de roupas tão pesadas.

– É certo. Verei o que posso fazer.

– Cuide das roupas das crianças também. A atenção com elas deve ser redobrada.

Os meus dias se achavam bastante atarefados. Melhor assim. Com a mente ocupada, as saudades, principalmente de mamãe, não me atormentavam.

O tempo parecia rapidamente se escoar. Era gratificante ver meus filhos crescerem. Estavam se adaptando bem ao novo país. Krovienko era bem mais esperto que Bochenko, embora fosse mais novo. As brincadeiras eram sempre inventadas e comandadas por ele. Tornou-se também popular na comunidade.

– Este menino adora ser o fazendeiro! Está sempre dominando as terras. E as outras crianças parecem ser suas escravas, mesmo sendo mais velhas. Ele é muito vivaz.

– O senhor tem razão, doutor Prochievichst. Krovienko é muito mandão. Embora aceite, Bochenko não gosta de ser tratado sempre como inferior. Tenho conversado muito com eles e, quando rezamos, peço ao mais novo que respeite os direitos do irmão e das outras crianças também. Exemplifico com o Evangelho, ensinando-lhes que Jesus nada possuía e, mesmo assim, fora o escolhido de Deus. Mas às vezes tenho a impressão desses ensinos não serem absorvidas por Krovienko, o qual insiste em ser sempre o chefe.

– Entendo, Lídia, e estou de pleno acordo com suas atitudes. Você deve orientá-lo. Talvez, quando ficar mais velho, ele nos apresente ações mais generosas.

– Confio em Deus, Ele há de me ajudar.

Kripsia estava se tornando cada vez mais arrogante, exceção feita a seu marido. Com este parecia humilde e bondosa, mas todos os demais eram tratados com rispidez, maus tratos e desaforos.

Ninguém tinha coragem de falar para o doutor Arthur sobre o comportamento da esposa. Aguentavam calados, pois viam naquele homem um *"santo"*.

Comigo a situação não era diferente. E acreditava até que agia com mais severidade. Apresentada a oportunidade, ofendia-me e batia em meus filhos. Mesmo sem motivos.

Agora sim, tornara-se a mesma moça que eu conhecera há alguns anos atrás. E não era menos certo o estar preparando alguma armadilha. Mas eu nada podia dizer, pois nem ao menos sabia se era para mim.

Fui vivendo apenas para meus filhos e meu trabalho. Notei, porém, que meus patrões estavam vivenciando uma intimidade nunca antes vista. Pareciam casados de pouco tempo. O amor, finalmente, brotara no coração da jovem esposa. Acreditava tudo estar mudando para melhor.

Mais de dois anos já haviam passado. O trabalho continuava pesado. A precariedade do lugar fazia com que andássemos muito para trazer água para a alimentação e a higiene. A roupa era lavada no rio.

No fim da tarde, quando o doutor Arthur voltava das suas visitas aos lugares mais afastados, eu o ajudava a atender as mães que traziam seus filhos para serem examinados pelo médico. Ele e o doutor Prochievichst me ensinaram como passar noções de higiene para aquelas mulheres. E era o que eu fazia.

Esse trabalho se tornou muito bom para mim, porquanto com ele desenvolvi mais rapidamente o aprendizado da nova língua.

Em agradecimento, muitas famílias traziam para os médicos alimentos da própria roça. Isso também nos ajudava, garantindo o sustento mensal.

Com o passar do tempo, notei que o doutor Arthur começou a se distanciar de mim. Pediu até o meu afastamento do trabalho com a comunidade. Agora Kripsia iria ajudá-lo.

– Ela é outra pessoa, Lídia. Kripsia mudou muito desde que chegamos. Foi a melhor coisa que fiz. Agora ela me ama e me respeita.

Comecei a reparar melhor. Minha patroa estava mesmo diferente. Tratava a todos com educação, cuidava do marido com carinho e desvelo. Porém, algo permanecia errado: o trato comigo e com meus filhos continuava o mesmo, ríspido e muito duro. Como a situação piorava a cada dia, resolvi conversar com Kripsia, já que pouco via o doutor Arthur; mas mesmo assim ele já não me dispensaria a atenção como antes o fazia.

– Dona Kripsia, gostaria de conversar com a senhora.

– Seja breve, não tenho tempo a perder.

– Gostaria de saber por que estão me tratando como uma intrusa nesta casa. Porventura não estou cuidando do meu trabalho com dedicação? Existe alguma reclamação, alguma coisa errada?

Kripsia riu. Por momentos achei que não teria resposta, mas enganei-me. Decorridos mais de cinco minutos, ela falou:

– Preocupada? Você pensa que desconheço haver sido você quem envenenou a cabeça de Arthur contra mim quando aqui chegamos? Você pensa que esqueci suas intrigas com minha sogra? Estou aqui, nesta situação, por sua causa! E você pagará por isso!

– A senhora está enganada! Eu nada fiz, nada falei...

– Cale-se! Farei tudo para que você seja esquecida em algum canto deste horrendo país.

– Eu sempre disse somente a verdade. E antes que ela pudesse falar mais alguma coisa, saí para o quintal.

Os dias passaram a ser demasiadamente pesados. O doutor Arthur já não mais falava comigo, nem ao menos olhava em meus olhos. As pessoas do povoado viravam-me o rosto. Ninguém mais queria o mínimo contato, nem comigo nem com meus filhos.

Continuei com as minhas tarefas, esperando fazer o melhor, sempre. Se esse tipo de circunstância aparecera em minha vida, então era preciso enfrentá-la. Jesus, por certo, ajudar-me-ia.

E assim foi. Depois de duas semanas fui informada, por Kripsia, que eles partiriam.

– Arrume todas as nossas coisas. Partiremos amanhã, logo após o café da manhã.

– Para onde iremos?

Antes de responder, a jovem mulher riu, prazerosamente.

– Nós iremos. Você ficará aqui, com o trabalho que puder arranjar. Eu lhe avisei que você pagaria pelas suas palavras.

– Mas!...

Não tive oportunidade de falar, Kripsia saíra do cômodo.

Muito nervosa e tremendamente preocupada, fui procurar o doutor Arthur. Ele me explicaria o que estava acontecendo.

– O que minha esposa lhe informou é o que acontecerá.

O médico também saiu de perto de mim. Indo para o outro canto do quintal, onde encontrou algumas mulheres que foram lhe pedir ajuda.

Desnorteada, profundamente aflita, perguntei para o doutor Prochievichst se ele poderia me ajudar.

– Infelizmente nada posso fazer para ajudá-la. Todos vamos partir para outro vilarejo, a fim de darmos continuidade às nossas pesquisas. Sinto muito. Arthur me confessou que não irá levá-la, pois você só quer fazer discórdia. Agora que tudo está bem com Kripsia, você será um estorvo.

– Mas eles não vão precisar de uma empregada?

– Isso, minha cara, se arruma em qualquer situação. A mão de obra é abundante. Todas as mulheres vão querer trabalhar para nós.

Quando o médico se afastou, senti um calafrio em meu peito. Eu estava completamente sozinha com meus dois filhos pequenos para serem criados.

Todos já haviam partido. Eu me encontrava sentada na soleira da porta, abraçada com meus pequenos. Minha vontade era voltar para a Sibéria. Porém, desprovida de qualquer recurso, isso se tornara impossível.

Abandonada, sem emprego, sem parentes e sem amigos. Em quem confiar? Somente em Jesus Cristo.

Levantei-me e parti em busca de trabalho. Ao fim da tarde, exausta de caminhar por toda região, sentei-me novamente na soleira da porta. O que faria? Ninguém ao menos quis me ouvir. Kripsia preparara muito bem o meu futuro.

Permaneci um bom tempo pensando. O único alimento que podia dar aos meus filhos era um pouco da mandioca que sobrou da véspera. Rezei. Meu coração aflito só pedia uma coisa: trabalho. Era preciso continuar a lutar. Aos poucos senti meu interior se aquietar. A esperança voltava em meu peito. Recomeçaria sozinha, com a ajuda dos Céus.

No dia seguinte, bem cedo, arrumei a pouca roupa que possuíamos, aprontei as crianças, esmolei para os vizinhos um pouco de pão para a viagem e saí.

Tinha em mente procurar uma família que morava cerca de dez quilômetros do povoado. A mãe dos sete filhos viera, uma vez, até ao doutor Arthur pedir ajuda. Como moravam muito longe, somente naquela ocasião estiveram aqui. Por esse motivo acreditava que Kripsia nada lhe falara a meu respeito.

Sustentava-me a esperança de poder me alojar por alguns dias naquela casa e trabalhar com qualquer coisa em troca de comida até encontrar alguém que pudesse me favorecer, indicando-me outro povoado, onde pudesse ter um emprego e sustentar minha família dignamente.

Andamos três dias inteiros. Muitas vezes Krovienko, que reclamava muito, empacava sem querer mais andar. Precisava então carregá-lo no colo por longos trechos. Bochenko, sempre mais cordato, embora não fosse de muito falar, colaborava o quanto podia.

O pouco pão que trouxera acabou rapidamente. Passamos a maior parte do tempo à base de água. Não era só a ansiedade pelo amanhã que me afligia, era também o medo de encontrar animais por aquelas picadas estreitas. Durante as noites permaneci o tempo todo em vigília.

Quando chegamos num casebre rodeado por pequena plantação, reconheci logo as crianças. Fui me aproximando, os menores começaram a gritar:

– Mãe, mãe, venha!... Tem uma mulher aqui!

Quis falar, mas a fadiga não me permitiu.

Decorridos alguns instantes, dona Gertrudes se postou à minha frente.

– Eu não conheço você?

– Sim conhece. Sentada no chão de terra batida, abraçada aos meus filhos, respirava com muita dificuldade.

– João, corra a trazer um pouco de água para este povo sedento.

Sorri em agradecimento.

Depois de refazer-me, comecei a narrar o ocorrido.

– Enfim, senhora, estou aqui pedindo socorro. Não tenho mais a quem pedir.

– Claro! Vocês podem ficar conosco. Não temos sobra de alimentos, mas o que comemos podemos repartir. Ademais, quando Baldo voltar, poderá resolver seu problema.

– O senhor Baldo é seu marido?

– É ele mesmo. O nome dele é Ubaldo, mas ficou Baldo. É mais fácil.

– Compreendo.

Depois de tudo acertado, quando já me sentia aliviada, pedi licença para dona Gertrudes e comecei a fazer uma prece de agradecimento.

– Ora! Que bom! Só rezamos quando o vigário vem aqui. Que bom que você sabe rezar!

– Trago sempre comigo a Bíblia Sagrada. Poderemos lê-la todas as noites, após o jantar.

– Vamos gostar muito.

– O Cristo Jesus tem nos ajudado muito. Devo a ele ter encontrado a sua casa. Depois de tão angustiante percurso é uma bênção estar aqui com meus filhos, todos vivos e com saúde.

– Foi mesmo muita coragem sua. Neste lugar, as dificuldades são muito grandes, os perigos não são poucos. Para quem nunca andou na mata como vocês, saíram-se até muito bem.

– Só Deus poderia ter feito esse milagre.

– É milagre mesmo! O padre irá gostar de saber que temos um milagre aqui neste fim de mundo.

– A senhora recebe muita visita aqui?

– Às vezes vem muita gente para estes lados. Temos alguns vizinhos também. É a turma que tira borracha da seringueira.

– Como assim? É trabalho?

– É o sustento de muitas famílias por aqui. A seringueira é uma árvore. Eles fazem um risquinho nela e por ali escorre um líquido que é vendido. Meu Baldo pode falar melhor, ele mesmo trabalha com essa coisa.

O dia já se findava. Entramos na pequena moradia de dona Gertrudes. Ela nos alojou como pôde. Empilhei nossa pouca bagagem num canto e fui ajudá-la no preparo da comida.

Esgotados, meus dois filhos dormiram tão logo foram colocados numa rede. Mais tranquila, pude descansar aquela noite, satisfeita com o abrigo e o alimento que obtivemos.

À medida que os dias foram passando, sentia-me cada vez mais indisposta: meu abdômen parecia querer cair a qualquer momento. Encontrava-me, desde algum tempo atrás, sentindo dores. Para falar a verdade, desde que Krovienko nascera e eu tivera uma infecção, nunca mais fora a mesma. Como sempre fizera, rezei, pedindo ajuda ao Mestre Jesus.

Percebi em Gertrudes uma boa companheira. Era dedicada aos familiares e esforçava-se para atender minha família também.

– Lídia, faz dez dias desde a chegada de vocês aqui em minha casa. Não me leve a mal, porém andei reparando em você: sente-se doente?

– Sim, não estou bem. São algumas dores em meu abdômen que me incomodam.

– Deve ser dos aborrecimentos que você tem passado.

– Pode ser. Contudo, são dores antigas, desde o nascimento de Krovienko.

– E trabalhando com um médico você nunca comentou com ele?

– Não. Nunca lhe contei nada. Sentia muita vergonha em falar sobre assuntos íntimos com meu patrão.

– Veja, Lídia, ele era um médico também.

– Era-me difícil, Gertrudes.

– Não sei o que fazer! Parecem fortes essas dores. Talvez, quando Baldo chegar, ele saiba informar de algum médico por estas redondezas. Se você quiser, temos uma rezadeira perto do quintal onde algumas pessoas trabalham nas seringueiras. Fica a umas três horas de caminhada. Posso ir com você.

– Agradeço-lhe, Gertrudes. Acredito que por enquanto posso esperar.

– Então vamos até à beira do riacho lavar a roupa.

Cada dia aprendia mais coisas novas. Já me expressava com facilidade. Afinal, já residíamos neste país há um bom tempo.

À noite, enquanto as crianças dormiam, sentei-me num pedaço de tronco que ficava rente à porta da casa. Meus pensamentos voaram. Voltei ao tempo de infância, lembrei-me de Ivan, meu irmão tão sofrido. Embora me condoesse com seus problemas, não o amava como mamãe era amada. Tratava-se de um sentimento esquisito, um misto de carinho com indiferença.

Gostaria de escrever uma carta, mas como enviá-la? Teria que esperar o senhor Baldo chegar. Desde que saíra da Sibéria não recebera nenhuma carta de minha mãe. Agora então, com a minha saída do povoado, tinha a certeza de nada chegar às minhas mãos.

Por alguns instantes senti vontade de desistir. A esperança estava me escapando. Para minha sorte, minha recente companheira chegou e me animou novamente. Ela simbolizava a personificação do determinismo: para viver naquele lugar, com todas as dificuldades possíveis e, além de tudo, criar tantos filhos, era preciso coragem. Fiquei a pensar, enquanto ela falava, no Evangelho: *"Deus não dá fardo maior do que a pessoa pode carregar*[9].

– Você está me ouvindo, Lídia?

– Oh! Sim, companheira! Estava apenas pensando que seria bom lermos um trecho do Livro Sagrado. Ficaríamos mais reconfortadas.

– Boa ideia. Releia para mim aquele trecho do outro dia, o que fala da viúva.

– Ainda vou ensinar você a ler. Será muito bom.

– Ora deixe disso, menina, não tenho tempo para aprender. Ademais, estou ficando velha. Para que saber ler neste fim de mundo?

– É o fim do mundo, mas é mundo. E depois você poderá ler a Bíblia também, quando quiser.

– Você sabia que nas minhas andanças por estas redondezas nunca vi livro algum para vender? Só vejo livro na casa de gente importante.

9 Não se trata de uma passagem *"ipsis literis"* do Evangelho, mas de um dito popular. (NR)

– Entendo. Também não leio muito, mas pelo menos posso fazer minhas orações. Quanto a você, não é velha para aprender.

– Estou com trinta e oito anos. Desde que me conheço por gente, trabalho para o sustento de minha família. Primeiro meus pais e irmãos, agora meus filhos. Acho que já chega de ocupação. Você, que ainda é novinha, tem muita esperança pela frente.

– É, minha vida também começou cedo. Aos quinze anos fui obrigada a me casar com um homem acima de cinquenta anos. Com dezoito já tinha meus dois filhos. Agora estou com vinte e três anos. Penso que muitas coisas ainda poderei fazer.

– Poderá se arranjar com alguém. Um bom homem pode aparecer em sua vida.

– Sonho com um homem jovem, moreno, alto, que me leva em seus braços para um jardim muito distante. E lá somos felizes para sempre.

– Parece história de fada, como minha avó contava.

– É, às vezes sou boba. Desejo muito ter alguém. Pode ser que aconteça.

– Já lhe informo que os homens daqui não são como os da sua terra: são baixos, mas são, sim, morenos. Contudo, talvez você ache um que lhe faça feliz.

– Quando seu marido chega?

– Penso que amanhã ou depois. Já está na hora.

Ficamos juntas mais dois terços de hora e fomos deitar. O céu estava lindo e a esperança voltara.

Quando, quatro dias depois, Baldo finalmente chegou, minha amiga estava aflitíssima.

– Ainda bem que está de volta, senti muito sua falta dessa vez. Você demorou muito.

– Estava cuidando de arranjar mais dinheiro para trazer mais coisas para casa. Olhe que trouxe até aquele tecido para fazer roupa para as crianças.

– É uma belezura!

– Quem é esta moça aí?

– É mesmo, Baldo! Quase ia me esquecendo de lhe falar de Lídia! Ela chegou aqui há alguns dias, depois que você foi embora.

Enquanto Gertrudes contava minha história, o homem me olhava dos pés à cabeça. Era meio grotesco e, de certa forma, lembrava-me Kriev.

– Bem, já que está aqui, então ficará. Mas vamos arrumar alguma coisa pra ela fazer.

– É tudo o que desejo, senhor, um trabalho para poder manter meus filhos, dando-lhes o necessário.

– Está bem. Vou deitar, mulher, porque estou cansado.

O homem se afastou e eu aproveitei para sair no terreno. Fui ver a roupa, se já estava seca. Gertrudes veio logo atrás de mim:

– Aconteceu alguma coisa? Você está pálida! Seu rosto mudou!

– Desculpe-me, companheira, seu marido lembra, em muito, meu Kriev.

– Ah! Você se acostuma!

A vida foi seguindo seu curso normal. Por minha vez fui me adaptando à presença de Ubaldo, às suas pequenas viagens, ao seu palavreado. As crianças brincavam animadamente. Até Bochenko ficou um pouco mais sociável e Krovienko já conseguia repartir melhor os brinquedos com os outros. Esses divertimentos eram sempre arranjados com restos da natureza: pedaços de madeira viravam os mais diversos artefatos.

Peguei o hábito de, todo final de tarde, sentada com meus meninos no chão batido do terreiro à entrada da porta, ler o Evangelho. Preferi não ler o Velho Testamento. Como eram crianças, os exemplos de Jesus lhes caíam mais de acordo com o entendimento.

Todos prestavam muita atenção. Não passava nenhum dia sem que uma das crianças perguntasse alguma coisa ou fizesse algum comentário oportuno.

Também Gertrudes ficava maravilhada.

– Como pode um homem ser tão bom?

– Sabe, companheira! Quando, lá na Sibéria, dona Weruska, uma boa vizinha de mamãe, falava-nos sobre Jesus Cristo, eu tinha a exata impressão de que o conhecia.

– E hoje, onde foi parar essa impressão?

– Ah! Hoje a alegria continua a mesma, porque tenho cá comigo que somos grandes amigos!

– Não entendo como isso pode se dar!

– Tampouco sei explicar. Contudo, meu coração me afirma.

– Gostaria, Lídia, de conhecer outros lugares. Como você. Vivo nesta região desde que nasci. Dizem alguns forasteiros que lá fora é muito grande.

– Não posso falar do que não conheço, mas levamos um tempo enorme para chegar até aqui. Por isso lhe garanto que o mundo é muito grande.

– E esse Jesus? Onde morava?

– Ele era de Nazaré. É um lugar que fica num país muito distante do Brasil. Quase tanto quanto da minha Sibéria.

– Você tem saudades de sua pátria? Nunca fala de sua gente.

– Tenho tantas saudades que às vezes desejo voltar. Procuro não falar para não ter que me lembrar. Creio que se falar muito a saudade aumentará.

– Eu lembro muito de minha mãe e de meus irmãos quando éramos pequenos. Já me acostumei, há muitos anos que nos perdemos.

– A vida é dura, cara Gertrudes, mas é compensada com a alegria dos filhos, do trabalho e das lembranças.

– Gostaria que um dia tudo mudasse.

– Tenha fé. Quem sabe Deus, nosso Pai, não lhe ouve?

– Rezemos, então.

Era como uma festa, tal a alegria na qual nos encontrávamos naqueles momentos.

Alguns meses depois, quando Ubaldo chegou da capital, falou-me:

– Arrumei um trabalho para você. É para tirar borracha das árvores.

Minha felicidade foi imensa. *"Quando começarei"*, foi a primeira coisa que lhe perguntei.

– Quando chegar lá.

Gertrudes me olhava com os olhos cheios de lágrimas. Eu, quando reparei, também estava chorando. Embora pudesse trabalhar para sustentar minha família, teria que abandonar a pessoa que, depois de minha mãe, mais me ajudou neste mundo.

Como deixar uma amizade profunda e sincera? Tornava-se necessário. Mais uma saudade iria se encravar em nossos peitos.

– Um dia Deus poderá nos reunir novamente! Não é verdade, amiga?

– Um dia nos reencontraremos com as bênçãos de Deus. Não podemos perder as esperanças. Gertrudes, continue orando.

– Vou pedir para Ubaldo comprar para mim o Livro Sagrado quando ele for para Manaus levar as encomendas.

– Isso sim é uma boa idéia! Agora você falou com esperança.

– Lídia, tenho fé que tudo melhorará para nós.

– Também eu.

Os próximos dias foram de ansiedade e preparação para a viagem. Quatro dias depois partimos para o desconhecido. *Mais uma vez é preciso recomeçar* (**sic**).

O que mais me preocupava eram aquelas dores na região abdominal. Os calafrios se tornavam mais constantes e sentia tonturas. Enfim, o mal-estar era geral. Entretanto não desistiria, meus filhos me impulsionavam e, então, criava mais coragem.

Em breve, Bochenko completaria sete anos e poderia me ajudar muito no trabalho diário. Assim o nosso ganho seria maior. Pouco sabíamos sobre nossas tarefas, mas por certo aprenderíamos rápido.

Krovienko falava muito, tudo lhe era motivo de alarde. Ficava encantado com tantas terras. Tratava-se duma criança muito diligente, estando sempre a mexer em algo. A cada dia passado, meu amor por ele parecia ultrapassar o dedicado a Bochenko.

Alimentava carinho pelo primogênito, contudo era o segundo quem continuava a me enlevar de um sentimento muito maior. Às vezes ficava preocupada e, querendo consertar os erros dos meus pensamentos, abraçava e beijava Bochenko. Porém, ele sempre arredio, repetia-me:

– Não gosto de beijos, mamãe, a senhora já sabe.

Parecia um homem em tamanho pequeno. Sempre sério, parecia absorver toda a responsabilidade da família. Corrigia Krovienko, o qual não gostava, de todas as coisas por este feitas erradamente.

– *"Não mexa aí, menino! Isto não lhe pertence!"* – Ralhava Bochenko com o irmão.

Às vezes eu ria, tal a ingenuidade dele. Mas uma coisa não poderia negar: estava satisfeita de que assim fossem, pois via que seriam homens de bem. Essa sempre foi a minha única preocupação.

Todo meu esforço como mãe direcionava-o para a educação do bem, da moral, do amor. Eles não seriam homens de má índole. Assim pretendia.

Chegados ao nosso destino, percebi que teríamos muito trabalho pela frente, até mesmo para conseguirmos um casebre a fim de nos instalar.

Tudo era precário. O pequeníssimo povoado era constituído de quinze cabaninhas que acomodavam até vinte e cinco pessoas, tal a quantidade de filhos que cada família possuía.

Ubaldo, despachado, foi logo conversando com o capataz da empreitada:

– Esta é a mulher de quem lhe falei. Braços fortes, boa disposição, boa para o trabalho da região.

– Tudo certo. Pode começar amanhã.

Como só possuíamos uma muda de roupas embrulhadas numa trouxinha, tornou-se fácil alojarmo-nos. Ficamos, naquele primeiro momento, na cabana de dona Everalda que, com seus sete filhos, tornou-se o lugar menos apertado para nós.

– Vocês, com o dinheiro da coleta da borracha, poderão construir seu casebre brevemente. Eu mesmo providenciarei tudo. Foi o capataz, o senhor Januário quem falou. Era ele quem determinava tudo por lá. Fiquei-lhe muito agradecida.

Os dias seguiam, céleres. Acordávamos às quatro horas. Dona Everalda e seus filhos se colocavam aprumados para seguir para a floresta e, com o exemplo, também nós iniciamos a mesma rotina no dia seguinte.

O trabalho era estafante. Andávamos muito, primeiramente preparando as cuias nas árvores, depois retornávamos para coletar o material. Minhas crianças logo se ajeitaram na tarefa. Eram os braços a me faltar.

Duas semanas transcorreram e o nosso casebre ficou pronto. Claro, o esforço da nossa atividade fora todo colocado na madeira e na palha. Mas era nosso. Na primeira noite, antes de nos acomodarmos nas redes, rendemos graças a Deus.

Nossa alimentação se constituía, praticamente, de farinha, um pouco de feijão, que era mais caldo, e mandioca. Meus filhos se adaptaram facilmente à nova modalidade de vida. Estavam magrinhos, é verdade, não obstante possuíam saúde.

Quanto a mim, abatida pelas dores do abdômen, recebia ajuda de dona Everalda nos afazeres domésticos após o labor. Não eram muitos, porém na roupa, na comida, na limpeza do casebre, aquela maravilhosa senhora colaborava comigo.

Com o decorrer das semanas, os filhos mais velhos de dona Everalda pediram-me para ouvir o Evangelho. Interessavam-se em ouvir a Palavra de Deus, já que por aquelas bandas era dificílimo ir um padre para os ofícios religiosos.

Assim foi feito. Reuníamo-nos num terreno em frente de casa, semelhante ao ocorrido com dona Gertrudes, pois os casebres não comportavam muitas pessoas reunidas. Éramos vinte, todas as noites, a falar dos exemplos de Jesus.

Eu me sentia maravilhada. Quanto mais falava do Mestre, mais vontade tinha de falar, de agir como ele. Tinha certeza do mesmo sentimento ocorrer com os demais.

As privações materiais eram muitas e o calor era insuportável. Muitas crianças ficavam com febre e morriam rapidamente. Em muitos casos cheguei até a pensar que as mães não se preocupavam com as suas mortes. Logo vinham outros filhos que substituíam os falecidos.

A vida era ingrata. Minhas crianças, com a graça e a proteção de Deus, mantinham-se sem muitas aflições.

Nossas existências passaram a ser pautadas pela rotina do lugar. Acordávamos às quatro, alimentávamo-nos com farinha e, quando possível, com um pouco de leite de cabra. Trabalhávamos até a tardinha. Ao escurecer chegávamos em casa e, aí então, a aplicação das forças era na preparação do alimento e no cuidado doméstico.

Bochenko e seu irmão brincavam com as crianças do lugarejo. Eram divertimentos simples, como pega-pegas ou jogos de bolas feitas de papéis por eles mesmos. Embora com o mínimo necessário à vida humana, eram felizes.

Vez ou outra uma criança ou mesmo algum adulto era picado por cobra. Muitos morriam por falta de assistência.

– *"A floresta não perdoa, castiga mesmo"*, dizia minha querida vizinha, dona Emenengarda, senhora de setenta e cinco anos e presentemente cega, a qual vivia de favores tanto dos familiares quanto dos vizinhos mais próximos.

Aprendi muito com aquela velhinha. Narrava passagens de sua vida para quem desejasse sentar ao seu redor. Colocava meus filhos também para ouvi-la.

– Sempre aprendemos com os mais velhos.

– Mas mamãe, ela é muito velha, fica sempre repetindo as mesmas coisas! Já sabemos.

– Krovienko, não reclame. Aproveite a oportunidade de aprender mais. Saiba: quanto mais soubermos na vida, melhor nos defenderemos dela.

– Quando crescer e estiver mais velho, vou sair deste lugar. Comprarei algumas terras e ficarei rico.

– Ora, Krovienko, que idéia! Deus queira tudo dê certo para vocês. É para isso que trabalhamos. Mas nada de precipitações nem de ilusões. *"A riqueza não traz felicidade"*[10], conforme já aprendemos no Evangelho.

– Não quero ser como Jesus, quero ser muito mais.

– Não fale assim, Krovienko! Isto é blasfemar contra o nome de Deus. Não é assim que estou lhe ensinando.

– É com o senhor Jacinto que ele anda conversando, mamãe – disse Bochenko.

– Esse senhor não é o caixeiro viajante?

– Ele mesmo. Anda colocando essas ideias na cabeça de Krovienko e este bobo acredita.

– Não sou bobo! Já combinamos: quando eu crescer vou com ele para a capital!

– Nada de asneiras. Eu proíbo você de conversar com esse homem. Está me ouvindo? Eu o proíbo.

Krovienko nada mais disse. Todavia percebi, pelo seu rosto, quão contrariado ficara. Daquele dia em diante passei a vigiá-lo melhor. Pedi para Bochenko me informar sempre da presença daquele homem no povoado.

10 Conforme Mc 10:23; Lc 18:24 (NR).

Os anos foram sendo transpostos. Eu, cada vez mais doente, às vezes permanecia de cama por um ou dois dias. Naquelas ocasiões, meus filhos faziam o meu trabalho e o deles.

Bockenko já estava com doze anos e Krovienko com dez. Via neles uma esperança, mas, ao mesmo tempo, sentia medo e insegurança quanto ao futuro.

Em minhas preces sempre pedia por eles. Quando me via na cama sem poder me movimentar pelas dores, o medo aumentava. Passava então a pensar em Krovienko: poderia se afastar de mim. Seria horrível!

Nunca mais recebi notícias de minha família. As saudades se tornavam muito doloridas, principalmente as de mamãe. Como gostaria de voltar a ser criança! Embora estivesse com apenas 28 anos, sentia-me velha, talvez pela doença.

Corria o ano de 1.927 quando chegou, no vilarejo próximo, um médico. Todos ficaram assanhados: *"precisamos fazer consultas"*, diziam. A distância era de 20 km. Pensei muito: é necessário eu ir, mas conseguirei chegar até lá?

– Mamãe, a senhora precisa falar com esse médico! O senhor Damião, aquele que mascateia as coisas buscadas no povoado vizinho, avisou que o tal médico vai ficar cerca de um mês por estas bandas. É preciso aproveitar a oportunidade!

– Bochenko, como você é atencioso! Vamos aguardar, meu filho. Um dia no qual eu acorde melhor, iremos até lá.

– Mamãe, faça um sacrifício!

Balancei a cabeça e segui com minhas atividades.

Era Bochenko o filho mais obsequioso, o mais bondoso, embora meu amor por Krovienko fosse mais forte. Este, entretanto, por mais eu falasse, era displicente. Pensava muito nele mesmo e parecia sempre querer os pertences dos alheios. Nada de errado tinha feito até então, contudo receava pelas suas ideias.

– Bochenko, temo pelo seu irmão. Ele poderá, quando crescer mais, tomar algumas atitudes não tão corretas assim. Será preciso sempre orientá-lo.

– Entendo o que a senhora quer dizer. Também receio por ele vir a cometer alguma asneira talvez quando ficar mais velho. E completou: Mamãe, fique tranquila, estarei vigilante.

Conforme o tempo escoava, Krovienko ia se tornando cada vez mais impetuoso. Parecia haver algo em seu íntimo que o deixava irrequieto, inconformado com as amarguras pelas quais passávamos. Bochenko, ao contrário, estava sendo para mim um ótimo filho. Sempre afável, muito gentil, assumia todas as iniciativas quando me encontrava acamada.

Chegou o dia de ir ao médico. Lá chegando, encontrei uma enorme fila, como já esperava. Lembrei-me de Arthur e Kripsia. Só no comecinho da noite consegui falar com o tal doutor.

Expliquei-lhe, demoradamente, tudo o que me acometia. O clínico, pensativo, nada falou. Passou alguns minutos em silêncio e comentou:

– A senhora, não obstante ser muito jovem, acredito esteja com um mal irrecuperável. Não tenho aqui comigo meios adequados nem conhecimentos suficientes para diagnosticar sua moléstia. Faremos o seguinte: tentaremos fazer uma coleta de sangue e mandaremos averiguá-lo. Será possível encontrar recursos na capital.

Fiquei muito apreensiva. Não era eu uma mulher sozinha? Foi impossível segurar as lágrimas. De forma alguma desejava deixar meus filhos, ainda pequenos, sem uma família. O que eles fariam? Como sempre, e como único e último recurso, ajoelhei-me num canto do terreno e orei. Fervorosamente, pedi ao Senhor dos Céus pudesse eu criar meus filhos até se tornarem adultos e poderem trilhar, por si mesmos, seus destinos.

Lentamente, todavia com firmeza, senti um enorme alívio em meu peito. A confiança regressava. Abri os olhos e então vi, prostrado em frente, o doutor Celso Antunes de Carvalho.

– Quero lhe pedir desculpas, porém precisei ser drástico. A senhora se encontra seriamente doente. Todavia, devemos ter esperanças, tudo pode acontecer.

– Compreendo suas palavras, também sou crente em Deus, sei que Ele não me abandonará.

– Sou católico, criado num seminário, onde aprendi a valorizar a vida e a ter fé em Deus, mas não quis me ordenar padre. A vida tem muito mais sentido quando vivida intensamente em benefício do próximo necessitado.

Assim como na "*parábola do samaritano*[11]", achei que seria mais útil me ordenar como médico.

– O senhor veio de onde?

– Nasci e fui criado em São Paulo, cidade que fica no sul deste imenso país. Fiz meu curso de medicina no Rio de Janeiro, estado fronteiriço. Vim para cá desde os primeiros anos de profissão. Creio que me encontro no lugar certo.

– Ainda bem que temos o senhor a olhar por nós!

– A senhora me parece estrangeira. De onde veio?

– Vim da Sibéria, há cerca de oito anos. Vim acompanhando um médico idealista. Desejava ele aprender sobre as doenças tropicais e ajudar as pessoas. Não sei como está agora.

– Quem é esse médico? Por que a senhora não se encontra mais com ele?

– É uma longa história. Mas, para resumir, fui abandonada quando ele resolveu seguir para outro povoado.

– Sozinha?

– Com meus dois filhos ainda pequenos. Mal falava sua língua e ainda precisava me sustentar.

– É, minha senhora, a vida é penosa demais.

– Não gosto de pensar desta forma, doutor, prefiro acreditar estarmos aprendendo para a glória do Senhor, nosso Pai.

– Não lhe tiro a razão, muito pelo contrário...

11 Lc 10: 25-37(NR).

Não pudemos prosseguir nossa conversa, porque a jovem que o auxiliava veio lhe chamar. Alguém se encontrava passando muito mal.

Levantei-me e os segui. O atendimento, necessário, era para uma criança que parecia agonizar.

A mãe, ao lado do filho, chorava silenciosamente.

Num impulso, acho que também por ser mãe, abracei aquela pobre mulher e comecei a rezar. Aos poucos, gaguejando, iniciou a me acompanhar. Minutos depois, serenada, aguardava a conclusão do médico. Como esperávamos, não poderia ter sido outra:

– Seu filho está morto.

Nem um grito, nem um lamento. Apenas olhou-me e abraçou-me. Senti suas lágrimas quentes em meus ombros.

Uma noite de vigília. Meu coração se tornou tão pequeno... Senti-me a pior das mulheres. Chorava pela minha dor, tão minúscula, diante da dor daquela mulher que acabara de perder seu único filho. Contava dez anos de idade.

– Senhor! Perdoe-me! Minha dor é insignificante diante de tanta provação!

– Dona Lídia! Dona Lídia!

Era a jovem auxiliar do médico que me chamava. O doutor queria me ver.

Acompanhei-a.

– Preciso que a senhora me ajude a amparar essa mãe. Vamos enterrar a criança ainda pela manhã. Gostaria que a senhora não fosse embora.

– Estarei aqui para o que for necessário. O que se passou com essa criança?

– A malária não perdoa: mata. É uma das doenças que seu ex-patrão veio aprender.

– Sim. Aprendi uma outra grande lição aqui neste acampamento. Valerá para o resto da minha vida.

– Sem dúvida. Aprendemos a cada instante com nosso semelhante. A senhora também nos deu uma lição de companheirismo e fraternidade.

O acampamento, embora estivesse lotado, parecia-me vazio, tal o silêncio presente. Quando, no meio da manhã, a cova foi aberta, abri o Livro Sagrado e li uma passagem na qual Jesus nos falava sobre *"as bem-aventuranças"*[12]. Todos ouviram. Aquela mãe pôde, enfim, erguer os olhos e falar com Deus.

Tudo terminado, chegou a hora de voltar para casa. Uma boa caminhada me aguardava.

– Dona Lídia, deixe aqui comigo o nome do local onde mora e qual a direção a tomar. Tão logo me seja possível, irei vê-la. Aproveitarei para olhar todos os moradores do lugar.

– Seria uma ótima idéia, doutor. Todos precisam de uma orientação médica.

– Até breve e siga com Deus.

Saí dali renovada. Meu coração batia no ritmo da natureza, parecendo que eu e ela éramos uma só.

Em casa a rotina recomeçou. Tudo se encontrava como antes.

12 Conforme Mt 5:1-12 (NR).

Passei alguns meses bem disposta, sem muitas dores, inclusive aparentando boa saúde. Bochenko notou a diferença e comentou comigo:

– Que bom, mamãe! A senhora voltou bem melhor da visita que fez ao doutor! Já se passaram alguns meses e a senhora não se queixou de dor alguma.

– É verdade, meu filho. Naquele acampamento operou-se um milagre. Todos que lá se achavam foram curados de seus males, acredito.

– A senhora está curada?

– Em grande parte, sim. A cura maior se dá na alma, meu Bochenko. A vida se encarrega de nos ensinar o melhor caminho.

Krovienko estava se tornando um belo rapaz. Agora, em seus plenos quinze anos, aparentava ser um homenzinho. Muitas vezes eu o olhava com admiração, mas me censurava por ser um sentimento mais sensual. Afinal, tratava-se de meu filho

Ele agora trabalhava sem reclamar. Fazia planos para o futuro, falando sempre que teria suas próprias terras e que ajudaria a mim e ao irmão. Bochenko, mais realista e bem mais pacífico, olhava para o irmão e sorria.

Em meados de 1.932, precisei ficar acamada. As dores regressaram com muita força. Julguei-me sucumbir nalguns momentos.

Minha fiel vizinha, dona Everalda, ajudava-me e fazia-me companhia. Uma irmã não faria melhor.

Certa tarde, quando me recobrava da crise, recebi sua visita. Como éramos muito amigas, percebi de imediato que alguma coisa acontecera. Principalmente porque ela chegou com seu filho mais velho, o Antoninho.

– Sucedeu algo, companheira?

– Sim, sucedeu. Como se sente?

– Estou melhor. As dores já não são tão fortes e consigo até me locomover com certa habilidade.

– Então escute com atenção, Antoninho tem algumas coisas a lhe contar.

– Fale, estou começando a ficar apreensiva!

– Bem, dona Lídia, não fique preocupada. Presentemente está tudo encaminhado.

Fiquei quieta a escutar, mas em meu peito o coração disparou.

– Estivemos hoje cedo, depois de coletarmos a borracha e prepararmos nossas cuias, cortando algumas madeiras. Pretendíamos...

– Antoninho, de quem você está falando?

– Estou falando de Bochenko, Krovienko, José, Damião, Antenor, Gracindo, eu e mais alguns companheiros do povoado.

O rapaz me olhou. Como eu nada mais dissesse, continuou:

– Bem, estivemos cortando lenha a fim de fazermos uma fogueira hoje à noite. Pretendíamos conversar e comer alguma coisa ao redor do fogo. Enquanto cortávamos, lembrávamo-nos da última festa que fizemos aqui no lugarejo, quando Damião, completamente bêbado, começou a dançar e caiu, quase se quebrando todo.

– Lembro-me muito bem dessa passagem, foi há três anos.

– Isso mesmo, dona Lídia. Bem, todos rimos... De repente alguém emitiu um grito pavoroso! Foi Bochenko.

– O que aconteceu com Bochenko?

– Ele estava segurando uma tora para que Antenor conseguisse cortar e...

– Fale! Não me deixe tão agoniada!

– Bem, foi sem querer. Antenor errou e, com o machadão, cortou o braço de Bochenko.

Levantei-me num supetão! Não podia acreditar no que ouvia!

– Cortou muito fundo?

– Senhora Lídia... O rapaz engasgou e começou a chorar.

– Cortou muito fundo? – repeti a pergunta.

– O braço esquerdo foi arrancado.

Não pude ouvir o resto: desmaiei.

Quando algumas horas depois acordei, dona Everalda estava ao meu lado. Também permaneciam ao meu lado várias outras vizinhas, inclusive a esposa de Antenor, Cremilda, uma jovem com dezesseis anos, a qual me fazia recordar do meu casamento.

Tive no primeiro momento uma surpresa. Porém, em seguida, lembrei-me de todo o ocorrido e, aflita, perguntei:

– Onde está Bochenko?

– Eles ainda não voltaram. Tivemos notícias de que levaram seu filho para uma cidade com mais recursos.

– E Krovienko? Foi com eles?

– Sim, também foi. Pediu-nos para cuidarmos de você.

Calei-me. Meu coração pulava em meu peito, meu corpo tremia como uma roupa no varal em dia de ventania. Não consegui me levantar. Tudo rodava ao meu redor. Minhas antigas dores estavam de volta, mais torturantes ainda.

– Minha querida amiga, não deseja ler o seu Evangelho?

– Não conseguirei.

– Alguém alfabetizado poderá fazê-lo. Quer ouvi-lo? Seria reconfortante. Leia sobre a *"parábola do filho que voltou"*[13]. Embora Bochenko não seja um filho preferido, desejo imensamente a sua volta com vida.

– Sim, é o que todos desejamos.

Foi Cremilda quem, muitíssima emocionada, chegando às lágrimas, pegou o Evangelho, abriu-o no lugar solicitado e começou a lê-lo.

Ruído algum se ouvia. Somente a voz trêmula, mas insistente, ecoava no ambiente. Ao final todos oraram um Pai-nosso. A cena era comovedora. Foi como um bálsamo a envolver meu coração.

As horas se arrastavam lentas e torturantes. Nenhuma notícia chegou até à madrugada do dia seguinte, assim como também ninguém arredou pé da pequeníssima cozinha de meu casebre. Quem não conseguia ficar dentro, permanecia do lado de fora, porém todos velando por mim.

13 Lc 15: 11-32 (Nota do R).

O café quente e um ou outro alimento permaneciam na mesa para quem estivesse com fome.

– O café nos ajuda a espantar o sono! Falou dona Emenengarda, aquela velhinha cega que, mesmo com seus problemas de saúde, fazia questão de permanecer em oração, confortando-me com sua presença.

Em silêncio comigo mesma, intimamente agradeci muito a Deus. Embora estivesse passando por momentos difíceis, extremamente sofridos, possuía a felicidade da amizade, da compreensão e do carinho de todos os moradores da aldeia. Para mim, abandonada pelos mais chegados, eles se tornaram a minha família. Via-me, agora, recompensada por esta bênção divina.

Cremilda veio se chegando, devagarzinho. Vinha com os olhos em lágrimas, mais nervosa do que eu mesma.

– Dona Lídia, não me interprete mal, mas preciso lhe dizer algumas palavras.

– Fale, minha pequena companheira, estou a ouvi-la.

– Posso lhe dizer, em nome de Antenor, que foi uma fatalidade. Jamais uma tragédia como esta poderia passar pela cabeça de meu marido.

– Ora, Cremilda, não se aflija por isso. Tenho certeza de que, por um golpe do destino, ele foi apenas o causador do sofrimento de Bochenko. Não passou, sequer por um momento em minha mente, a idéia de Antenor querer prejudicar alguém. Ainda mais sendo Bochenko incapaz de mal algum.

– Fico mais aliviada com estas suas palavras.

– Ninguém aqui pode censurar o acidente. Estas coisas acontecem e só Deus pode entendê-las. Era dona Everalda quem se achegava com um caldo quente.

– Beba, minha filha, você necessita ficar forte para esperar por Bochenko.

Mesmo sem vontade, tomei todo o conteúdo do prato. Precisaria de forças para aguardar os acontecimentos vindouros.

Pela metade do dia, quando me achava só – pois todos precisavam trabalhar –, entrou Krovienko. Estava esbaforido:

– Mamãe!

E me abraçou como há muitos anos não fazia. Esta sua atitude encheu-me a alma. Senti tanta alegria que, momentaneamente, esqueci-me do trágico acontecimento.

– Mamãe! – afastando-se, o rapaz prosseguiu – Estava preocupado com a senhora! Não pude lhe avisar! Como a senhora se sente?

– Meu filho, não se afaste! Abrace-me! Preciso de você, não me deixe!

– Não vou deixá-la! Olhe, estou aqui, bem perto! Bochenko não está bem, perdeu muito sangue. Chegamos ao vilarejo vizinho e ele recebeu a ajuda de um velho que se dizia médico, mas, sem recursos, mandou que prosseguíssemos. Se possível, que fôssemos até Manaus, a capital.

– E Bochenko? Ele está vivo, não está?

– Sim, está. Não sabemos ainda se sobreviverá. Preciso levar algumas roupas para ele. Encontramos um médico, o

Dr. Celso, em Itaquatiara. Ele está cuidando do meu irmão e também providenciando sua remoção.

– Bochenko está lúcido? Diga-me!...

– Não, mamãe! Delira demais! O doutor Celso diz que é assim mesmo. Ele perdeu muito sangue e a dor, pungente, atuam desse modo, deixando a pessoa fora de si.

– Ó meu Deus!

– Não fique nervosa! A senhora também precisa se cuidar.

– Vou com você! Quero ver meu filho! Ademais, conheço esse médico. Ele me atendeu há muitos anos atrás.

– É impossível, mamãe. Estou andando por trilhas e não podemos perder tempo. E, além disso, a senhora esteve de cama até ontem e não pode abusar. Quem cuidará de Bochenko quando ele voltar? Afinal, sem um braço, ele precisará muito da senhora.

Novamente Krovienko me abraçou. Senti tanto amor que nada mais lhe disse. Aceitaria tudo com muita paciência.

Um frio gelado perpassou pelo meu coração enquanto Krovienko se afastava para levar as roupas. E se, ao invés de Bochenko, fosse este filho o acidentado? Como eu estaria?

Procurei desviar meus pensamentos. Era hora de orar.

De mais a mais, sobrevivíamos, porém passando por muitas dificuldades. Com o alimento muito ralo, os vizinhos nos supriam de muitas formas. Só Krovienko trabalhava. Eu continuava mais de cama que de pé. Os poucos dias de tarefas por mim prestadas, mal davam para a farinha do dia a dia.

Foi somente trinta dias depois que Bochenko pôde retornar para casa. Já não suportava mais esperar. Todo povoado permanecera em ansiedade, aguardando por meu filho. Mas a esperança não abandonara meu coração. Foi uma alegria geral quando, na manhã de uma quarta-feira do mês de abril, Bochenko, finalmente, adentrou em casa.

Depois de abraçá-lo, matar as saudades e desanuviar o coração das incertezas, olhei bem para aquela figura prostrada à minha frente.

A tristeza se estampara no rosto alegre e feliz de outrora. Seu corpo, magérrimo, nada recordava o daquele rapaz de um mês atrás. A ausência do braço esquerdo dava-lhe uma sensação estranha, talvez de incapacidade, de fragilidade, de pena.

– Precisei amputar o braço todo, estava gangrenado.

– Conte-me, meu filho. Conte-me tudo que aflige seu coração.

O adolescente começou a discorrer sobre os fatos e os sentimentos que o envolveram durante aquele mês fatídico.

– Estávamos alegres naquele dia, todos riam com as anedotas e histórias engraçadas que Damião contava. Um pouco de distração de Antenor e minha, pois coloquei o braço de forma errada na madeira, foi o suficiente para atingi-lo.

O machado bateu impiedosamente cerca de cinco centímetros acima do pulso. A dor foi insuportável. Ainda

tive coragem de pedir para recolherem minha mão, levemente presa à tora da madeira, quando todos começaram a se agitar.

Não posso descrever com detalhes o que aconteceu a partir do ato acidental, pois momentos de lucidez e delírio se alternavam. Posso tão somente lhe dizer que, estando acordado, a dor era horrível.

Ouvi, contudo, quando o doutor disse a Krovienko sobre a necessidade de amputar o resto do braço, do contrário eu morreria, porquanto se encontrava bichado. Desmaiei. Não por ser covarde, mas sim por tudo ser muito doloroso.

– Sabemos disso, filho. Você aguentou firme! Estou orgulhosa de você!

– Ora, mamãe! Não exagere! Foi muito difícil aguentar. Cheguei a pensar em morrer, seria melhor.

– Não diga uma coisa destas! Você viverá bem, eu o ajudarei.

– Obrigado, mamãe. Precisarei, e muito.

Durante alguns meses, Bochenko ainda sentia dores, tinha febre e, principalmente, tristeza.

Eu sabia que minha parte era a de animá-lo, suscitar-lhe esperanças, fazer-lhe retornar a disposição para a vida.

Ele sempre fora, e ainda era, um bom rapaz. Quando sentia-se disposto, seguia firme para o seringal. Não teve problemas em se adaptar à nova situação. Todos o ajudavam, inclusive Krovienko.

Mesmo com tantas impressões penosas, com tantos sofrimentos, mantive inalterável meu estado de felicidade. Era feliz! Minha família era unida e meus filhos eram pessoas de bem.

A rotina regressara. Todos no povoado continuavam seus trabalhos e se reuniam vez ou outra para conversar e contar causos. Tornara-mo-nos como uma imensa família.

Certo dia, quando voltava com Bochenko das atividades do campo, percebemos uma grande agitação. Aproximando-nos, reconhecemos o motivo: era um médico.

– Dr. Celso? Que surpresa!

– Espero que esteja boa, dona Lídia.

– Claro! Havia muitos anos que aguardávamos um doutor por aqui. Fico feliz tenha sido o senhor!

– Tinha lhe informado: viria assim que fosse possível. Infelizmente as coisas aqui no norte do país caminham muito lentamente. É muita gente necessitada e médico que é bom, nada!

– Desventuradamente para nós, o senhor tem razão.

– Desejo examiná-la antes de partir.

O doutor recebeu acomodações e comida daquele povo. Do pouco que possuíam faziam questão de distribuir. Tínhamos consciência do seu labor, sabíamos ser-lhe difícil e fatigante o trabalhar de um lado a outro totalmente ao sabor das ocasiões.

Quando entramos em casa, Bochenko, o qual permanecera calado após responder às perguntas do doutor, sentou-se num dos bancos e me perguntou:

– Mamãe, a senhora ainda se lembra do doutor Arthur?

Fiquei espantada com tal pergunta, porém respondi afirmativamente.

– Não lhe disse antes por haver ficado receoso. A senhora poderia vir a se magoar muito.

– Do que você está falando, meu filho?

– Enquanto permaneci na capital, ferido, com os doutores cuidando do meu braço, vi e conversei com o doutor Arthur.

– Ele cuidou de você?

– Sim, ajudou a amputarem o meu braço. Quando percebeu que eu já não delirava mais, conversou comigo. Sua primeira pergunta foi sobre você.

– E o que lhe respondeu?

– Ora mamãe, contei-lhe toda a sua luta, suas andanças pelas matas, suas febres, sua doença, enfim. Ouviu-me silenciosamente. Então abaixou a cabeça e disse-me que se achava culpado por todo seu sofrimento. Todavia, à época, estivera apaixonado por Kripsia e aceitara tudo que ela lhe dissera.

– Sim, meu filho. E qual é o seu sentimento em relação a ele?

– Raiva, muita raiva. Pedi-lhe para não cuidar mais de mim, era preferível morrer. Ainda tenho muita raiva, não posso esconder.

– Sei ser verdadeira sua narrativa, filho. Mesmo porque, o fato de não me ter contado na ocasião demonstra o quanto ainda o ódio se encontra em seu coração.

– E a senhora, o que me diz?

– Por minha vez também o tive. Senti bastante ódio em meu peito. Rezei muito a fim dessa emoção ser aplacada nele. Até julguei isso haver acontecido; porém, diante desta sua novidade, temo um pouco.

– Por que temer? Eles não poderão fazer nada contra a senhora! Nós, seus filhos, a defenderemos. Era Krovienko. Sabedor da história, foi entrando e logo falando.

– Meus filhos, sei que vocês têm razão. Mas precisamos orar para não alimentar rancor por ninguém, nem mesmo por aqueles que nos maltratam.

– Não acredito que o tal doutor veio a se arrepender.

– Concordo com Krovienko.

– Não posso lhe arrancar um sentimento que criou raízes. Talvez tenha errado em não conversar sobre ele por tantos anos. Eu mesma ainda não me sinto curada da raiva, confessei-lhes.

Abraçamo-nos os três. A infelicidade do abandono, causa das nossas misérias, ainda se apresentava atuante.

Por muitos dias ainda albergamos essas sensações tristes; mas, aos poucos, o tempo, com os seus afazeres, ia nos curando. Embora todo o sofrimento físico, o espírito estava feliz, cumprindo, mesmo inconsciente, porém intuitivamente, a trajetória planejada.

Meu estado geral de saúde piorava a cada dia. Passava a maior parte do tempo em casa, esgueirando-me pelos objetos, sem forças para o trabalho. Bochenko, por conta de seus impedimentos físicos, poucas cuias conseguia colocar nas árvores.

Nossas existências eram principalmente garantidas pelos frutos do trabalho de Krovienko. No entanto, este sempre fora um rapaz irrequieto e, nunca estando plenamente satisfeito com a situação à qual fora levado, vivia sempre repetindo sobre a sua partida, a fim de tentar a sorte noutro lugar.

– Meu filho, não aguentarei ser abandonada por você. Fique, case-se e trabalhe, aqui mesmo, na região. Você haverá de ser feliz quando encontrar uma boa moça.

– Isso é muito pouco para mim, mamãe. Quero conquistar o mundo, ter minhas terras, trabalhar nelas, ser o dono do meu nariz. Não posso e não quero continuar fazendo o que faço.

Bochenko nada declarava. Olhava para mim e abaixava a cabeça. Aos poucos também fui percebendo o fato de não adiantar falar-lhe. Calava-me quando ouvia o rapaz repetir sempre a mesma história.

Em meados de 1.939, eis-me completamente debilitada. O leito fazia-me companhia quase todo o tempo. Somente cozinhava e, mesmo assim, mais tempo sentada do que em pé.

Por aquela época, dona Everalda tampouco podia me auxiliar. Os filhos, casados, encontravam-se morando com ela e tinham suas próprias crianças. Como precisavam trabalhar, a pobre mãe cuidava de todos.

– Essas crianças tomam o meu tempo inteiro. Não posso sequer ajudá-la na roupa.

– Deixe estar, dona Everalda. As coisas vão se ajeitando. Os rapazes me ajudam quando podem.

Às vezes aparecia uma mocinha, filha de uma família novata na região. Vinha ajudar os rapazes com a roupa. Começou a frequentar minha casa, a falar comigo. Soube mais tarde, por Bochenko, ser a namorada de Krovienko.

No mesmo instante passei a sentir raiva da garota. Não podia explicar, porém, o fato de, tão logo passar a saber da notícia, nunca mais conseguir ser a mesma com a moça. Chamava-se Alice.

A cada dia percebia ser cada vez maior a inquietação de Krovienko, agora contando 22 anos. Refugiava-me no Evangelho, pedindo forças. Tudo o mais parecia determinado, por conseguinte.

Nem poderia ter ocorrido diferente.

No começo de 1.940 – mais precisamente em 25 de janeiro –, Bochenko avisou-me do irmão haver fugido com a jovem Alice.

Sem ter tido tempo para digerir a notícia, fui tomada de um ódio cego por ela. Abruptamente levantei-me e, com os passos firmes, comecei a caminhar na direção da casa dos pais de Alice.

Quando postada frente a frente com o pai, o senhor Amazonino, percebi-lhe a fúria em seus olhos: era da mesma dimensão da minha fúria.

– Sua filha desencaminhou meu filho!

– Não diga bobagens! Foi seu filho quem desencaminhou minha filha!

– Exijo que alguém vá atrás deles. Meu filho não faria uma coisa dessas se sua filha não o houvesse instigado.

– Eu sou quem faço exigências para a honra da minha família ser lavada. Mande seu *"aleijado"* procurar o irmão.

Minha revolta aumentou. Quem ele se considerava para dizer que meu filho era *"aleijado"*?

– É sua filha a aleijada da cabeça.

Bochenko, mantendo-se até então atrás de mim, segurou meu braço e, carinhosamente, quase sussurrou:

– Mamãe, a senhora não precisa se prestar a este papel! Pense bem, é ridículo!

– Ele me ofendeu! Também a você e a toda nossa família!

– Deixe estar. A senhora também o ofendeu. E foi a senhora quem veio até à casa dele. Pense um pouco. Ele perdeu a filha, também deve estar muito apreensivo.

Olhei atentamente para Bochenko. Ele tinha razão. Krovienko sempre falara em buscar outras paragens. As lágrimas brotaram descontroladamente.

Já em casa, mais tranquila com o chá preparado por Bochenko, comecei a conversar, tentando colocar os pensamentos em ordem.

– Fiz uma grande bobagem.

– Fez sim, mamãe. Ainda não compreendo como justamente a senhora, a qual sempre procurou apaziguar os corações, saiu de seu leito de dor e foi até o lar do vizinho dizer-lhe desaforos! Sempre soubemos dos planos de Krovienko: queria ir embora, só aguardava uma oportunidade.

Permanecia calada. Era tudo verdade.

– A família do senhor Amazonino deve estar sofrendo tanto quanto nós. Não é justo culpá-los, nem mesmo Alice. Creio que ela foi iludida pelo meu irmão.

– Devo ir lhe pedir desculpas? Mas ele também ofendeu você!

– Bem, eu não me considero um aleijado. Portanto, o que ele disse no momento da raiva pouco me importa.

Fiquei envergonhada com a lição acabada de receber. No fundo – minha consciência sabia – agira por ciúmes. Custava-me admitir o fato de Krovienko haver me trocado por uma mulher mais jovem. Não queria admitir o fato dele haver me abandonado. Enfim, demonstrara agir de um modo totalmente errado. Era necessário consertar o feito.

Naquele mesmo dia, ao cair da tarde, acompanhada por Bochenko, dirigi-me à casa dos familiares de Alice. Pedi-lhes desculpas. Disse-lhes do meu descontrole e do meu desconhecimento da ação impensada de Krovienko.

Como resposta, ouvi palavras de reconforto. Também ouvi a retratação das palavras ditas. Enfim, a paz voltaria a reinar. Alguns minutos de conversa nos levaram a pensar na existência de muito amor e companheirismo entre os dois jovens, porquanto a coragem demonstrada foi imensa.

– Só um grande amor pode movimentar as pessoas da forma como agiram nossos filhos. Aguardemos as notícias. Quem sabe logo saberemos sobre eles. Era a mãe de Alice, Romilda, quem falava em tom calmo, deixando-me desarmada e envergonhada.

– Esperemos que assim aconteça, dona Romilda. Vamos, mamãe, já está anoitecendo. Não quero que a senhora tome sereno, poderá piorar.

Segui totalmente as determinações de Bochenko. Eu, que sempre estivera à frente das situações, agora devia seguir ordens. É o destino. Vamos nos acabando, perdendo as forças físicas e, se não tomarmos cuidado, também as morais, como acabara de ocorrer comigo.

As experiências da vida são como alertas para nós quando atingimos a maturidade mais avançada. Não era velha, contava apenas 41 anos, porém as condições físicas denunciavam o meu fim próximo. Assim sendo, torna-se necessário estarmos ainda mais vigilantes para não permitirmos que o desânimo pela vida crie-nos situações de exibições do egoísmo, do orgulho, da insensibilidade. É necessário orar.

– No que pensa, mamãe?

– Estou refletindo em minhas ações.

– Agora já estamos com tudo resolvido. Descanse. Sua condição física não permite abusos. Sei que está sofrendo com a ausência de seu filho, mas foi uma escolha dele. Os percalços que surgirão deverão ser resolvidos por ele mesmo. Somente reze por ele.

– Compreendo o que você está me dizendo. Bochenko, não me deixe, estou muito doente, preciso de você!

– Não pretendo deixá-la. Também preciso muito da senhora e dos vizinhos-companheiros. Vamos dizer que é uma troca: eu preciso da senhora e a senhora precisa de mim, então estaremos juntos.

Aliviei-me. As palavras sinceras de Bochenko diminuíram o peso sobre o meu coração. Naquela noite dormi tranquila e sonhei.

Encontrava-me em minha terra, a Sibéria. O frio era intenso, a neve era uma constante na paisagem. Uma carruagem estacionou em frente a mim e dela desceu um jovem, moreno, bem-apanhado, roupas impecáveis, ar de felicidade estampado em seu semblante. Nas mãos, a descansar sobre uma almofada, carregava uma machadinha limpa.

O jovem fez um movimento, entregou-me o que trazia consigo e disse-me: *"tudo agora está de acordo com os desígnios do Senhor, nosso Deus. Pegue-a, já não destroi nenhum coração. As aflições permanecem enterradas para sempre".*

Quando esbocei o movimento de pegar o objeto, acordei. Meu pensamento era de bem-estar, de paz, de equilíbrio. Orei a Deus, agradecendo por tudo quanto acabara de receber, seja lá qual fosse a representação do sonho.

Muitos meses transcorreram até recebermos notícias de Krovienko.

– É uma carta. Vou lê-la: *"Estamos bem. Tivemos muitas dificuldades no caminho para a capital. A mata densa, o rio perigoso, os mosquitos, as febres retardaram nossa viagem. Passamos fome e privações. Alice é muito frágil, embora queira aparentar dureza. Não sou totalmente feliz. Ela não é a moça perfeita como eu esperava. Há muito mais amor da parte dela do que da minha, mas irei levando até onde for possível.*

Ela está grávida. Meu desejo é o de arrancar esse filho. Não desejo ser pai, agora não. Posso me arrepender mais tarde. Bem, aguardemos.

Mamãe, sinto muito sua falta. Preferia que estivesse aqui, no lugar de Alice. É estranho, mas preferia.

Talvez sigamos para outras paragens, outro estado, não sei ainda. Encontramos Kripsia e Arthur. É com ela que estou fazendo meus planos para adquirir algumas terras. Diz que irá me ajudar. Ela tem influência.

Até breve. Quando puder, escreverei".

Quando Bochenko acabou de ler a carta, senti-me gelada. Desconheci meu próprio sangue! Como ele podia falar assim de uma jovem que, por vontade própria, levara consigo? E mais essa: fazendo negócios com Kripsia! Algum conluio? Coisa boa não poderia sair dessa transação!

– Ficou preocupada?

– Muito. Krovienko não está agindo bem, nem com a esposa nem fazendo acordos com a esposa do doutor Arthur.

– Ele não diz que se casou com Alice.

– Pior ainda. Está usando a moça. Não foi essa a educação que desejei dar para vocês.

– Não se culpe, mamãe. Krovienko sempre manteve pensamentos discordantes. Não é que seja mau-caráter, mas é displicente e não mede o sentimento dos outros. Espero que a vida lhe ensine o que não quis aprender aqui, na ternura do lar.

– Acredito, meu filho, que a vida poderá ensiná-lo em muitas coisas. Mas, quanto ao caráter, esse só com muito boa vontade se muda. E não acredito que seu irmão esteja disposto a isso. É muito ambicioso, sempre desejou terras. Receio seja capaz de muitas ações para conquistar seu intento. Veja sobre Alice.

– Ora, mamãe, ela foi porque quis. Não podemos deixar de ver isso.

– Sim, vejo bem. Ela foi por vontade própria, porém iludida pelo amor que sente. Não percebera não ser correspondida na mesma intensidade. Creio que sofre muito.

– Aguardar, apenas, deve ser a nossa atitude. Só aguardar. Vou ver se Alice também escreveu para os pais. Dar-lhes-ei notícias.

– Mas sem lhes exibir esta carta, meu filho.

– Certamente que não. Sofreriam muito pela filha. Dir-lhes-ei somente que Krovienko escreveu e o casal passa bem.

– É nosso dever.

A vida no povoado mudara acentuadamente. A malária vinha ceifando as vidas de muita gente, principalmente as das crianças. Quanto a mim, achava-me um pouco melhor, já não passando todo tempo acamada. Ajudava no necessário, embora Bochenko sempre me avisasse para ter cuidado. Julgava-me muito debilitada e, por isso mesmo, para contrair a maleita não seria necessário muito esforço.

– Fique em casa, na retaguarda, preparando os alimentos para as famílias doentes. Mas não saia de casa. Dona Everalda entregará o que a senhora preparar.

Fiquei animada, ajudar era uma boa coisa. Enquanto estamos preocupados com os outros esquecemos dos nossos problemas, das nossas misérias. A comida era pouca; porém, repartindo com cautela, todos comeriam.

Também remendava as roupas ainda em condições de serem usadas. Dona Everalda, muito caprichosa, lavava alguns trapos que poderiam servir de remendos e me entregava. Então fazíamos roupas seminovas. Ficavam uma beleza. Pena perdermos tantas vidas.

– Não posso entender, Lídia, por que Deus leva para junto de Si essas pobres crianças mal saídas dos cueiros!

– Não entendo também! Acho que Deus leva os bons para junto de Si. Nós continuamos na luta.

– Principalmente as crianças. Já não sou nova para ver tanta desgraça. Desde minha infância vejo essas mortes acontecerem e ninguém a fazer nada.

– O que poderia ser feito?

– Não sei. Mas deve existir um meio.

– Não nos revoltemos, dona Everalda. Se Deus quer assim, então assim deve ser. Precisamos nos conformar e pedir forças para podermos auxiliar no que for necessário.

– Acho que você tem razão, Lídia. Vamos ao trabalho que nos espera.

Alguns meses transcorreram sem alteração na situação. Bochenko continuava trabalhando muito para suprir minha ausência e sua própria deficiência. Os recursos eram poucos.

Muitas vezes lembrava de Krovienko e Kripsia. O que estariam tramando? Naqueles momentos era acometida pelo medo: dela, por ser muito perigosa, e dele, por ser muito impetuoso.

Sem esperarmos, Alice e duas crianças pequenas, uma de colo e outra já andando, chegaram ao povoado. Muito magra, olhos nos fundos das órbitas, tristeza estampada no semblante, imediatamente se dirigiu ao meu encontro:

– O que houve?

– Estes são seus netos: Palmira, de 2 anos, e José, de sete meses.

– São lindos! Deixe-me pegá-los!

Senti um afastamento, natural, nas crianças. Uma se agarrou na mãe e o outro começou a chorar. Não me conheciam.

– Não fique triste, dona Lídia, eles estão lhe estranhando.

– É. Logo se acostumarão. E Krovienko, por que não veio?

– Está trabalhando na rocinha que comprou. Vim só. Estava sentindo muitas saudades. Afinal já se passaram três anos. E também para mostrar meus filhos.

– E como está a vida de casada?

Alice não respondeu. Abaixou a cabeça. As lágrimas escorreram.

– Sei, minha filha. Nada vai bem. Krovienko não é o marido que você queria.

– Ele nem é meu marido! Não quer se casar comigo. Pensa em encontrar outra que ame. Ele não me ama!

– Não chore. Ele acabará por entender que nunca existirá outra.

– Continuo com ele porque o amo e tenho dois filhos. Quando engravidei de Palmira, pediu-me o aborto. Jamais faria isso.

– Agiu acertadamente. Fique um tempo aqui conosco.

– Pretendo ficar aqui em sua casa, porque com meus pais já dormem muitas crianças.

– Sim, fique aqui. Há lugar para todos. Bochenko ajudará a arrumarmos um lugar adequado para vocês.

Enquanto Alice se afastava para visitar seus pais, comecei a preparar um espaço para acomodá-los. Porém, intimamente, sentia-me confusa. Ao mesmo tempo, ao me recordar dos ciúmes aflorados quando Krovienko fugira, sentia uma tristeza muito grande por aquela espécie de casamento existente no lar de meu filho.

Precisava vê-lo, falar-lhe. Era desumano o que fazia com aquela pobre moça e também com as crianças. Não era justo. Ficara com ela por opção.

Bochenko tomou ciência da nova situação tão logo retornou do seringal.

– Mamãe, não estou gostando nada do problema vivido por Alice. O comportamento de meu irmão é totalmente errado.

Claro, concordava com ele. Contudo, mantive-me calada enquanto ele pensava.

– Conversarei seriamente com Alice e, conforme seja, seguirei até Manaus. Encontrar-me-ei com Krovienko.

– O que você dirá a ele?

– O que for preciso. Alguém deve chamá-lo à atenção. Ninguém tem o direito de tripudiar sobre os sentimentos alheios.

– Estou de acordo. Porém existe outra questão: parece-me estar envolvido com Kripsia. Temo pense poder dar o golpe em Arthur, já que ela sempre desejou o dinheiro do marido.

– Acredito já estarmos com um caso muito complicado nas mãos. Melhor tomarmos alguma providência antes que seja tarde demais.

Tudo foi feito segundo as instruções de Bochenko. Meu filho permanecia compenetrado e decidido a resolver aquela terrível situação da melhor forma. Uma semana depois, o rapaz partiu rumo à capital.

Orava, apenas. Acamada por insidiosa doença, nada mais podia fazer. Minha nora assumiu a casa. Deixava as crianças com a mãe e seguia para o seringal, substituindo Bochenko no trabalho diário, a fim de não faltar o mínimo necessário.

Mais de um mês e meio se passou até meu filho retornar. Para surpresa de todos, Krovienko veio junto.

– Ouçam. Relataremos o ocorrido. A senhora, mamãe, e você, Alice, prestem atenção para que tudo seja esclarecido e não haja dúvidas quanto ao caminho futuro.

– Bochenko, meu filho, assim você me assusta!

– Nada disso, mamãe. Seja forte, ultrapassamos obstáculos piores.

Começou contando que encontrara Krovienko abatido e bêbado ao chegar a Manaus. Este negociava com um latifundiário através de Kripsia. Como as negociações se encontravam por demais adiantadas, Bochenko nada pôde fazer: o irmão assinara uns papéis, responsabilizando-se pelas dívidas das terras adquiridas em nome de Kripsia.

– Como? Isso tudo é um absurdo! Em primeiro lugar você não deve beber, seu pai morreu assim! Não quero a mesma situação para meu filho nem para meus netos. Ademais, como comprou terras para aquela exploradora? O doutor Arthur sabe disso? – eu falava destrambelhadamente.

– Calma, mamãe. Com nervosismo não chegaremos a lugar algum.

E continuou a narrativa.

Soubemos que Bochenko levara três dias para poder falar com Krovienko, primeira ocasião sóbria deste desde quando aquele chegara.

Afigurava-se-me a própria Kripsia incentivando-o a beber.

Na verdade, ela desejava as terras e, sem dúvida alguma, o doutor Arthur de nada sabia. Bastante debilitado como se encontrava, com os nervos descontrolados, quase nada clinicava. Repetia incessantemente estar arrependido de ter me abandonado na mata há muitos anos com meus dois filhos. Todos poderiam ter morrido.

Por sua vez, Kripsia precisava angariar posses para abandonar o marido e fugir para a Sibéria. Lá reaveria os bens que pertenciam ao marido, aliando-se a Dimitri, seu cunhado.

– Não estou traindo Alice com Kripsia. Não sei o que acontece, ela me enfeitiça. Seu desejo é somente sobre as terras. Nada mais quer de mim. Trabalho como um escravo para conseguir honrar meus compromissos. Estou consciente do meu erro, mas agora parece não haver conserto.

– Meu filho, como sustentará sua família?

– Não tenho como. Tudo o que conseguir trabalhando nas terras adquiridas será para pagá-las. Além disso, o casal Grinspy se apodera de parte das colheitas para vender e ficar com o dinheiro.

– Você se pôs como escravo dessa madame! Para mim, chega! Não voltarei mais para perto de você! Tampouco meus filhos!

– Calma, Alice. Resolvamos sem rancores – Krovienko falava como se não carregasse culpa.

Infelizmente passara para o lado dele, embora tivesse a consciência de saber estar tudo errado. Por sorte não manifestei minha opinião. Guardei-a somente para mim.

– Compreendo perfeitamente seus sentimentos, minha cunhada, porém agora importa também olharmos o futuro de seus filhos. Você não vive mais sozinha.

– O que devo fazer, Bochenko?

– Deve seguir de volta com seu marido, ajudá-lo nos trabalhos diários. Quanto a ele, precisa se comprometer que tudo fará para inverter a documentação das terras.

– E como farei isso?

– Honestamente. Procure o antigo dono. Chame também para a conversa o doutor Arthur e Kripsia. Fale abertamente, conte-lhes a verdade. Mas, por favor, não se embriague mais. Bêbado, ninguém poderá dar crédito às suas palavras.

– Estarei comprometendo seriamente o casamento deles.

– Não seja ridículo! E o seu casamento? E os seus filhos? Neles você não pensa? Quer que passem fome?

Krovienko nada respondeu. Pegou seu chapéu, levantou-se e pediu licença. Precisava dar uma volta para pensar.

Sentimo-nos profundamente tristes, apreensivos, exaustos com a situação. Nada obstante, precisávamos de serenidade suficiente para não desesperar e colocar tudo a perder.

Em meu íntimo, carregava enorme desagrado: sabia do sofrimento de Krovienko, mas, no âmago, meu medo era ele ter se apaixonado por Kripsia. Deus queira não fosse essa a verdade.

Temia por meus netinhos. Que vida poderiam esperar de um casamento fracassado pela falta de amor? Nesta vida, os sentimentos parecem valer muito menos que o dinheiro. As transações comerciais valem muito mais. É a miséria humana.

Orava incessantemente para que Deus, nosso Pai, tivesse piedade e aliviasse a dor dos aflitos. Todavia não podia esquecer a participação do homem na sua felicidade. E Krovienko tinha jogado tudo fora.

O casal resolveu voltar para a capital. Alice concordou em trabalhar para, juntos, tentarem ficar com as terras e poderem dar uma vida mais digna para os filhos. Quanto à enrascada em que se metera, Krovienko tentaria reverter a documentação. Mas o destino, ou a Justiça Divina, não faz água, tudo tem sua explicação: Krovienko devia as terras e elas jamais seriam suas.

Fiquei sabendo que o casal Grinspy tinha um menino. Naquela época contava oito anos e seu nome era César. Segundo Alice, possuía um temperamento forte e, desde cedo, sentia-se o dono absoluto das terras. Chegava ao cúmulo de dar ordens para Krovienko e, pasmei, era obedecido! Segundo o rapaz, ele se subjugava aos caprichos da criança, porque ela lhe impunha certa autoridade. Era como se fosse um adulto lhe falando.

Kripsia e seu filho combinavam muito bem. Geralmente onde um estava o outro estava também. As ideias de ambos praticamente eram as mesmas. Detinham um ar de poder que não os abandonava jamais. Quanto a Arthur, comportava-se como o bobo da corte: não concordava com a mulher, mas fazia tudo que lhe era pedido, inclusive os desmandos do filho.

Krovienko, antes de partir, chegou a me confessar:

– Mãe, sei que existe abuso da parte dos Grinspy, porém não consigo me desvencilhar. Às vezes sinto muito ódio, quero me vingar, desejo mesmo matá-los, mas logo lembro-me de você, das suas lições, das leituras do Evangelho. Quando isso acontece, sinto-me envergonhado, tenho vontade de voltar para esta casa!

Seus sentimentos eram verdadeiros. Sob quais desígnios caminhamos? Quais são os planos de Deus para nós? Perguntas sem respostas. Vivemos, contudo pouco sabemos sobre nossas vivências. E quase nada podemos fazer para mudar o rumo das nossas histórias.

– Senhor, tende piedade de nós!

– Falando sozinha, mamãe?

Levei um susto. Era Bochenko que voltava do trabalho.

– Estou aqui, orando, pensando, avaliando nossas vidas, principalmente a de seu irmão.

– Sem dúvida, ele se enfiou num grande problema, ainda assim nada podemos fazer. Na verdade, deve responder por suas atitudes. Só não compreendo o porquê de passar as terras para Kripsia.

– É inexplicável!

– Então, se é inexplicável, pare de pensar nisso e cuide-se. Nestes dois últimos dias a senhora teve uma recaída.

– Sinto-me muito mal. Acho que não disponho de muito tempo de vida.

– Chega de dizer tanta bobagem! A senhora irá longe. Preciso também que me auxilie.

– Não, Bochenko, você não precisa mais da minha tutela. Mesmo sem um braço, trabalha, arruma suas coisas e, se precisar, faz sua comida... Nada mais tenho a fazer por aqui.

– Como não estou gostando desta conversa, vou me distrair lá fora.

– Vá, meu filho. Somente lhe peço uma coisa: nunca deixe de ler as Sagradas Escrituras e de seguir seus ensinamentos. Só teremos paz praticando o bem. Cuide de seu irmão.

Bochenko nada disse. Deu-me as costas e saiu. Entrei em coma.

Já não sentia mais dor, flutuava no espaço. Muitas pessoas estavam comigo num amplo quarto. Podia ouvir sutilmente um cântico, muito bonito, mas não lhe decifrava as palavras. Estava em estado de torpor. Três dias se passaram. Perdendo completamente as atividades cerebrais superiores, atingira o coma profundo. Morri como um passarinho. Era dezembro, 15 de dezembro de 1947.

Somente Bochenko esteve a meu lado.

Parte 2

Quantas vezes já vivenciamos esse processo? E, no entanto, sua última ocorrência era sempre como se fosse a primeira.

Estou em paz: nada de dor, nada de mal-estar; mas também, nada de amigos, nada de parentes e nada se parecia com minha casa. Embora tudo estivesse bem, algo se encontrava em andamento.

A porta do quarto se abriu. Uma senhora, de aparência muito distinta, entrou. Olhei-a atentamente. Era-me familiar.

– Não vá dizer que não me reconhece!

Fixei mais o olhar e quase pude identificá-la.

– Ora, Sofia! Que péssima memória!

– Mamãe! É a senhora?

– Graças a Deus! Alguma coisa de bom ficou nesta sua cabecinha.

Aos poucos fui recobrando a lucidez. Situava-me na Sibéria, há muito tempo atrás. Mas... meu nome não é Sofia, é Lídia!

– Agora é Lídia.

– Leu meu pensamento?

– Sim. E vou ajudá-la no processo de reviver a memória. Não hoje, mas breve. Você deve se recuperar por mais alguns dias deste câncer.

– Quero apenas saber, ou melhor, confirmar minhas suspeitas: encontro-me bem, num lugar totalmente diferente e confortável... Estarei, porventura, morta? Perguntei, cautelosamente.

– Morta? Que horror! Jamais morreremos. Você apenas desencarnou. Largou seu corpo físico, que já não lhe servia e seguiu para este lugar.

– O Céu?

– Vejo que precisamos refazer algumas lições do passado. Aqui não é o Céu. Ele não existe. Aqui é apenas um Pronto-Socorro. Serve para ajudar os que chegam da vida na carne.

– Sim. Não consigo me lembrar, mas sinto conhecer este assunto.

– Claro, minha filha. Cheguei da Sibéria no mês passado, para auxiliá-la. Temos muita coisa para conversar. Mas, primeiro, será preciso se refazer. Foi uma jornada dura, sofrida, as energias devem ser repostas.

– Sinto-me em boas condições. E meus filhos?

– Passam bem.

Fiquei sozinha. Meus pensamentos voltaram-se novamente para a Sibéria. Reconheci minha mãe, entretanto ela não tinha a mesma forma, o mesmo rosto de quando era viva. Também o nome, *"Sofia"*, não me soava como estranho. Peguei o *Evangelho* na cabeceira e comecei a ler. Adormeci.

No dia seguinte, bem mais disposta, levantei-me para as atividades. Fiz isso com alegria. Sabia intimamente que seria bom recordar, redescobrir o que estava dentro de mim. Chegando ao refeitório, minha mãe veio ao meu encontro:

– Bom dia, minha querida filha! Como se sente?

– Muito bem! Dormi como um anjo.

– Sua aparência está ótima! Enquanto se alimenta vou conversar com o Encarregado dos Serviços de Transportes. Depois seguiremos para um belo passeio.

– Está bem.

Tudo estava perfeito: a comida era boa, o lugar era limpo e arejado e as acomodações eram confortáveis. De nada poderia me queixar. Estava vivendo melhor do que merecia.

– Bom dia, Lídia. Meu nome é Sebastião. Sou o Encarregado Geral desta colônia.

– Muito prazer.

– Todas as perguntas que acaso estejam em sua mente serão respondidas por dona Náquila, sua mãe.

– Obrigada – tinha muitas dúvidas, minha mãe chamava-se Helena e não Náquila...

– Então, com licença. Vocês conversarão.

Desconfiada, acabei de tomar minha refeição matinal. Será que eu estava enganada, sonhando ou, talvez, delirando na minha doença? Reconhecia aquela senhora como minha mãe; contudo, no rigor da verdade, a fisionomia não era bem a mesma. Tal fato deveria ser esclarecido.

Quando saímos para o pátio, o dia se apresentava radiante. O Sol não era escaldante e a temperatura estava agradável. Muitas árvores, flores. Existia paz no ar. Podia senti-la.

– Vamos nos sentar naquele banco, debaixo daquela árvore. Nossa conversa será longa.

– Sou toda ouvidos.

Minha mãe começou a narrativa. Escutava-a atentamente.

Eu já vivera outras vidas, tivera outros nomes, outras famílias, afetos e desafetos. Vinha da Sibéria e, por minha escolha, por ocasião de minha última passagem pelo plano espiritual, decidi vir para o Brasil.

Desde alguns séculos passados tinha enorme ligação amorosa com aquele – agora Krovienko – meu filho mais moço.

– Sim, mamãe, presentemente recordo-me de algo. Seria capaz de dar minha vida por ele.

– Você foi capaz de tirar outras vidas por ele.

Eu me chamo Náquila, meu nome como sua mãe de duas reencarnações anteriores. Você se chamava Sofia. Casou-se com Constantino que, agora, ressurgiu na sua vida como Arthur Sell. Abandonou-a, tal como você lhe fizera por duas vezes.

Era tudo verdade. Precisava saber mais. Sozinha não conseguiria me recordar.

– Seu irmão Ivan, que hoje se encontra numa colônia de recuperação mental, foi seu pai. Bassiliev, seu pai, outrora foi...

– Nossa! Estamos todos ligados novamente! Algumas lições aprendidas na colônia espiritual estão lentamente me chegando! Diga-me, mamãe: o que Bochenko significa para mim?

– Bochenko, agora finalmente seu filho, por duas vezes foi abortado por você. Desejava nascer, mas não pôde. Krovienko, como pai, também foi responsável pelos abortos.

– Ele agora redimiu-se. Foi um bom filho e um bom irmão.

– Sim, Bochenko está muito bem. De alma tranquila, sofreu pelo erro cometido, qual seja, o ódio que nutria por você. Com a dedicação à família, trocou um sentimento ruim pelo amor.

– Se ele agiu bem, e sabemos que sim pelas suas atitudes, por que sofreu a perda do braço?

– Lembre-se: quando foi rejeitado pela primeira vez, passou a alimentar um ódio tão grande que desejou a sua morte; aproveitou o desejo de sua desafeta e, juntos, mataram-lhe com igual machadinha.

– Lembro-me. Durante muitos anos, como Sofia, tinha apavorantes pesadelos com essa machadinha: ele me perseguia com ela. Era horrível!

– Sim. Enquanto desencarnado, colocava em sua mente, através da hipnose, a lembrança da dolorida morte. Esse tipo de tortura é muito pior do que o ato físico, pois mexe com a mente, parte muito mais sagrada do que o corpo.

– A dor por ele sentida por causa da machadada que levou, redimiu todo sentimento de vingança e ódio que nutriu por anos.

– Você está enganada: não *"por anos"*, por séculos.

– Meu Deus! Como podemos alimentar sentimentos ruins por tanto tempo?

– É simples. Veja em si mesma. O seu sentimento de amor por Krovienko foi tão desesperador que a conduziu ao mesmo nível da emoção do ódio acumulado por Bochenko. Você matou por amor, enquanto ele influenciou a matar pelo ódio. Quem somos nós para saber os limites desses sentimentos?

– Tem toda razão.

Experimentei tanta vergonha que cheguei a corar.

– Minha filha, ainda somos escravos dos nossos sentimentos, seja para o bem ou para o mal. Não conseguimos sintetizar ainda nossa essência divina nem por atos, palavras ou pensamentos.

– Tudo retorna à minha mente agora. Tive dois filhos, mas abandonei o lar a fim de me encontrar com meu grande amor, Krovienko. Este, naquela ocasião, matou, roubou, chantageou – e tudo por terras –, por isso ainda se encontra envolvido na devolução dos territórios roubados. Eis o motivo pelo qual se encontra trabalhando para Kripsia.

– Kripsia, que no pretérito se chamava Malfia e foi casada com Niculai, o qual hoje é seu filho César, travou com Krovienko-Andropoulos uma batalha de vida e morte pelos terrenos, numa trama que se arrasta até hoje, desde o século XIII.

– Então Krovienko está pagando por aquilo que deve.

– Sim, minha filha. Segundo a lei de Deus, nada ocorre por acaso, inexistindo um efeito sem causa. Ele lhe devia as terras e agora começou a pagar. Está se saindo bem, dentro de seus limites, graças ao Evangelho e ao lar de harmonia que você conseguiu dar a seus filhos.

– Sim. Comprometi-me a fazer isso. Sei ainda que Krovienko acumulou mais alguns problemas: está errando principalmente em relação à Alice.

– Alice, muito compreensiva, saberá entender os problemas daquele que ama. Você deve recordar-se que, outrora como Nádia, ela – Alice – já se sacrificara por ele. Trata-se de uma ótima pessoa. Krovienko ainda não se dá bem com ela porque se encontra preso ao amor ensandecido que o une a você.

– Em alguns momentos, cheguei mesmo a sentir ciúmes de Alice. Agora entendo o porquê.

– Lídia! Você começou a superar a doença amorosa. O que os une não é o amor verdadeiro, mas o desequilíbrio. Krovienko, porém, desconhece essa situação presentemente. Devemos agradecer a Deus por ele já haver caminhado muito.

– Tem razão, mamãe. Caminhamos muito desde a nossa última estadia na Sibéria. E Kriev? Qual foi a sua representação em nossas vidas?

– Ele foi o aliado de Malfia. Chamava-se Olivier, e Krovienko o assassinou. Todavia, seria você quem deveria tirar-lhe a vida. Agora ele veio dar vida àquele que tirou a sua. E quanto a você, foi e permaneceu atada a um homem não desejado e do qual queria se ver afastada.

– Tão afastada que cheguei ao limite de odiá-lo.

– Seus sentimentos não mudaram muito em relação a ele. Mas, enquanto esposa, cumpriu suas obrigações como pôde.

– É difícil mudar.

– Sabemos disso. Todos nós necessitamos de muito tempo, convívio e dedicação para as mudanças necessárias. Os sentimentos precisam ser trabalhados com perseverança, conforme nos ensinou Jesus. Se ainda não conseguimos amar nossos inimigos, pelo menos devemos respeitá-los como irmãos e, no futuro, aí sim, mudarmos os nossos sentimentos.

– Mamãe, muita coisa há por se fazer ainda.

– O importante é já estarmos no caminho. Temos a eternidade pela frente. Acho que por hoje basta.

– Sinto-me realmente cansada. Alguns sentimentos adormecidos afloraram em mim e me fatigaram.

– As lembranças possuem esse poder. Agora vamos. Repouse, procure ler um bom livro.

– Nesta colônia também fazem preces?

– Evidente! Não podemos viver sem o auxílio da prece. Às dezoito horas, sempre no salão central.

– Poderemos ir juntas?

– Sinto muito, Lídia, estarei ocupada. Atenderei alguns irmãos que chegarão esta noite.

– Quem são eles?

– Espíritos que acabaram de desencarnar e serão trazidos para começar suas recuperações. Dispomos de um pavilhão para cuidar deles. Enquanto estou aqui, faço o que me é possível. Você já está bem, pode se cuidar sozinha.

– Tem toda razão.

Fui para os meus aposentos recuperar minhas forças emocionais. Tudo era novo e, ao mesmo tempo, antigo, por já haver vivenciado tais situações. Recostei-me, tomei o Evangelho e comecei a lê-lo. Como sempre, balsamizou-me o coração. Suavemente, aos poucos, fui sentindo brando adormecimento.

Sonhei e vi, nitidamente, minhas ações anteriores. Por amor a Krovienko-Andropoulos, matei Malfia e Niculai, hoje Kripsia e seu filho César. Veio-me ao lume da razão, também, a rixa mortal pela posse de muitas terras, sempre envolvendo Krovienko. Dimitri Miskiv, outrora na personalidade de Washington, continuava manipulando pessoas e documentos para seus propósitos. Quanto a mim, vivenciei minha existência de acordo com a minha escolha: a reencarnação de Lídia fora totalmente planejada.

Lentamente fui despertando. Experimentava a sensação de me encontrar muito bem. Percebia claramente toda minha situação atual. Agradeci a extrema bondade de Deus e preparei-me para ir à prece coletiva.

Logo à entrada, um senhor moreno, com características feições russas, aguardava-me. Olhei-o atentamente e então reconheci-o. Fiquei tão feliz que o abracei efusivamente.

– Wladilovitch! É você mesmo?!

– Sim. Haveria eu de abandoná-la?

– Como meu Mentor, eu o proíbo! E ri, feliz.

– Mas até este momento nem ao menos a minha lembrança passou por esta cabecinha.

Corei como uma menina.

– É verdade.

– Ora, Lídia, não se culpe. As recordações regressarão aos poucos. Você está até bastante familiarizada com o passado recente.

– Sim, Wladilovitch. Estou contente. Podemos conversar?

– Naturalmente. Entremos para a prece e, mais tarde, conversaremos.

Minha alegria era indescritível. O salão, onde várias espíritos estavam reunidos, recendia agradável aroma de flores. As entidades ali encontradas, mesmo apesar das suas aflições, encontravam-se serenas. O equilíbrio e a paz permaneciam no ar.

Depois da leitura do Evangelho, foi proferida uma prece em louvor a Deus pelas graças recebidas. Eu era uma beneficiada. Todos somos, embora não valorizemos as mercês alcançadas.

A saída foi feita com o silêncio e o cuidado já observados noutras colônias.

– O trabalho, a estrutura, as atitudes são as mesmas das colônias da Sibéria. Em todo lugar é assim?

– Lídia, as leis de Deus são as mesmas em todo o Universo. A prece, a boa conduta, a moral elevada, o desejo de progresso são os mesmos em todos os lugares nos quais se trabalha em nome do Cristo. Diferem-se nalguns costumes, como os países da Terra. As características da Sibéria, quase sempre viva em neve, são diferentes das encontradas no Brasil, o qual vive em calor tropical.

– Nossa! Que diferença! Quase morri de tanto calor![1]

– *"Morrer"*? Que palavra mais descabida!

– É forma de expressão.

– Sei disso. Porém, como sabemos que a morte não existe, devemos então usar os termos corretamente: desencarnar, seria o adequado.

– No fundo, como encarnada, senti muito sua falta. As lições que você me passa são-me absolutamente úteis.

– Você as aprendeu muito bem, Sofia. Tanto que conseguiu superar as maiores dificuldades de sua existência. Transformar o amor doentio por Krovienko em amor maternal e conviver com o câncer disseminado em vários órgãos. Não é pouca coisa para uma encarnação.

– Cometi alguns deslizes. Acho até que falhei como mãe. Não para Bochenko, o qual me apoiou sempre, mas quanto a Krovienko...

– Novamente digo-lhe para não se culpar. Você se saiu bem. Krovienko, sabemos, também vem obtendo seus sucessos, embora com mais dificuldades.

1 O Espírito SOFIA tem razão. Sua cidade, UMBA, situada no Círculo Polar Ártico, possui um clima gélido, permanecendo com o seu solo congelado durante todo o ano. Sua amplitude térmica boreal anual é da ordem de 30ºC, i e, varia desde dezenas de graus abaixo de 0ºC – na verdade pode chegar a -55ºC no inverno, até poucos graus acima de 0ºC, no verão – algo parecido com +8 a +10ºC. Se a região amazônica brasileira possui uma temperatura média anual de +30ºC, com uma umidade relativa de 80%, então ela experimentou, por 27 anos seguidos, uma variação termal total de mais ou menos 65ºC!

– Ele não está sendo um bom marido.

– É claro que não. Ainda sente um mórbido amor por você. Contudo, pelo natural esquecimento no corpo físico, mais denso, procura esse amor em outra pessoa, a qual não é Alice, mas que também não poderia ser em você, pois seria incestuoso.

– Muito complicado.

– Porém explicável. Ele teve um bom lar. O Evangelho, ensinado com determinação e convicção, está lhe ajudando, embora presentemente não tenha consciência disso.

– Agora, mais do que nunca, tenho a mais completa e absoluta certeza: não existem aflições nem acasos que possam ser atribuídos a Deus.

– Sem dúvida. Tudo no universo caminha, prosseguindo, harmoniosamente, por mais queira o homem agir de forma contrária. Veja o ocorrido com ele e com Kripsia. Fora previsto que Krovienko devolver-lhe-ia as terras que Kripsia-Malfia tomara, de forma ilegal, de sua antiga Purascha. Agora, com o suor do próprio rosto, trabalha em benefício de uma exploradora. É óbvio que a moça prossegue agindo de má fé, assim como ele age com arrogância e desprezo; mas, aos olhos de Deus, Krovienko vem resgatando seus débitos.

– Para o mundo, assim como era para mim também, meu filho não passa de um *"coitado"*.

– Sim, mas apenas aparentemente. Porque com o propositado véu da matéria, o homem não se lembra do realizado no passado. E é claro: no futuro, ambos, tanto César como Kripsia deverão resgatar suas condutas atuais.

– É muito difícil aguentarmos as provas.

– Nada é fácil, sabemos; porém tudo é possível quando se tem boa vontade. Ademais, você escolheu parte de sua prova, a outra parte você aceitou inquestionavelmente.

– Não reclamei, Wladilovitch, apenas comentei as dificuldades.

– Quando o homem renascer confiante quanto aos desígnios divinos, não sofrerá mais, viverá em tranquilidade.

– Quão longe se encontra esse tempo?

– Não podemos precisá-lo ao certo, porquanto tudo dependerá do livre-arbítrio de cada ser humano. Todavia, observando a atual situação, percebemos ainda faltar muita boa intenção para essa mudança da humanidade. Para alguns poucos, a felicidade já chegou – olhe para si própria – enquanto para a grande maioria... Bem... – fez-se silêncio entre nós.

Depois de frugal refeição segui para meus aposentos. Já o meu mentor ainda tinha diferentes tarefas a cumprir.

Algumas semanas transcorreram, sem novidades. Minha rotina consistia em assistir aulas de Evangelho, de atendimento aos necessitados que chegavam à colônia, as preces e a conversação edificante com minha mãe.

Quando completados sessenta dias de minha chegada na colônia, minha mãe avisou-me de sua partida no dia seguinte. Diante da minha reação de espanto, explicou-me:

– Preciso ir, voltar para nossa terra natal. Lá deixei irmãos que necessitam do meu trabalho. Se não fosse isso, tenho ainda seu pai e seu irmão, bem como outros familiares para cuidar.

– Por que não se transfere para cá?

– Não posso, há muito, até o presente, a ser feito por lá.

Você quis vir para o Brasil – uma escolha pessoal –, portanto suas tarefas, até então, se encontram aqui, neste país. Wladilovitch estará com você. Ele é o seu responsável direto, enquanto eu somente participei na recepção.

– Lembro-me haver ocorrido fato idêntico quando doutra vez: você veio me recepcionar quando desencarnei na Sibéria.

– Tem toda razão. Acredito estar presa àquele país por tudo que nele conquistei. Sinto ser grande a minha dívida com ele, mas trabalharei para retribuir o muito recebido.

A despedida foi emocionada, sem contudo haver sido dolorosa. Entendíamos, ambas, as obrigações as quais cada uma deveria cumprir.

Surgido o momento por mim parecido adequado, falei com meu mentor sobre a possibilidade de irmos até a colônia Bandeirantes, em São Paulo – capital –, para visitarmos Adroaldo, o causador, ou melhor, o despertador da minha vinda para o Brasil. Depois, na volta, poderíamos dar uma passada para ver meus filhos.

– Lídia, temos sempre uma programação a se realizar. Na próxima semana seguirá, em tarefa de aprendizado, um grupo de trabalhadores para o Rio de Janeiro. Poderemos, então, ir com eles e esticarmos até à cidade desejada. Quanto a ver seus filhos, iremos aguardar mais algum tempo, pois você precisa estar mais fortalecida.

Confesso haver ficado um pouco decepcionada, entretanto aceitei de bom ânimo. Poder rever Adroaldo e assistir sua palestra, eram-me motivos bastante reconfortantes.

– Mas não se angustie. Seus filhos estão bem, dentro dos limites que lhes são próprios.

– Como assim?

– Estão lutando com suas dificuldades e com o meio que se lhes apresenta. Posso lhe informar estarem bem. Quando alcançar as condições para auxiliá-los, terá sua oportunidade.

– Graças a Deus! É tudo quanto aspiro: ajudá-los.

– Continue com seus estudos, suas orações, seu preparo. Sua hora chegará. Por fim, precisamos de toda mão-de-obra disponível, porém convenientemente aparelhada.

– Compreendo. Tomei conhecimento, em Comanon, quão importante é o sabermos ajudar.

– Então, aguarde!

Ah! Como era bom tornarmo-nos aptos! O contato com os espíritos bons só nos faz aprender coisas proveitosas, fecundantes, produtivas.

– Fico muito feliz por vê-la valorizar as coisas importantes da vida. Pareceu-me haver lido meus pensamentos.

– Wladilovitch, explique-me com maiores detalhes, como será minha trajetória.

– A princípio, como soube, continuará com seus estudos. Conforme o seu desempenho, poderá trabalhar aqui mesmo, atendendo aos necessitados, fazendo o serviço básico de triagem. Depois poderá, se desejar, ir para outros lugares com o intuito de novas experiências.

– Gostaria muito de trabalhar na colônia Bandeirantes, onde reside Adroaldo. Lembro-me de haver gostado muito do lugar quando lá estivemos, antes de reencarnar.

– Isso lhe será possível, todavia somente após cumprir as etapas planejadas para a presente colônia.

– Ficarei muito grata.

E com tantas atividades a me envolverem totalmente, o tempo passou celeremente.

Finalmente! O dia, tão ansiosamente esperado, chegou. Na sala de visitas, localizada defronte a da Administração Geral, reuniram-se cinco pessoas. Wladilovitch – o único conhecido –, apresentou-me aos demais, a saber: Carlos, o encarregado da pequena expedição, Matilde, Angelina e Custódio. Todos aprendizes, como eu, das tarefas redentoras do Evangelho.

– Ficamos felizes com a companhia de vocês, disse Carlos em tom ameno. Seguiremos para o Rio de Janeiro, nesta época de Carnaval, a fim de aprendermos muitas coisas, principalmente como ocorrem os desencarnes prematuros e os suicídios violentos.

– Para nós também é uma honra conhecer aspectos, ainda ignorados por nós, da vida do espírito. Lídia e eu lhes agradecemos a oportunidade. Wladilovitch, muito educado, sempre dizia aquilo que eu gostaria de expressar.

– Nossa estadia tem a previsão de uma semana, assim distribuída: dois dias antes do início da grande festa, três dias de muita *"folia"* e dois dias de rescaldo, ou seja, de análises profundas acerca das ocorrências. De modo que, encerrado o trabalho, retornaremos para casa, exceto vocês dois que seguirão em viagem para São Paulo.

– Isso mesmo, companheiro Carlos. Iremos, em primeiro lugar, visitar um amigo querido e, em seguida, assimilar conhecimentos da estrutura da colônia Bandeirantes. Talvez Lídia se estabeleça por lá.

– Que bela notícia! É reconfortante sabermos dos novos colaboradores predispostos aos serviços dignificantes.

Exultei! Seria maravilhoso seguir com uma caravana de serviços! O transporte nos aguardava, nossa viagem se iniciava.

Passamos por lugares muito densos, com nevoeiros espessos, mal se podendo visualizar o campo lá fora.

Como se tratava de uma expedição de estudos, o coletivo às vezes seguia lentamente para podermos perceber as movimentações dos *"guetos"* formados por espíritos de toda sorte e tipo. Alguns se amontoavam como ímãs, outros vagueavam como alienados, outros ainda gritavam e conversavam sozinhos. Ficamos impressionados! Carlos, porém, veio nos esclarecer:

– Este tipo de situação é encontrado em toda a atmosfera terrestre. São espíritos que desencarnaram sem o mínimo preparo sobre a vida espiritual. Permanecem arredios até para receber ajuda. Muitos companheiros de nossa colônia possuem parentes aqui, nestes vales. Só suas ações nas preces lhes dão a perseverança e o alento para continuar no socorro e alívio a estes.

– Lembro-me muito bem quando fui ver Andropoulos, quero dizer, Krovienko, ainda na Sibéria. Tão alienado estava de sua própria realidade que nem me percebeu.

As palavras saíram de minha boca como um desabafo.

– Todos nós temos entes amados a necessitar de muita ajuda.

– Concordo plenamente, Carlos. Também ainda nós. Estamos apenas engatinhando para nos sobrepor a esses vales. Se não nos vigiarmos, poderemos cair novamente em alienação.

– Sábias palavras, Wladilovitch.

E a expedição continuou o seu curso.

Para descansarmos e seguirmos mais rapidamente, subimos um pouco, saindo daquelas camadas grosseiras a nos envolver até então.

Encantei-me com a cidade do Rio de Janeiro. Muita alegria nas ruas, música, animação, grupos de pessoas cantarolando. Era mesmo uma festa!

– Lídia, não se empolgue. Esta é uma alegria ilusória. Repare detalhadamente na atmosfera a envolver a cidade.

– Wladilovitch, a alegria parece contagiante.

– Abstraia-se da alegria e observe.

Passei a verificar e constatei: em toda metrópole pairava uma nuvem escura, densa, penetrante, também, nos pensamentos das pessoas. No fundo, a alegria era só uma fachada.

– Perceba, Lídia, os sentimentos mais comuns são a desilusão, a frustração, a vingança. O Carnaval, com seu ritmo frenético, apenas desencadeia uma dissimulada satisfação contagiante nas pessoas. Esta ilusão desata reações embutidas no âmago da criatura, reações normalmente abafadas pelos preconceitos da sociedade.

– Nossa! Até eu me iludi!

– Eis um dos motivos pelos quais estamos aqui. Precisamos aprender o porquê dos homicídios e dos suicídios, muito mais frequentes nesta época. Somente com tais conhecimentos teremos condições de atender, adequadamente, os irmãos desavisados, desencarnados neste período momesco e sem quaisquer referências espirituais.

– É bastante complexo! Temos uma idéia errada do mundo no qual vivemos.

Matilde, assim como eu e os outros aprendizes, aparentava estar aflita com o escutado.

– Certo. E, para começar, ainda desconhecemos nossas próprias emoções, nossos sentimentos. Usamos uma festa externa a nós para nos defender e isso acaba por nos gerar muito mais aflição.

O instrutor Carlos falava pausadamente, ciente dos ensinamentos transmitidos. Era realmente um instrutor.

– Para ensinar é preciso conhecer.

Wladilovitch lera meus pensamentos.

A caravana de aprendizado seguia rigidamente sua programação. Ficaríamos hospedados no lar de Augustina. Era uma senhora muito boa, portando idade avançada, a qual sediava uma sala de sua casa para as reuniões evangélicas. Nesse lar funcionava um posto de atendimento aos necessitados e, também, aos viajantes como nós.

Soube, através de meu mentor, naquela mesma noite, depois das orações, que os espíritos superiores se utilizavam desses lares evangelizados para desenvolver tarefas aqui no plano terrestre. No Brasil vem sendo desenvolvido o *Espiritismo*, ou a doutrina dos espíritos. Esclarecedora dos homens, dá-lhes subsídios para o crescimento moral e espiritual. Com o seu advento, muito aumentou o número de lares cultuadores do Evangelho, propiciando um ambiente adequando para as tarefas dos espíritos socorristas.

Cada vez eu me entusiasmava mais. Estava adorando participar de excursão tão iluminadora. Como percebera noutra colônia, a organização era fundamental e funcionava em todos os lugares. O próprio Wladilovitch, meu mentor, profundo conhecedor dos problemas espirituais, adequava-se com humildade e bondade a cada situação.

Andávamos pela cidade e encontrávamos outras caravanas de trabalho. Todos, sempre, preocupados em atender da melhor forma os irmãos desorientados ou mesmo aqueles passando pelos processos desencarnatórios.

Em plena euforia, no domingo de Carnaval, uma jovem se debatia em seus conflitos íntimos num lugar afastado, no bairro carioca conhecido como Leme. O senhor Clério, instrutor encarregado da equipe que a assistia, recebeu-nos e, amigavelmente, esclareceu-nos: estamos tentando, através da mentora espiritual da jovem, demovê-la da angústia que a persegue há dois dias. Apaixonada por um rapaz do mesmo bairro, deixou-se envolver pelas carícias recebidas, entregando-se totalmente, antes de ontem, ao amor desenfreado que sentia.

Hoje, pela manhã, ficou sabendo que o rapaz é casado, possui dois filhos e vive muito bem com a esposa. O pior, para a jovem, foi o fato da própria esposa haver lhe contado, quando se encontraram na padaria e começaram a conversar.

A nossa adolescente, com apenas dezoito anos, moça criada no seio familiar, não suportou saber da felicidade alheia e, muito menos, ter sido enganada. Sentindo-se presentemente em absoluto desequilíbrio, por haver transformado o sentimento vivido em ódio, apenas pensa na vingança. Por outro lado, não pode enfrentar sua família. Em seus delírios, teme a gravidez, pois não se muniu de cuidados na noite de amor. Então decidiu: matará seu desafeto e depois a si mesma. A situação é essa.

Fiquei aturdida. Em tempos passados também sentira esse amor desenfreado. Internamente rezei para ela dar ouvidos à sua mentora, podendo evitar uma tragédia maior.

A pobre moça se debatia. O pensamento de estar grávida a estonteava. Nem sabia se isso poderia acontecer, porém, em sua mente, considerava-o um fato consumado. A revolta só fazia aumentar.

No meio da rua, num local deserto, chorava. Resolveu então se levantar e cumprir o plano determinado. Quando chegava em sua casa encontrou uma amiga. Esta, notando-a triste, começou a falar desenfreadamente, dizendo ser a vida difícil, não valendo a pena ser vivida e, se a amiga tivesse algum problema, resolvesse-o logo. Enfim, suas palavras provocaram-lhe um desgosto maior, aumentando não só a confusão mental como ainda mais o ódio pelo namorado.

Em casa, planejou os crimes. No dia seguinte, logo pela manhã, passaria no comércio e compraria veneno de rato. Faria um bolo, colocar-lhe-ia a peçonha e marcaria um encontro com o rapaz. Depois de tudo consumado, voltaria para casa, ela mesma comeria do bolo e pronto! Seria tudo muito fácil.

O senhor Clério orientava sua equipe no sentido de esperar a moça adormecer, a fim deles poderem agir mais diretamente. Deslocada do corpo físico, a jovem se encontraria em melhores condições de ouvi-los. Assim foi feito.

Como o nosso propósito era o do aprendizado mais geral, saímos para a rua. Mais à noite, regressaríamos para o desfecho da trama. Seríamos úteis nas vibrações, transmitindo bons pensamentos e energias também para os amigos espirituais envolvidos emocionalmente com nossa irmãzinha.

Encontramos pelas ruas muitos bêbados, infelizes consigo mesmos. Na tentativa de aplacar suas dificuldades, procuravam esquecê-las alcoolizando-se. Igualmente presenciamos acidentes variados acontecerem em questão de segundos e, igualmente, assassinatos intempestivos.

– Tudo pelo exagero e pela falta de amor-próprio, dizia-nos Carlos, em sábias explicações. Os desequilíbrios do sexo, confundidos com o amor, desenvolvem o ciúme, a intolerância, facilitando assim a ação dos pensamentos negativos, bloqueadores, todos, da ajuda do Alto.

– Tenho percebido, Carlos, a existência de irmãos trevosos ao lado dessas pessoas desequilibradas.

– É natural isso acontecer, Custódio. Chamamos, através dos pensamentos, as companhias ambicionadas por nós. A lei de afinidade atrai tanto os bons espíritos quanto os ignorantes, os maldosos, quanto os desajustados.

Voltamos, conforme combináramos, por volta da hora zero. Tudo se achava preparado. Nós todos, inclusive alguns irmãos surgidos somente à noite, formamos um círculo. Sintonizávamos no mesmo propósito, dando ao ambiente uma tranquilidade acolhedora para quem o adentrava. Era claro, pensei, que nossa companheirinha sentiria a totalidade das manifestações de carinho que havíamos lhe preparado.

Mais alguns minutos e eis Elvira entre nós. Deslocada pelo sono, parecia atordoada. Era minha primeira experiência dessa natureza e, por isso, procurei prestar a máxima atenção.

– Muito bem, Lídia. Com esta oportunidade de aprendizado poderemos utilizá-la em seus filhos quando voltarmos para casa.

– Seria maravilhoso.

Tudo transcorria em harmonia, menos os pensamentos de Elvira.

– O que acontece? Onde me encontro? Quem são vocês?

– Apenas seus amigos e desejamos ajudá-la.

Wladilovitch sussurrou em meus ouvidos que ela via unicamente sua mentora e Clério, o orientador do encontro.

– Não preciso de ajuda! Estou muito bem, minha decisão já foi tomada. Nada poderá me demover.

– Estamos empenhados tão só no seu bem. E antes da moça poder esboçar qualquer frase, a bondosa senhora continuou: temos acompanhado a sua trajetória desde o seu nascimento. Você sempre se comportou como boa moça, cumpridora dos seus deveres. Infelizmente, o amor lhe pegou desprevenida. Você se deixou envolver demasiadamente por sentimentos desequilibrados do passado, os quais poderiam ter sido evitados...

– Quem sabe da minha vida sou eu!

– Nossa intenção não é a de nos intrometer em suas decisões, mas exclusivamente o de alertá-la. Suas posições se encontram equivocadas. Você só perderá, cometendo um homicídio e um suicídio. Isso agravará seus sofrimentos para mais. Esqueça o ocorrido, perdoe. Siga seu caminho com alegria e bom ânimo. Procure atividades que movimentem seu pensamento para o bem.

– Cale-se! Não lhe dou o direito de falar assim comigo! Quem você pensa que é? Minha mãe?

– Já lhe disse, *"somente uma amiga com o desejo de lhe ajudar, alertar..."*.

– Também já lhe disse: *"não quero sua ajuda"*!

A moça houvera se determinado, enraizara-se com o mal. Seus pensamentos, em formatos escurecidos, semelhavam-se a tijolos, tão duros e pesados se nos apresentavam.

Vibrando, todos os companheiros emanavam-lhe muita luz, mas, infelizmente, Elvira não a assimilava, continuando envolta em suas próprias sombras.

O ódio era evidente. O desespero dominava seu corpo. Por mais bondade que Júnia lhe dedicasse, o efeito era assustador: Elvira piorava cada vez mais.

Por mais de trinta minutos a boa senhora tentou aliviar a dor de sua protegida. Tudo foi em vão.

Então Clério, com determinação, tocou o braço de Júnia, sendo logo entendido.

– Minha filha, tudo tentamos fazer a fim de aliviar suas dores. Nada mais podemos por ora. Sua vontade é absoluta. Você não quer dar uma chance a si mesma.

– Apenas quero me afastar deste lugar!

Imediatamente Elvira despertou em sua cama. Olhou para os lados, tentando encontrar alguém. Pensou rapidamente no sonho e deu de ombros. Era somente um sonho, ela não iria fraquejar.

Clério, nos momentos seguintes, exarou uma prece de agradecimento. Explicou-nos que, embora toda intolerância e aparente incompreensão, Elvira havia levado consigo, na inconsciência, as palavras de Júnia. No estado de vigília, a moça se lembraria não do encontro, mas dos conselhos e, quem sabe, poderia aproveitá-los. Haveria ainda essa possibilidade. Alguns companheiros continuariam vibrando por ela.

Enquanto voltávamos ao lar que nos acolhia, meus pensamentos regressavam ao meu próprio passado: também agira intempestivamente, a ninguém ouvindo quando cega de amor. Cometera muitos erros.

Passamos mais três dias na *"Cidade Maravilhosa"*[2], todavia não tão *"maravilhosa"* assim ao adentrarmos sua atmosfera psíquica. Despedimo-nos de todos antes de seguirmos viagem. Próxima parada: São Paulo. Estava ansiosíssima. As emoções do reencontro com antigos amigos e a lembrança dos tempos passados mexiam muito ainda com o meu equilíbrio interior.

• • • • • • • • • •

2 Tal apelido refere-se à música – marcha lançada oficialmente em outubro de 1.934, na cidade do RIO DE JANEIRO/RJ – em homenagem a esta, por ocasião da *"Festa da Mocidade"*, pelo seu compositor, ANDRÉ FILHO, a qual foi gravada pela cantora AURORA MIRANDA. É hoje o hino oficial daquela capital (NR).

– É preciso dominar a ansiedade, Lídia.

– Esta frase me é muito familiar. Tanto você quanto minha mãe a repetiram centenas de vezes para mim. Ainda não aprendi, como deveria, essa lição.

Meu querido mentor apenas esboçou um sorriso.

– Será, Wladilovitch, que eu poderia conservar o nome Sofia em vez de Lídia? Foi como Sofia que comecei minha caminhada para a redenção. Muito representa para mim.

Foi quando estávamos muito próximos da colônia Bandeirantes que fiz tal pedido, o coração parecendo saltar pela boca. Wladilovitch permaneceu calado por alguns instantes. Arrependi-me da solicitação, feita de maneira abrupta.

– Compreendo sua ligação com esse nome. De certa forma todos nós adotamos o que mais nos marcou. Assim foi comigo e também com Náquila, sua mãe. Não vejo motivos, então, para lhe dizer *"sim"* ou *"não"*. Quem decide e tem condições para isso é você, Sofia.

Agora sim, *"morreria"* de emoção! O quadro se apresentava completo.

– Também gosto muito dele.

– Você é o melhor mentor do mundo! E sem que me desse conta, dei um beijo, com extremado carinho, naquela entidade que muito, ou melhor, que tudo fazia para o meu engrandecimento.

O carinho foi correspondido com um fraternal abraço.

– Sabe, Sofia, fico muito feliz por estarmos em perfeita harmonia. Muitos companheiros não podem se confraternizar com seus protegidos, pois esses fogem das suas companhias.

– Ainda bem que somos amigos.

– Muito mais do que isso, somos verdadeiros irmãos.

Envolta em indescritível emoção, impossível de ser transcrita, foi assim que adentrei na colônia. Nela estivera quando da preparação de minha reencarnação como Lídia, há aproximadamente sessenta e tantos anos. Permanecera praticamente do mesmo jeito.

Dirigimo-nos prontamente ao prédio da Administração Geral. Wladilovitch se apresentou e falou dos nossos propósitos. Houvera, previamente, agendado com Adroaldo a nossa visita e, imediatamente, o solícito secretário mandou avisar ao anfitrião.

Sentamo-nos confortavelmente enquanto aguardávamos na sala de espera. Algumas pessoas entravam, outras saíam, todas sempre com algum trabalho predeterminado a ser executado. Ninguém permanecia sem ter o que fazer.

Depois de alguns minutos, surgiu na sala nosso bom amigo Adroaldo. Com a mesma fisionomia alegre, recebeu-nos com muita afabilidade:

– Pois então, Sofia, como se sente depois de todos esses anos de experiência na carne?

– Estou cada vez melhor. Com a ajuda dos amigos ficou mais fácil.

– Esta sim, é uma bela frase! Os amigos, principalmente os *"deste lado da vida"*, são os nossos esteios fortalecedores. Sem eles, vernos-ía-mos perdidos. E você, Wladilovitch, vejo que está radiante.

– Sinto-me bem, ademais quando minha companheira Sofia está bem.

– Então vamos visitar a colônia e, logo mais à noite, teremos uma palestra.

– Quem é o palestrante?

– Trata-se mais de um depoimento que propriamente duma palestra. Antenor, companheiro que está conosco a cerca de vinte anos. Tem trabalhado duro na sua reforma. Graças a Deus conseguiu superar muitas dificuldades. Como recebemos muitos novatos, ele mesmo se propôs falar-lhes de sua própria experiência, dando-lhes também o incentivo necessário para que continuem a boa caminhada.

– Muito bom. Iremos assisti-lo com muito prazer. Olhei para Wladilovitch, eram as palavras que queria dizer.

– Você também poderá falar, Sofia. Quero aproveitar a sua visita e pedir a gentileza do seu depoimento.

Gelei.

– Eu? Que tenho para dizer?

– Não seja modesta demais. Sua vivência é muito rica. Ademais, tanto quanto eu, você veio de outro país para se desenvolver aqui no Brasil. Foi preciso ter bastante coragem para mudar tão radicalmente como você conseguiu fazer. Lembre-se: falar das nossas práticas, das nossas provas, valorizando as oportunidades, significa desprendimento e amor com o próximo. É sempre um aprendizado.

– Creio que antes de responder, você deve considerar a oportunidade de servir – considerou Wladilovitch.

Pensei um pouco. Sabia que ambos estavam com razão. Mas tive medo. Afinal, falar em público sempre nos dá tremedeira.

– Sofia, você já aprendeu bastante. Não guarde os preciosos ensinamentos só para você, é preciso distribuí-los.

– Compreendo, Wladilovitch. Mas você, que fala melhor do que eu, poderia narrar os seus.

– É diferente, Sofia. Encontro-me noutra condição, pois você passou recentemente pelo que eles estão passando agora. Pense bem.

– Minha amiga, não é preciso decidir já. Aguardarei até o início dos trabalhos noturnos. Se você aceitar, anunciarei aos companheiros o próximo encontro. Caso não seja da sua vontade discursar, então encontraremos outras soluções.

Durante todo o dia de visita na colônia fiquei preocupada. Sentia necessidade, ante o dever, de colaborar, mas o medo era grande. Resolvi permanecer calada, apenas observando a movimentação.

Como nada acontece ao acaso, obtive a resposta, no começo da tarde, do que deveria fazer. Uma jovem, em torno de seus dezessete anos, encontrava-se absorta, numa cadeira de rodas, olhando para o espaço. Posicionara-se no jardim, tendo volvida a cabeça para uma fonte de imensa beleza. Porém, estava claro em seu olhar, a ausência do apreço à linda paisagem.

Enquanto meus companheiros de caminhada conversavam com o Administrador do Jardim, senti o impulso de me aproximar da moça.

– Olá! Como tem passado?

Ela me olhou. Nada, porém, respondeu-me.

– Linda fonte, você não acha?

– Ah! A fonte? Ah, sim! É muito bonita!

– Pareceu-me você não tê-la visto.

– Desculpe-me, senhora, pensava em minha infelicidade.

– Infelicidade? Será possível sentir tristeza num lugar como este?

– É claro que sim. É o que sinto. Perdi minha família, não tenho amigos, sou uma pobre coitada.

– Essa não. O que você não é mesmo é *"coitada"*. Imagine se você não estivesse aqui, se não recebesse carinho e atenção de outros! Pense: e se estivesse abandonada, perambulando pelas ruas? O que faria? Não teria passado pela sua imaginação, sequer por um instante, a existência de alguém sempre a velar por você? A moça olhou-me com estupefação. Simultaneamente, a ansiedade dançava em seus olhos.

– É preciso, minha menina, olhar a vida com otimismo. Aqui você tem tudo, inclusive família, pois, como filhos de Deus, somos todos irmãos. Sei o que experimenta. Já me senti assim. Mas deixe a alegria, a paz deste lugar penetrar em seu coração. Existem muitas coisam boas e você, simplesmente, não está se permitindo vivê-las. Quando nos abrimos para a vida, ela nos sorri. Tente!

A moça mudou de fisionomia, olhou-me nos olhos, e sorriu. Sorri também. E naquele instante, percebi, era imprescindível expressar o meu depoimento à noite. Tratava-se de uma oportunidade única a ser agarrada com intensidade. Também eu precisava aprender outras coisas.

– Vamos, Sofia, tomemos um lanche enquanto descansamos para o encontro de logo mais.

– Adroaldo, já tenho a sua resposta: falarei quando você quiser.

O nobre companheiro sorriu, abraçou-me e acrescentou:

– Feliz escolha, irmã, feliz escolha.

Senti que Wladilovitch também gostou da minha decisão. Sentia-me feliz; receosa, porém feliz. Sempre é uma oportunidade de trabalho.

Naquela noite assistimos à brilhante narração do companheiro Antenor. Falou sobre as dificuldades, os sofrimentos dos primeiros tempos pós-desencarnação, emocionou-se. O importante foi haver conseguido transmitir coragem, esperança e perseverança para a platéia.

– Temos aqui, esclareceu-nos Adroaldo, somente pequena parte de todos os ouvintes. Apenas cinquenta por cento dos novos internos participaram deste encontro.

– Por que só a metade?

– Muitos ainda não têm condições de assimilação, pois dormem ou se encontram, por sua vez, bastante perturbados; outros se acham em tarefas de recuperação; e mais outros não possuem coragem para ouvir palavras que de certa forma lhes impulsionarão ao trabalho de mudança interna.

– Não serão esses os mais necessitados?

– Sem dúvida, Sofia. Mas de forma alguma podemos coagir alguém a tomar sobre si responsabilidades presentemente não desejadas. O livre-arbítrio deve ser respeitado acima de tudo. É imprescindível também termos tolerância e paciência.

– Compreendo. Não obstante, a sensação de nos sentirmos bem conosco, faz com que desejemos ver todos viverem a mesma situação.

– Sei das suas nobres intenções. Porém, Sofia, mesmo para ajudar faz-se necessário saber discernir. Cada coisa no seu tempo certo.

Antes que pudesse responder algo, Antenor se aproximou de nós.

– Com licença, Adroaldo. Só queria saber como foi recebida minha preleção.

– Muito bem. Acredito haver sensibilizado a todos. Ninguém saiu indiferente, é isso que importa. Foram exemplos, incentivos para a reflexão. Vamos agora aguardar o tempo necessário a fim dos frutos aparecerem.

– Fico feliz em poder ajudar. Nunca pensei em me sentir tão bem.

– É sempre gratificante fazer o bem.

– Ah! Este é Wladilovitch, um companheiro de outras paragens, visitando-nos nesta semana. E esta é Sofia.

– Muito prazer. Agradeço suas palavras. Realmente me sinto gratificado.

– Antenor, nossa irmã Sofia falar-nos-á na próxima semana. Iremos recrutar outro grupo para as orientações.

– Estarei presente. Gosto muito de ouvir e aprender com outras experiências.

A conversa continuou por mais alguns breves momentos. Enquanto isso, os participantes se movimentavam. Alguns conversavam, outros choravam, outros ainda seguiam para seus aposentos.

Adroaldo foi chamado para resolver alguns problemas de ordem administrativa. O grupo se desfez, seguindo cada um para seu destino.

A semana foi rica em esclarecimentos, em trabalho, em conquistas, em novas amizades. Cada vez mais me sentia participante daquela colônia.

Iria conhecer as zonas purgatoriais das redondezas e seria essa minha segunda aventura em excursões de aprendizado. Basicamente, minha vivência no plano espiritual, até aquela data, fora somente no interior das colônias. Exceção feita à passagem pelo Rio de Janeiro, nada mais fazia parte do meu conhecimento duma vida mais bruta, vivida conforme a ignorância do bem, das leis imutáveis de Deus.

Antes de sair, agradeci a Deus haver encontrado um lar logo após meu desencarne.

Wladilovitch não iria comigo nessa visitação. Estava aproveitando a oportunidade para fazer um curso, importante para seu desenvolvimento, na área da Filosofia.

Segui então com Adroaldo, dirigente da pequena expedição; Maria, Beatriz, Evandro, Cássio, Augusto e nosso companheiro Antenor.

Fui apresentada a todos os desconhecidos. Era um grupo formado por futuros trabalhadores. Iriam integrar equipes socorristas no plano físico.

– Percebam tudo em nosso redor: a atmosfera, os caminhos, os próprios espíritos, os animais. Aproveitem também para perceber as variações climáticas e os aspectos insalubres das ditas moradias. Tudo nos serve como instrumento de aprendizado. Anotem em seus cadernos as questões impedidas de serem feitas no momento. Tão logo retornarmos, resolvê-las-emos todas, fixando melhor o exercitado.

Com a concordância geral, saímos.

A diferença se fez imensa logo imediatamente. Já na porta da colônia, sentimos o ar pesado, a falta de oxigênio, as dificuldades respiratórias.

– Formemos, com os pensamentos, uma couraça protetora. Irei ajudá-los de início para que, futuramente, possam-na fazer sozinhos.

Os lugares por onde transitávamos eram lúgubres, os raios solares não penetravam naquelas paragens. Vez ou outra avistávamos espíritos a correr não sabemos para onde, parecendo-nos fugitivos. Doutras vezes algumas aves enormes sobrevoavam nossas cabeças. A diversidade dos ambientes confundia minha mente. Anotava tudo. Nem nos piores lugares da Amazônia a atmosfera era tão densa. O frio fazia-se notar. Voltando-me para os companheiros, percebi: como eu, achavam-se ligeiramente assustados.

Em determinado trecho da caminhada, reparamos num bando de espíritos – cerca de vinte –, amontoados, em ruidosa gritaria. Paramos, sem a intenção de nos aproximarmos mais. Encontrávamo-nos aproximadamente a cinquenta metros da confusão e, mesmo assim, ouvíamos perfeitamente suas imprecações e podíamos avistar todos os acontecimentos: brigavam pela disputa de um punhado de terra.

Antes mesmo de alguém lhe perguntar, Adroaldo esclareceu:

– Brigam pelo ouro que, julgam, se encontra contido naquele punhado de terra. São capazes das piores atrocidades para terem a posse de algo ilusório. Suas mentes, perturbadas a este ponto, não mais distinguem a realidade. Desconhecem totalmente suas desencarnações.

– É muito triste estarmos diante de seres mais semelhantes aos animais – falou Maria, absorvida nas imagens visualizadas.

– O homem, enquanto não possui o objeto do seu desejo, torna-se tão ou mais violento do que as feras que apenas lutam pela sua sobrevivência.

– A ganância supera os limites. Também já fui assim. Augusto desabafava, fazendo uma catarse.

– Esta caminhada, Adroaldo, serve não só de aprendizado, mas, principalmente, para percebermos quem realmente somos. A comparação com esses irmãos desafortunados, encontrados pelo caminho, torna-se quase obrigatória. Não podemos fugir disso.

– Não diria *"comparação"*, Beatriz, apenas avistamos no outro aquilo que também se encontra dentro de nós num maior ou menor grau. Ao fazermos essa análise, crescemos, mesmo não vivenciando seus dramas.

Esclarecidos, continuamos nossa jornada.

Todos daquele grupo de estudos eram espíritos em processo de recuperação e aprendizado. Prosseguíamos ansiosos, porquanto qualquer detalhe era motivo de especulação. Adroaldo, sempre de boa vontade, atendia-nos de pronto.

Depois de algumas horas de caminhada, chegamos a uma casa enorme, de atendimento aos sofredores.

– Aqui funciona um Centro Espírita, uma casa de serviço no auxílio aos necessitados. Creio que todos já ouviram falar do Espiritismo.

O Espiritismo é uma doutrina codificada em meados do século passado, ditada pelos Espíritos superiores a Allan Kardec, na França, e tem por lema a lei universal de amor e caridade[3]. Começa a se difundir com maior rapidez aqui no Brasil. Quando voltarmos à colônia informar-lhes-ei com mais detalhes.

– Como ia dizendo, este Centro Espírita cuida de pessoas que necessitam do equilíbrio espiritual. Como está voltado para a recuperação da saúde, nele localizam-se muitos enfermos com problemas mentais.

– Quer dizer, Adroaldo, que os loucos podem ser curados pelo Espiritismo?

– Não é bem assim. Se já houver um distúrbio orgânico, isto é, uma lesão no cérebro, então não ficarão curados. A terapia dos passes[4] poderá levar-lhes alguma tranquilidade,

3 *Evangelho Segundo o Espiritismo, XV*; *Obras Póstumas, Segunda Parte*, p. 305. Ambos Ed. FEB. (NR).

4 *"Terapia dos passes"*. Trata-se da antiquíssima arte curativa de passar as mãos acima e ao longo do corpo do paciente, sem necessidade de tocá-lo. Tal ato possibilita a transferência de fluido vital ao paciente, logrando-se, assim, a obtenção da cura. JESUS CRISTO realizava seus ditos *"milagres"* desse modo. Seu estudo se constitui num dos mais importantes da Doutrina Espírita.

(*) À guisa de leve introdução ao tema, remetemos o leitor às leituras seguintes: *Introdução ao Estudo da Doutrina Espírita; XVI, 3 ("in" O Livro dos Espíritos; Ed. FEB)*; *Revista Espírita,*

porém permanecerão sempre com os seus problemas. Por outro lado, se a loucura for psíquica, qual seja, aquela cuja origem não reside numa lesão cerebral, então aí temos instalado um caso de obsessão e, poderão sim, ser curados, desde que haja um trabalho de parceria entre as partes envolvidas.

– Obsessão é a posse do corpo de alguém por um espírito, certo?

– Não exatamente, Maria. O que verdadeiramente ocorre é um processo de sintonia mental entre o encarnado e o desencarnado e de tal forma isso se dá, que o espírito desencarnado faz o que quer com o espírito encarnado, o qual, por sua vez, permite ser manipulado por se encontrar na culpa[5].

– Mas se esse encarnado não tem consciência disso, como pode se ajudar, não se deixar envolver?

1.859, p.285: "O Magnetismo Reconhecido pelo Poder Judiciário" (Ed. Edicel). Há ainda farta documentação de Kardec nas *Revistas Espíritas* de 1.862, p.364; 1.863, p.244; 1.864, p.5-8; 1.865, p.9, 109-112, 249-260; 1.867, p.178; 1.868, p.92 (todas da Ed. Edicel). Existem outras referências no *Livro dos Médiuns, §175 e 190*; e *Obras Póstumas, p.60, 52§* (ambos Ed. FEB).
(**) Interessantíssima, também, foi – e é – a Nota deixada por Kardec na última página do *Evangelho Segundo o Espiritismo (XXVIII, "Preces Espíritas")*. (NR)

5 Questão bastante delicada esta, contudo perfeitamente explicável quando passa a ser admitido o conceito de *"reencarnação"*, cuja finalidade é o aperfeiçoamento moral do ser – conforme o *O Evangelho Segundo o Espiritismo, XI, 13* –. Tal *"complexo de culpa"* encontra-se ínsito no ser reencarnante, devido às suas culpas anteriores das quais se arrepende em sua consciência moral. (NR)

– Pelo autotrabalho da Reforma Íntima, a qual tem como básicos os conhecimentos deixados por Jesus. *"Orai e vigiai"*, ensinou-nos Jesus[6], justamente para não sermos alvo das influências negativas, maléficas. A ajuda lhes chega, através de Centros como este, por meio do diálogo amoroso, tentativa visando apaziguar o desencarnado, a fim deste abandonar o subjugado, abrindo-lhes, então, as oportunidades de ambos crescerem moralmente. O encarnado, por sua vez, não prescinde também de se melhorar, esforçando-se por deixar de lado os maus pensamentos.

– Adroaldo, estimaria saber se é possível a um encarnado evocar um espírito desencarnado. Ouvi dizer, certa vez, que uma vizinha vivia atormentada pelo fato de não parar de chamar o falecido marido.

– Isso é perfeitamente natural. Em muitos casos, o desencarnado não consegue se desvencilhar da casa em que viveu por ser constantemente evocado. Diz-se, então, da obsessão do encarnado para o desencarnado. Evandro, torna-se imperioso o conhecimento, pelas pessoas, de tudo ser possível por intermédio do pensamento. Se orarmos pelo falecido, mas não ficarmos obsessivamente apegados a ele, estaremos lhe dando condições para seguir sua estrada evolutiva. É o que a Doutrina Espírita explica.

– Nossa, Adroaldo! São tantas as informações novas! Creio não poder dar conta de todas as perguntas.

6 Mt 26:41; Mc 14:38 (NR).

– Calma, Sofia. Tudo a seu tempo. Hoje veremos aqui uma sessão de desobsessão. Tudo se lhe tornará mais claro.

Essa conversa inteira se deu do lado de fora da imensa casa. Era dotada de um jardim bem cuidado, com muitas flores e alguns bancos para repouso. Quando adentramos pela porta da frente, um moço aparentando trinta anos nos recebeu:

– Boa tarde, senhor Adroaldo. Nosso superior o aguarda.

Seguimos nosso instrutor em silêncio, porém observando tudo que estava ao nosso redor.

Na sala contígua, numa escrivaninha, encontrava-se sentado um senhor de cabelos brancos. Denotava preocupação.

– Sejam bem-vindos, amigos. Levantou-se assim que nos viu, esticando sua mão para o cumprimento carinhoso.

– Como havíamos planejado, Sandoval, trouxe-lhe nossa pequena comitiva para o aprendizado. Entretanto poderemos servi-lo, se houver necessidade.

– Sempre há necessidade. Poderão nos auxiliar nos pensamentos positivos. Hoje teremos um caso grave. Permanecia aqui, justamente pensando, em como isolar a mãezinha, tão frágil, da jovem que receberá a influência magnética.

Fomos alojados com conforto naquela casa tão agradável. O resto da tarde passamo-la em conversas amenas com o grupo de Sandoval. Sua operosa Equipe era composta por médicos, enfermeiros, atendentes, ajudantes de toda ordem. Até mesmo o porteiro se tornava importante num trabalho como o que aqui se processava. Não percebi a presença de algum sentimento de superioridade ou inferioridade de um membro em relação ao outro; ao contrário, todos se sentiam partes essenciais do todo.

– Tudo deve funcionar da melhor maneira possível, a fim dos nossos irmãozinhos receberem a ajuda necessária, nem mais nem menos; isto é, na medida ideal, visando seu aproveitamento e desenvolvimento. Valiosa explicação de um dos tarefeiros.

Encontrava-me em profunda reflexão. Quanto aprendera desde o meu desencarne, na Sibéria, em 1.849! Quanto tempo perdido! Quantos conhecimentos desprezados pelo espírito despreocupado de seu crescimento moral! Bastante preso às paixões, aos sofrimentos, esses desenganos, graças a Deus, haviam sido superados por mim. Realmente eu me transformara numa outra Sofia. Quem me conheceu há muito tempo atrás talvez não me reconhecesse de imediato.

De repente, senti muitas saudades, principalmente de meu grande amor, hoje ainda reencarnado como Krovienko. Saudades de Elizabeth, minha estimada companheira inglesa, de tantos auxílios a mim prestados na vida pretérita; e também Constantino. Por onde andarão? Devo perguntar a Wladilovitch, ele poderá me informar.

Enquanto meus pensamentos iam longe, Adroaldo me chamou a atenção.

– É hora de concentração. As atividades desta noite vão começar.

Dediquei toda minha atenção ao ambiente. Centralizada em meus pensamentos não reparei na chegada de vários outros espíritos, inclusive Dráusio, o Mentor daquela casa espírita.

Nada nele revelava sua superioridade moral. Não obstante, dele emanavam luz, gentileza e carinho. Nada lhe era forçado ou involuntário. Calmo, expressão de felicidade, acomodava alguns mendigos, serenava mongolóides, cumprimentava tantos outros carrancudos, todos trazidos pela equipe espiritual, assessora técnica de todo trabalho no lado espiritual.

– São espíritos. Aqui vêm, sendo trazidos para tratamento, juntamente com seus acompanhados encarnados.

– Adroaldo, por que *"junto com os vivos"*?

Rimos da expressão inocente de Maria. *"Vivos"* também somos nós.

– Maria, é simples: os encarnados, pelos desequilíbrios apresentados, mantêm afinidades com espíritos de igual natureza – desequilibrados –, necessitando ambos de auxílio. Dessa feita, os portadores de doenças mentais vibram nas mesmas frequências das ondas mentais dos desajustados mentais deste lado da vida. Não é sem motivo, portanto, a visão de vocês sobre aqueles espíritos carrancudos, de expressões fechadas, a demonstrar os ódios embutidos nos corações. Pois bem, estes, na maioria das vezes, subjugam os desafetos. Desenvolvem, lentamente, uma loucura sem lesão inicial no cérebro. Eis a obsessão.

Quedamo-nos todos calados. O quadro era de molde a apresentar funda reflexão. Ao meu lado, sentou-se um jovem pertencente à equipe socorrista. Apresentava-se tranquilo, ciente do trabalho executado.

– Muitos relutam em chegar até aqui, porém vêm por causa de seus desafetos encarnados. Acompanham-lhes, a fim de protegerem suas presas para si.

– Este então é o motivo pelo qual se encontram aqui contrariamente às suas vontades?

– Sim. Somente porque seu desafeto aqui veio. Quando o encarnado se esforça na busca do socorro necessário, faz do desencarnado um alvo, tornando-o inseguro, desesperado em proteger aquele considerado o mote de sua vingança.

– Então ao procurarmos ajuda sempre estaremos, de certa forma, beneficiando estes irmãos também? – perguntei depois, após refletir.

– *"De certa forma"* não, irmã, estaremos ajudando mesmo, porquanto terão a oportunidade de conhecer o valor do bem.

Todos se aquietaram. A prece inicial ia ser feita.

Dráusio se postou ao lado do irmão encarnado, dirigente dos trabalhos. Tênue fio, porém bastante iluminado, ligava as mentes de ambos. As palavras proferidas pediram proteção, amparo, para todos que se encontravam no interior do salão e também agradeceram os benefícios a serem alcançados. Na assembléia, a paz se fez. Nenhum pensamento destoava da tranquilidade. Todos pensavam no mesmo propósito: serem curados de seus males. Somente os irmãos carrancudos não participavam da mesma alegria. Entretanto, fina névoa separava-os do resto do ambiente.

Os doentinhos encarnados desconheciam o real motivo e, por isso, mostravam-se alegres. Semelhavam-se às crianças envoltas em carinhos. Bonito, muito bonito, foi em que o quadro se transformou.

De imediato um dos irmãos infelizes começou a se manifestar. Levantou-se e, com muito ódio em seu olhar, falou, com relação a uma pessoa:

– Não quero! Absolutamente! Meu inimigo não deve ser tocado por vocês! Deixem-no! Ele pagará, até o último centavo, tudo do que fui vítima!.

Fiquei atônita! Acabava de reparar numa senhora da assembléia dos encarnados: ela falava, repetindo quase simultânea, e exatamente, os ditos deste senhor! Era fantástico! Como podia acontecer tal fenômeno?

Não devia perguntar. Ia, certamente, atrapalhar o andamento da terapia. Com ele conversava outro senhor encarnado, o qual se postara em frente da senhora comunicante.

O ódio era muito grande. Tão grande, a ponto de prejudicar fisicamente outra pessoa.

– Veja bem, companheiro: você, com todo seu desejo de vingança, está desequilibrando mentalmente o nosso irmão.

– Pois ele piorará, sabe? Irei enlouquecê-lo. Divirto-me muito quando o faço babar em plena via pública, cair, tropeçar nos próprios pés, gaguejar... É muito divertido, porque todo mundo ri dele. Vou torná-lo um debilóide.

– Você gostaria do mesmo ser-lhe feito?

– Ele prejudicou minha família! Roubou minha filha de apenas treze anos, fez tudo o que quis com ela e depois a devolveu! Minha menina ficou tão alucinada, assim como eu também, que acabei matando-a. Foi-me preferível vê-la morta do que contemplá-la como um trapo humano! Toda minha família sofreu com isso. Fui preso. Minha mulher e meus outros filhos condenaram-me ao cárcere. Que desgraça! Agora é a vez dele! E veja bem você: não estou fazendo nada com os filhos dele!

– Menos mau, meu companheiro, menos mau. A justiça só pertence a Deus. Ele pagará pelos erros cometidos, mesmo sem a sua interferência. Acalme-se.

– A justiça de Deus demora, nem sei se virá! Até agora ele teve tudo do bom e do melhor, nada de ruim lhe aconteceu até então.

– Deixe. Deus cuidará de cada um. Ele, com o Seu juízo infinitamente melhor em relação ao nosso, sabe exatamente do que merecemos. Quanto a você, cuide-se, prepare-se para poder ajudar sua família, principalmente sua filha.

– Minha filha? Poderei ajudá-la? Ela ainda precisa de mim?

– E muito, companheiro. Observe estes amigos ao seu lado e fale-lhes, conte-lhes, a fim de saber como poderá fazer para ajudá-la. Siga em paz.

Ufa! Que lição! Minha cabeça recheava de perguntas.

O trabalho continuou. Outros casos foram solucionados.

Na sala ao lado, inúmeros doentes do plano espiritual eram atendidos: ministravam-se-lhes passes e davam-se-lhes alguns remédios.

Quando tudo terminou, nosso grupo de estudos se reuniu para debater as experiências observadas, porém todos estávamos bastante impressionados com o caso relatado. Sobre esse, Dráusio nos esclareceu:

– O desafortunado Lourenço se encontrava martirizando a vida do desafeto encarnado há vinte anos. Ele e sua família foram vítimas do desequilíbrio humano, tão comum ainda em nossos meios. Não esqueceu o crime e resolveu fazer justiça com suas próprias mãos. Através do pensamento, sugeria ao outro toda espécie de escândalos, de situações vexatórias, de humilhações. Como a mente do encarnado se sentia culpada, mesmo não tendo perfeita consciência da culpa pretérita, então absorvia essas emanações mentais e se submetia aos caprichos de Lourenço.

– Mas isso é errado! – falei rapidamente.

– Sim, não retiramos de forma alguma os erros perpetrados por Márcio, mas Lourenço, por sua vez, não tem o direito de cercear a liberdade mental de ninguém. Márcio já vem sendo considerado um desequilibrado mental e, provavelmente, em breve iniciará um tratamento psiquiátrico. Sua família, vivendo esse desespero, recorreu, como última tentativa, a esta bendita casa. E claro, com o afastamento de Lourenço, Márcio poderá recuperar sua sanidade por nunca haver sido louco, dada a inexistência de qualquer lesão cerebral.

– Senhor Dráusio, permita-me perguntar – ousei –. Como aquele senhor, o interlocutor de Lourenço, pôde fazer isso? E como pôde saber da necessidade da filha?

– Boas questões, porém fáceis de serem respondidas. Houve aqui dois aspectos do fenômeno medianímico: a da mulher, cuja mediunidade de incorporação lhe dá a faculdade física de falar intermediando o espírito, e a do homem, possuidor das mediunidades de audiência e de clarividência, as quais lhe permitem ouvir e ver os espíritos.

– Quer dizer que ele podia nos ver?

– Nem sempre esses médiuns ouvem e vêem todos os eventos que ocorrem no ambiente de trabalho. A eles são falados e mostrados somente o necessário para a resolução dos casos patológicos. É preciso dedicação, muita vigilância e oração, a fim do trabalho não vir a sofrer contratempos.

– Sim, é preciso muita disciplina.

Tudo esclarecido em boa ordem racional, seguimos para os alojamentos. No dia seguinte, a tarefa continuaria.

Em meu leito, não conseguia parar de pensar. Novamente volvi às recordações de minha infância. Meu irmão, Ivan, fora um caso desses ou fora realmente um doente mental? Sem dúvida eu perguntaria aos superiores. A vida nos reserva muitas surpresas nos dois planos.

Nos dias seguintes, visitamos algumas das pessoas assistidas no Centro Espírita. O que vimos foi, duma parte, a melhoria dos pacientes, pois se encontravam mais calmos, dormindo com mais tranquilidade, conquanto doutra parte, nas residências da maioria, a desarmonia era uma constante: os familiares se desentendiam e muitos criticavam os enfermos com palavras ásperas, culpando-os pelas desavenças da casa.

Adroaldo a tudo nos explicava. Esses pensamentos negativos somente pioravam as situações não só dos adoentados como as de todos. Assistíamos, muitas vezes, irmãos desencarnados vampirizar alguns indivíduos dos lares.

Em alguns casos, as cenas testemunhadas eram grotescas, como se estivéssemos no meio da selva: animais famintos, ferozes, devorando suas presas.

– Assim é o homem, ainda ignorante dos malefícios dos próprios pensamentos.

Obtivéramos muito com tanto aprendizado, porém foi chegado o momento de volvermos à colônia espiritual. Despedimo-nos de todos e agradecemo-lhes o acolhimento, principalmente ao senhor Sandoval, o qual oferecera seu campo de trabalho aos nossos estudos.

Nosso retorno se deu rapidamente. Aproveitamos a viagem de volta num transporte coletivo, vindo para trazer alguns trabalhadores. Na ida presenciamos alguns fatos medianamente esclarecedores do mundo espiritual a nos cercar.

Chegados à colônia Bandeirantes, Wladilovitch me aguardava, sorridente.

– Espere só até eu lhe relatar meus novos conhecimentos, todas as experiências vividas! Uma lição e tanto! Também tenho algumas perguntas a fazer.

– Bem, desfrutamos de algum tempo de folga. Poderemos nos sentar num banco deste jardim e conversar.

Assim se deu. Relatei-lhe minuciosamente toda excursão. Wladilovitch escutava-me atento, embora, hoje compreendo, desses assuntos entendesse muito bem. Tinha para comigo tolerância e carinho.

– E agora quero saber: como se encontram as pessoas do meu círculo durante minha penúltima reencarnação ocorrida na Sibéria? E também sobre o caso de Ivan.

– Quanto às pessoas da Sibéria, algumas ainda se encontram reencarnadas, como é o caso de Dimitri, a família Grinspy e Helga, a enfermeira.

– Não querendo abusar de sua benevolência, onde se localiza minha grata amiga Elizabeth, companheira de Sofia naquela reencarnação?

– Elizabeth reencarnou como Helga. Como bem se recorda, conviveu com Lídia na adolescência desta. Sempre esteve, vamos dizer, *"pajeando"* sua companheira.

– Como sou tola! Nem percebi!

– Claro. No planejamento reencarnatório é feito todo um esforço a favor do esquecimento. Caso contrário, onde localizaríamos o mérito moral?

– Sim, recordo-me bem dessas lições. Continue, por favor.

– Bem, Dimitri – Washington na reencarnação anterior – continua fazendo toda espécie de falcatruas para conseguir obter mais terras. Presentemente, tomou posse de todos os pertences da família Grinspy. Rinha está muito doente, pois vê os abusos do marido e nada pode fazer. Abate-se profundamente. Ambos possuem um rebento, nominado Bóris, o qual anteriormente fora Niculai, filho assassinado pelo próprio Washington para se apossar das terras. Hoje, Bóris não fala – reencarnou como paralítico em consequência dos tiros levados –, porém nutre um ódio avassalador por Dimitri. Assim, quando este morrer deixará como legado as terras roubadas anteriormente.

– E Tífia, o que aconteceu com ela?

– Tífia era médium. Intuía muitas coisas, mas não se achava provida do discernimento necessário para conversar com as pessoas. Por esse motivo foi considerada louca, feiticeira e vivia sozinha.

– As pessoas tinham medo dela.

– Sofia, as pessoas temendo tudo que lhes seja desconhecido, não podem se dominar.

– E Ivan?

– Ivan foi um doente mental com afecções patológicas sérias no órgão principal do encéfalo, o cérebro. Achava-se, portanto, dotado duma lesão impeditiva de se manifestar como um ser humano normal. Tal lesão fora causada muitos séculos antes por si próprio, quando usava as pessoas como fantoches em suas mãos. Fora seu pai, em 1.400[7], quando sua mãe Náquila foi arrematada por ele, como pagamento de um jogo, como escrava que já era. Lembra-se?

– Sim, essa história se encontra bastante viva em minha memória.

– Abandonou-as – Náquila e você – à própria sorte. Saía pelos povoados recrutando pessoas para suas exibições públicas. Ganhava muito dinheiro trabalhando com a mente alheia. Era dotado de uma mentalidade hipnótica, ou seja, sua mente era dotada do poder de escravizar as mentes dos indigentes que para ele passavam a trabalhar. Tais pessoas se tornavam verdadeiras *"bestas humanas"*, mas com a diferença de nem ao menos poderem exercer a liberdade de comer quando sentiam fome.

7 Conforme o livro anterior, *"Sibéria, berço da Renovação"*, P.306; 1ª Ed. CEAC; 2.008; Bauru/SP. (NR)

– Nossa! Que horror! Então esse foi o motivo pelo qual reencarnou com sua liberdade mental cerceada?

– Sim. A justiça de Deus pode tardar, mas nunca falha. Sua mãe o acolheu com extremo amor e conseguiu lhe dar a oportunidade da reabilitação. Hoje, ela ainda cuida dele na colônia Comanon, na qual você também já permaneceu.

– Ele ainda conserva seus problemas mentais?

– Sim. Seu perispírito vai aos poucos se recuperando, porém necessitará ainda de pelo menos duas reencarnações problemáticas para se restaurar definitivamente. Isso se ele fizer a parte que lhe compete.

– Torna-se necessário pensar muito em nossas atitudes a fim de não nos precipitarmos em erros gigantescos.

– Só através do aprendizado, do amor, da perseverança, teremos possibilidades para conseguirmos superar nossas deficiências.

– Conte-me o que você andou fazendo em minha ausência.

– Fiz um curso rápido de Filosofia para ir me acostumando com os termos que precisarei em breve. No curso, reencontrei um velho amigo. Quero que você o reveja qualquer hora.

– Será um prazer conhecer um amigo seu.

Wladilovitch sorriu. Pareceu-me desejar dizer algo, porém calou-se. A conversa se encerrara. Saímos do jardim para darmos continuidade à vida. De minha parte, estava muito satisfeita, principalmente porque as coisas caminham, mesmo sem sabermos, sob os *"olhares"* atentos de Deus.

Não poucos lugares da colônia davam-me prazer, especialmente uma fonte, situada numa colina rodeada por escadarias e jardins magníficos. Havendo disponibilidade de tempo, sempre rumava para lá. Desfrutava, naquelas ocasiões, de uma grande tranquilidade. Lia, meditava e, às vezes, conversava com um e outro refugiado, como eu, naquela pequena elevação.

Pois foi nela, dois dias depois, que me encontrava sentada, lendo – melhor seria dizer *"estudando"* – o Evangelho. Lia-o atentamente, uma vez que se tratava d'*O Evangelho Segundo o Espiritismo*, o qual me explicava algumas passagens duvidosas para o meu entendimento até então[8]. Adroaldo, meu mentor, bem como mais alguns outros companheiros de jornada, ensinaram-me a conhecer Jesus e seus exemplos, porém esse livro dizia mais. Era como se eu o explicasse para mim mesma, tal a sua impressionante racionalidade.

Foi nesse clima de alheamento total que um rapaz se aproximou de mim. Aparentava uns quarenta anos,

8 *"Muitos pontos dos Evangelhos, da Bíblia e dos autores sacros são, em geral, ininteligíveis, parecendo alguns até disparatados por falta da chave que faculte se lhes apreenda o verdadeiro sentido. Essa chave se encontra completa no Espiritismo, como já o puderam reconhecer os que o têm estudado seriamente e como todos, mais tarde, ainda melhor o reconhecerão."* (O Evangelho Segundo o Espiritismo, Introdução, P. 23, §1. 55ª Ed. FEB).

(*) Tradução da 3ª edição francesa, ou seja, daquela que foi revista, aumentada e completamente refundida por ALLAN KARDEC (*Révue Spirite*, 1.865, P.356) (NR).

talvez trinta e cinco; olhando melhor, trinta anos. Pele clara, cabelos castanhos claros, corpo espadaúdo, olhar calmo. Não me assustei. Pelo contrário, aquela imagem me causou enorme alegria.

– Com licença. Posso sentar-me a seu lado?

– Como não?

– Meu nome é André. Como tem passado, Sofia?

– Como sabe meu nome, André?

Ele sorriu suavemente e respondeu:

– Já nos conhecemos. Quando soube, através de seu mentor, da sua estadia aqui, desejei muito revê-la.

– Wladilovitch falou de mim para você?

– Sim, quando participávamos do mesmo curso, na semana passada. Somos velhos amigos...

– Estou surpresa! O que ele falou de mim?

– Ora, não fique preocupada... Somente lembrou-me de você. Como você e eu tivemos uma vivência em comum, sempre lhe perguntava sobre você quando nos reencontrávamos. Desta feita, ele teve a gentileza de dar-me notícias sem eu lhe haver indagado.

– E de onde nos conhecemos?

– De uma região localizada na França, no século VII. Frequentávamos a mesma seita. Nasceu entre nós uma grande amizade, pois eu era um rapaz solitário, vivendo apenas do trabalho para a seita. Você era uma pessoa alegre, cativante, vivia rodeada de amigos, sempre afável com todos.

– Perdoe-me, gostaria de perguntar: tivemos algum "*caso*"? Eu estava apavorada! Só o fato de pensar que poderia ter tido um caso amoroso com muitos homens me deixava trêmula. Bem sabia: em meu passado as paixões eram extremas em mim.

Ele sorriu.

– Oh! Não! Éramos apenas bons amigos. Você me tratava muito bem, sabedora da minha solidão, da minha carência de companhia. Somente isso. Não há motivos para preocupações, você mesma deverá lembrar-se dessa vivência.

– Creio que poderei fazê-lo com um pouco de esforço.

– Vou deixá-la a sós. Será melhor para os seus pensamentos a solidão, a reflexão. Se me der permissão, então, regressarei amanhã, no mesmo horário, para conversarmos mais, trocarmos experiências e, quem sabe, trabalharmos juntos no futuro.

– Seria ótimo.

Não sei porque respondi afirmativamente. O impulso viera direto do coração, o qual parecia querer um bem enorme àquele rapaz.

Passei o resto da tarde e da noite pensando em André. Quando tornei a encontrar Wladilovitch, este apenas me confirmou a antiga amizade feita com André. Nem uma palavra sobre o meu passado. Eu mesma descobriria, pois, afinal, possuía estudo e discernimento. Bastava-me só começar a trabalhar com a própria memória.

– E se eu me apavorar?

– Nada há para se apavorar. Ademais, isso seria uma grande insensatez diante de tudo quanto o mais já foi aprendido.

Ele tinha razão. Eu não poderia ficar debaixo de suas asas por toda a eternidade. Alguma coisa de mim, algum esforço próprio, teria que fazer, mais cedo ou mais tarde. Eis então, aqui, uma boa oportunidade para começar. Não podia me esquecer também que o encontro daquele tarde fora proposital. *"O acaso não existe"*, milhares de vezes já ouvira essa frase. Sofia, mãos à obra!

Despertei no dia seguinte com tudo na cabeça. A noite houvera sido ótima conselheira. Lembrei-me totalmente da história vivida no século VII. André, realmente, era muito caro ao meu coração. Nenhuma faísca de paixão existira entre nós e, pela primeira vez, senti que seria capaz de amar alguém fraternalmente. Arrepiei-me de emoção. Não existindo o mero acaso, então precisava saber, pois, até o momento, só houvera descoberto em mim sentimentos não muito nobres.

Dedicáramo-nos a uma experiência e tanto! Vivêramos em catacumbas, cultuáramos a mente, e procuráramos desvendar mistérios capazes de enfeitiçarem a nós mesmos e também a outros. Naqueles idos, eu vivia com um rapaz que, para espanto meu, não era Krovienko, minha grande paixão: tratava-se de Arthur Sell, meu antigo marido Constantino. Naquela época, eu já o traía em pensamento e em carícias com outros homens, agindo como uma *"cortesã"*. Porém não consumei, na carne, as traições mentais, como o faria posteriormente.

Em André, pela sua meiguice, pelo carinho a mim transmitido, sentia como se ele fosse meu irmão mais novo. Era bom possuir esse tipo de sentimento, desinteressado, amigo. Consequentemente, encontrava-me ansiosa para revê-lo, desejosa por narrar-lhe tudo do que me lembrava. Tornara-se importante para mim reatar aquele contato.

À tarde, na hora marcada, lá estávamos nós, um em frente ao outro. Abraçamo-nos como irmãos, o carinho brotando como antigamente. Permanecemos horas sentados no banco do jardim. Ao fundo, o ritmado som do cair das águas na fonte cristalina, no peito uma alegria imensa. Nem percebemos que a noite chegara.

Quando me encontrei sozinha em meus aposentos, agradeci a Deus e percebi que só esse encontro valera por toda minha estadia na colônia Bandeirantes. Que dizer, então, de tudo o mais que recebi, que aprendi? Só as bênçãos de Deus, Seu amor infinito, poderiam propiciar a alguém uma oportunidade tão rica.

Nos dias que se seguiram, encontrei-me com André todas as tardes. Tínhamos muito a conversar. Por meu lado, contava-lhe minhas experiências, meus receios, minhas dúvidas. Ele contava as suas oportunidades. André se achava bem avançado, preparando-se para assumir tarefas importantíssimas. Em breve, sua protegida, ou melhor, sua pupila, renasceria. Ele precisaria cuidar dela.

– André, Adroaldo marcou para depois de amanhã o meu depoimento aos espíritos recém-começados a sair de suas perturbações. Percebo-me bastante preocupada, não sabendo o que escolher para lhes dizer.

– Diga-lhes somente a verdade. Fale de seus reais sentimentos. Nada poderá dar errado quando os propósitos são verdadeiros.

– Poderei engasgar-me, o medo nos atrapalha.

– Se você se engasgar, recomece. Ninguém irá condená-la por isso. O que vai ser analisado, o que realmente ficará na mente desses espíritos, será o seu exemplo, a sua força de vontade, a sua disposição para a mudança. Nada melhor, senão isso, para estimular um espírito magoado, triste, acabrunhado.

– Você tem razão, as palavras nos animam. Veja agora mesmo: o seu falar me trouxe tranquilidade, a esperança de fazer o melhor regressou ao meu coração.

– Pois é para isso que servem os amigos.

André tinha toda razão. Se eu estava sentindo os efeitos de seu apoio, por que outros não sentiriam o meu? Adentrei em meus aposentos e tracei as linhas gerais da minha pequena palestra.

Muitas coisas precisavam ser ditas. Depois de concluída a tarefa teórica, pensei: eu já estava na colônia como trabalhadora e nem tinha me dado conta disso! Não se tratava mais de uma simples visita, estava sentindo-me em casa. Era maravilhoso poder estar ali! Novas perspectivas se abriam para mim.

No dia seguinte, bem cedo, fui procurar Wladilovitch. Encontrei-o conversando com Adroaldo e André no saguão do prédio principal. Meu primeiro pensamento foi o de fazer meia-volta e falar com ele mais tarde, porém fui avistada.

– Onde vai, sem ao menos falar conosco?

– Desculpem-me, fiquei encabulada em poder vir a atrapalhar a conversa entre vocês.

– Não se faça de rogada, você é sempre bem-vinda em nosso meio.

– É fácil falar, mas quando nos deparamos com uma roda de mentores conversando, nós, simples mortais, ficamos embaraçados.

Todos riram. Senti minhas faces corarem.

– Somos todos irmãos perante Deus, Sofia. O que aconteceu foi termos seguido o caminho da escola sem faltar às aulas e chegamos antes, somente isso.

– Eu entendo, Adroaldo.

– Bem, minha querida, alguma coisa que podemos ajudar?

– Estive pensando, Wladilovitch... Seria possível eu estabelecer moradia definitiva aqui, na colônia Bandeirantes? É claro: antes resolveria todas as dificuldades na Amazônia.

Todos me olharam. Fiquei mais ruborizada ainda. Teria dito alguma asneira?

– Seria um enorme prazer tê-la conosco! Falou imediatamente Adroaldo. André concordou. Wladilovitch, no entanto, mostrou-se cauteloso:

– Acredito seja possível, Sofia, no entanto muito trabalho ainda deve ser feito lá no Amazonas.

– Sim, não esqueceria meus filhos.

– Não somente eles, mas também Kripsia, César e Arthur Sell. Eles estão aqui porque você os trouxe. Não se esqueça: sua presença no Brasil foi uma prioridade sua e, claro, com a anuência dos maiores; mas, sua responsabilidade perante aqueles não é pequena.

– Estou de pleno acordo. Digo *"vir para cá"* apenas quando houver deixado tudo em ordem, quando esses irmãos estiverem em melhores condições.

– Sendo assim, estudaremos seu pedido.

Fiquei muito contente.

A conversa continuou. Algumas questões foram levantadas a cerca da situação do nosso país atual. Por mais ou menos uma hora ficamos a debater tão rico assunto. Quando nos dispersamos, apresentei-me no trabalho da irmã Flávia, onde estava escalada. Tratava-se de acolher as crianças, principalmente as recém-nascidas rejeitadas por suas mães carnais.

Flávia produzia um trabalho magnífico. As crianças que encontrei não haviam sido abortadas, mas sim assassinadas por suas genitoras em estados perturbadores, desequilibradas mentais que tiveram seus problemas agravados no estado puerperal[9].

– Irmã, essas mães cometeram esses crimes sem arrependimento?

– Sofia, quando elas se tornaram criminosas, geralmente acharam-se passando sob forte influência perturbacional: problemas psíquicos afloraram nessa época, e isso justamente porque a maternidade traz mudanças profundas no organismo da mulher.

9 Período pós-parto ou periodo sobreparto. Em Medicina tais problemas são denominados como *"depressão pós-parto ('postpartum blue')"*, ou *"síndrome de tristeza pós-parto"*, ou *"disforia pós-parto"*. Os casos mais graves são diagnosticados como *"psicose puerperal"* e *"síndrome depressiva crônica"* (NR).

– Verifiquei com Adroaldo, na semana passada, uma casa de auxílio que recebe doentes mentais. Às vezes são espíritos vingativos a maltratarem os cérebros dos encarnados, provocando a loucura.

– Temos também aqui crianças-espíritos que odeiam suas mães. O ódio muitas vezes é tão grande, a ponto de acabar desequilibrando o estado emocional da grávida. E como nunca existe um só lado nessa relação, a gestante também acaba odiando o filho que carrega dentro de si. Surgida então a primeira oportunidade, acaba por dar fim àquele, causador de qualquer desconforto.

– Nossa! Cada vez que verifico os casos de dificuldades entre os espíritos, sejam eles encarnados ou desencarnados, reconheço ser muito difícil o convívio entre as pessoas.

– Nossos superiores nos orientam que viver em sociedade é uma lei divina. É preciso aprender a conviver e, para isso, precisamos vencer o orgulho e o egoísmo.

– Não a conheço em profundidade, mas estudei sobre a facilidade de convivermos com fraternidade. Quando estiver com meu mentor perguntar-lhe-ei sobre essa lei.

– Ela está descrita em '*O Livro dos Espíritos*[10], fundamento filosófico do *Espiritismo*[11].

10 Vide a Terceira Parte; VII; *O Livro dos Espíritos* (NR).

11 Eis sua brevíssima definição: *"Diremos, pois, que a doutrina espírita, ou o Espiritismo, tem por princípio as relações do mundo material com os Espíritos, ou seres do mundo invisível. Os adeptos do Espiritismo serão os espíritas, ou, se quiserem, os espiritistas"* [*"in"* Introdução ao Estudo da Doutrina Espírita, §1, d'*O Livro dos Espíritos*] (NR).

– Ah! Sim. É mais uma matéria a ser estudada.

– É indispensável o estudo dessa obra, considerando o seu alcance. Só assim poderemos entender as relações entre nós, os desencarnados e aqueles que ainda se encontram encarnados.

Era empolgante estar ali com Flávia. Além dos seus exemplos práticos – tão próximos a ponto de poder tocá-los –, recebia também informação intelectual. Nossa irmã continuou:

– Temos também, Sofia, casos de obsessões, nos quais um terceiro espírito não deseja o nascimento do espírito reencarnante. Pode acontecer da mãe não ser a peça do desagravo, todavia se torna alvo fácil de ser manipulado quando permanece mentalmente frágil por não procurar a oração e a vigilância. Veja esta criança.

Flávia aproximou-se de um menino aparentando uns dias de vida. Então contou-me:

– Ele renasceu no lar de Marinalva, mulher decente que aceitou recebê-lo em seus braços com as bênçãos de Deus, nosso Pai. Ela era uma conhecida distante do reencarnante, porém esse espírito tinha o espírito Astrogildo, desencarnado, por desafeto, o qual não desejava de forma alguma a reencarnação do pequenino João. Por conseguinte, tudo fez para tornar a gravidez de Marinalva insuportável. A mulher, no entanto, embora portadora de problemas físicos, aguentou, com a ajuda dos familiares, até o fim da gravidez. Quando João nasceu, Astrogildo, tendo seu ódio aumentado, investiu bem mais vivamente contra Marinalva, tornada seu alvo também, porquanto permitira o nascimento de seu desafeto. Como no período sobreparto a mulher fica muito sensível, podendo advir problemas psicológicos, isso foi aproveitado por Astrogildo que, sem piedade, maltratou mentalmente a pobre mulher. Marinalva, por seu lado, deixou-se levar. Fraca, pois sem oração e não cuidando de seus maus pensamentos, tornou-se-lhe presa fácil. Vinte dias após seu nascimento, a mãe assassinou, por asfixia, seu filho João.

– E quais são as condições atuais de Marinalva?

– Desde o ocorrido, há um ano, a criança aqui dorme. Mas sua genitora, transcorridos apenas alguns dias, despertou do transe perturbador e precipitou-se no desespero, dele não se recuperando até hoje. Tornou-se uma alienada mental, vivendo entre as trevas espirituais e a realidade da vida física.

– E quanto a Astrogildo?

– Como conseguiu o que queria, está satisfeito em seu canto, aguardando a saída de João daqui.

– Quer dizer que ele continua vigiando esta pobre criança?

– Não o vigia diretamente, mas aguarda sua saída. Quando se encontrar solto, com certeza Astrogildo colocará todo seu ódio sobre ele.

– E como será possível tal soltura?

– João passará por um longo processo de restabelecimento de seu perispírito e de sua memória, sendo preparado para continuar sua vida. Porém, como o livre-arbítrio impera soberano, e naquele tempo ele prefira ajustar contas com Astrogildo, nesse caso não poderemos impedi-lo.

– Terá sido o nosso, então, um trabalho perdido?

– Não achamos seja um trabalho perdido, pois sempre fica a semente da orientação, do bem. Um dia ele fará sua opção.

– É preciso sempre saber esperar.

– Exatamente, Sofia. Nosso trabalho é constante, porém as respostas não são imediatas, havendo sempre uma longa espera. Realmente importa-nos fazer o melhor possível com amor, passando as bases morais das leis de Deus.

Mais lições para minha vida. Com isso fui ocupando meu dia e, na medida em que continuava a trabalhar, minha alegria ia aumentando. Meu bem-estar vinha a ser geral.

A espera tivera fim. Chegou a hora de minha exposição. Uma hora antes eu já me encontrava no salão. Aos poucos, os espíritos iam chegando. Wladilovitch, André e Adroaldo estavam comigo. Não me encontrava nervosa, simplesmente emocionada.

Dez minutos antes do início adentrou, no recinto, Claúdio, o coordenador geral. Ele faria a abertura. Cumprimentou-me calorosamente. Esse gesto afetuoso representou a acolhida final.

Para minha surpresa, o salão estava cheio, praticamente os duzentos lugares estavam ocupados. Muitos dos presentes eram fisionomias conhecidas do refeitório, dos trabalhos, das reuniões de prece etc.

– Queridos irmãos, boa noite. Reunidos em nome de Jesus, damos início às nossas atividades, lembrando que, por mais difíceis sejam os nossos problemas, todos possuem solução, bastando-nos ter fé, coragem e confiança. Nesta noite, nossa companheira Sofia falar-nos-á sobre sua experiência de vida. Ela se encontra de passagem pela nossa colônia. Contudo, antes de passar a palavra à nossa expositora, convido Adroaldo para a prece de abertura.

– Seja feita a vontade de Deus, nosso Pai, por todo o sempre.

Queridos companheiros! Em nossas preces, sejam particulares ou públicas, um único pedido nos toma o pensamento: o da perseverança. Que Deus possa nos fortalecer, a fim de não esmorecermos em meio ao caminho, não obstante possa vir a ser uma jornada lenta, porém firme, determinada. A nossa vontade, por vezes, Senhor, nos puxa para o desespero, para o desequilíbrio, para a fraqueza. Confiamos em Vós, Pai, para continuarmos. Sabemos que, se quisermos, conseguiremos, pois nunca nos encontramos abandonados, sempre dispondo do Vosso olhar de extremo amor a nos abençoar. Senhor! Que saibamos valorizar esse ato de misericórdia para nosso desenvolvimento como filhos vossos que somos.

Com essa comovida prece, levantei-me. Senti a confiança em Jesus aumentar. Ele fora o grande motivo pelo qual eu crescera, e isso eu passaria aos meus amigos.

– Irmãos em Deus, boa noite. Enquanto me levantava, lembrei-me de um sonho ocorrido há muitos anos atrás, quando me vi diante de uma intensa luz: Jesus me chamava. Isso foi tão forte que mudou minha vida. Hoje, graças a ele, encontro-me feliz e fortalecida pela possibilidade de lhes falar.

– Minha amiga – atualmente encarnada –, Elizabeth, e Adroaldo, desencarnado – este, numa de suas visitas à Sibéria –, falaram-me com grande entusiasmo sobre os exemplos de Jesus. Sou de lá, duma região inóspita ao leste da Rússia. E tanto impacto me causaram os exemplos de Jesus vivenciados por Adroaldo, que resolvi, com a ajuda dos mentores, residir no Brasil.

Percebi que muitos ficaram impressionados com a minha procedência de um lugar tão distante.

– Que faria eu num lugar longínquo, milhares de quilômetros de minha casa? Pois bem: hoje, irmãos, não me sinto mais enraizada num lugar determinado, sinto-me cidadã da casa de Deus quaisquer sejam os lugares onde me encontre. É maravilhoso poder aprender, crescer, conviver com espíritos iguais a mim, com as mesmas dificuldades, com os mesmos erros, com os mesmos sentimentos. Tenho visitado muitos trabalhos e sempre me identifico com um personagem, com uma atitude, com algum pensamento. Somos exatamente iguais.

Muito há para se falar, pois quando encontramos o objetivo maior da vida, então o trabalho, necessário e dignificante, aumenta. Esse trabalho é também o da observação, do estudo, da coragem. Todos os nossos pensamentos e afazeres com um fim moral caracterizam-se como trabalhos.

E narrei-lhes meu encontro com mamãe, a descoberta dos erros perpetrados em tempos remotos, a decisão de vir para o Brasil e, finalmente, como fui parar na Amazônia com dois filhos e como fui abandonada à própria sorte – sorte traçada por mim mesma antes de reencarnar.

– Tudo é maravilhoso quando temos o coração simples, voltado somente para o bem.

E como se tanta coisa importante não bastasse em minha vida, aqui nesta colônia ainda encontrei um amigo muito querido, André, do qual me separara há exatamente treze séculos. Essa experiência me sustenta ainda mais, porquanto descobri uma amizade sincera, digna da moral do Cristo. Vejam, meus irmãos, que para Deus não há tempo nem lugar, importa-Lhe o que somos.

Inúmeros espíritos me ajudaram, muitos participando da minha vida como partes integrantes; todavia, como me ensinou e ensina meu mentor, Wladilovitch, *"você nada construirá sem a sua vontade"*. Assim é com vocês também.

Irmãos! Nesta colônia, com amigos, parentes, companheiros de jornada, cada um de vocês está tendo, agora, a oportunidade maior de suas vidas. Aproveitem-na. Por mais sombrias possam lhes parecer as dificuldades, ser-lhes-ão apenas aparências se assim vocês quiserem, pois estarão lutando por algo maior em que acreditam.

Muito mais poderia ser dito, porém nosso tempo está expirando. Quando Adroaldo me convidou para esta explanação, morri de medo, a insegurança deixou-me cega. Porém neste momento, após tanto lhes falar, desejo mais tempo, considerando quanto muito mais gostaria de lhes dizer. Como palavra final, ambiciono apenas acrescentar: dêem a si próprios a oportunidade de serem felizes.

Wladilovitch abraçou-me, carinhosamente. Senti tanta felicidade que chorei.

Enquanto o companheiro Cláudio encerrava a reunião, o ambiente se me tornou tão florido que tive a impressão de me encontrar num jardim.

– Graças a Deus! Cumprida mais uma etapa!

Meus outros companheiros vieram me abraçar. Estava muito feliz.

Na manhã seguinte, fui avisada que partiríamos ao entardecer. Nosso regresso ao Amazonas já era esperado, embora minha vontade fosse a de permanecer naquela colônia. Não esquecera de meus filhos, apenas me sentia sentimentalmente ligada a esta colônia.

Passei o dia a despedir-me das amizades que havia conquistado. Foi muito difícil pronunciar um *"até breve"* para Adroaldo e André, dois grandes amigos.

– A separação é inevitável, cara Sofia. Sabemos que nossas vidas precisam continuar. Temos compromissos inadiáveis. Por outro lado, encontrar-nos-emos em breve na mesma estrada da vida.

– Esse é o maior consolo, Adroaldo, o de sempre nos reencontrarmos.

Fui ter com André na biblioteca; estudando, como sempre.

– Não quero atrapalhá-lo, só vim despedir-me.

– Você não atrapalha de forma alguma. Estou apenas repassando alguns textos escritos pelos grandes filósofos da Idade Moderna[12].

– Alguém em especial?

– Estudo principalmente Descartes, com seu *"eu pensante"*[13]. Irei precisar desses conceitos num futuro bem próximo.

– Não sei quando ocorrerá, porém tenho certeza de meu retorno para Bandeirantes. Então nos reencontraremos pela segunda vez.

– Não nos separaremos mais. Nossos caminhos estão demarcados pelo bem, pelo amor. Como nossos objetivos são os mesmos, sem dúvida o caminho há de ser o mesmo. Apenas nos separaremos temporariamente, pois precisamos tratar dos que ficaram.

– Como no seu caso.

– Sim. Estou me preparando para assessorar antiga companheira, muito mais antiga do que você. Ela reen-

12 Ou *"Nova"*, aceitando-se como seu ponto de partida a queda de Constantinopla (1453) ou o descobrimento da América (1500); seu encerramento se deu com o início da 1ª Grande Guerra Mundial (1914). A ela seguiu-se a Idade Contemporânea, iniciada com a 2ª Grande Guerra Mundial (1939). (NR).

13 RENÉ DESCARTES (1596/1650), filósofo francês. Foi um dos últimos pensadores dotados de mente enciclopédica e, muito justamente, considerado o *"Pai da Filosofia Moderna"* por notabilizar-se pela descoberta do *"cogito"*, ou *"eu pensante"*, ou *"consciência"*, ou *"alma"*, conforme sua excepcional obra *"Meditações Metafísicas"*, escrita em 1641. (NR).

carnará dentro de alguns poucos anos. Já se encontra aqui, em preparativos intensos.

– Então você a conheceu antes do século VII?

– Muito antes, na Antiguidade. Pelo menos... Muitos séculos antes.

– Sabe, André, fico impressionada como o tempo não parece nada para nós, espíritos.

– É claro, Sofia. Ele possui sua função, mas para nós que somos imortais[14], esse tempo considerado como passado, ou como tempo remoto, não ocorre, pois sempre estamos a nos rever. E cada vez que nos revemos percebemos que de uma forma ou de outra aprendemos. É esse um dos motivos para o tempo existir: o crescimento do espírito.

– Tudo é muito bonito quando entendemos o significado das coisas.

– As leis de Deus são tão perfeitas que absolutamente nada pode ficar carente de explicação, sem função.

– Bem, amigo, encontrar-nos-emos, se é assim como assegura.

– Antes do que você imagina.

As separações foram doloridas, no entanto superadas. Uma vez mais tornava-se necessário continuar.

– Logo chegaremos em casa.

– Agora que nos pusemos a caminho, não vejo a hora de lá chegar, Wladilovitch.

---

14 Só DEUS é eterno, enquanto os espíritos, seres criados, são *"imortais"*. (NR)

– O trabalho nos espera. Você poderá visitar seus filhos.

– Que bela notícia! E quando será?

– Dentro de três dias.

– Mal posso esperar para vê-los. Ò meu Deus, que felicidade!

– Realmente, Sofia, é uma bênção de Deus o podermos estar com aqueles a quem amamos.

– E você, Wladilovitch, possui ainda algum familiar a trilhar o caminho da provação e do qual seus sentimentos falam mais alto? Quero dizer, como Krovienko?

– Sim, Sofia, ainda tenho parentes em estado de perturbação, bem como outros entranhados no mal. É a vida, faz parte. Nem todos aceitam Deus como gostaríamos.

– Pelo fato de você ser mentor e estar, como direi, *"tão acima de nós..."*.

– Não me encontro acima de ninguém, Sofia, apenas detenho um pouco mais de conhecimento que você. Nada além disso.

– Não só de conhecimento, Wladilovitch, também de amor – muito amor –, paciência, tolerância e todas as virtudes dignas de um sábio.

– Tenho pessoas queridas, como uma filha – de reencarnação recuada no tempo –, que não aceita Deus de forma alguma. Encontra-se tão obsecada pelo orgulho, pelo egoísmo, que chega mesmo a trabalhar para o mal, desejando ardentemente o prejuízo do próximo. Quanto a isso não posso fazer nada. Sofro, todavia ela possui o seu livre-arbítrio.

– Ela está encarnada? Tem-na visitado?

– Sim, acha-se reencarnada na Rússia e, sempre que possível, visito-a, mas nunca percebe minha presença. Não obstante, mantenho a fé. Um dia encontrará o verdadeiro caminho, disso não podemos fugir. Mais cedo ou mais tarde a verdade se nos fará presente.

– Porém, quanto maior a demora, maior o sofrimento.

– É da lei. Chegamos.

A viagem fora maravilhosa. A conversa com Wladilovitch me deixara ainda mais confiante. Ele é como eu, como todos nós: com dificuldades, com sentimentos, com coisas comuns, como todos os humanos. Até então julgava-o um ser diferente, assim como Adroaldo, André e todos os vários outros espíritos superiores que havia conhecido. Mas, naquele momento, fiquei sabedora de que a diferença encontra-se apenas nas virtudes conquistadas. Tudo isso era muito bom, porquanto fazia-me sentir capaz de me autoestimular cada vez mais em benefício de meu próprio desenvolvimento. Esse Wladilovitch é excelente! Deus o abençoe!

– Concordo, falou Severina.

– Havia pensado de forma tão natural que nem percebera que falara em voz alta. Ainda bem que todos concordaram.

Essa companheira, Severina, estava passando ao lado do veículo que nos trouxera de São Paulo e ouvira minhas palavras. Está, como eu, a caminho da felicidade.

Chegamos na hora propícia, considerando o fato d'alguns companheiros estarem se reunindo para a prece.

Deixei minhas anotações em meus aposentos e segui rapidamente para o salão. A prece é sempre bem-vinda, restaura-nos e transmite-nos muita paz. Aproveitei para mais uma vez agradecer a Deus todas as oportunidades da viagem e também a visita que faria aos meus filhos.

Passei os dois dias seguintes preparando-me para retornar ao antigo lar. Tornei-me ansiosa, meus sentimentos se confundiram: ora alegria ora incertezas. Era bastante difícil manter o equilíbrio, manter uma postura de não-interferência.

– Iremos até seu antigo lar, a fim de você ver a situação atual de seus amados e lhes ajudar na medida do possível: com preces, palavras de ânimo e reconforto, quando por ocasião do desprendimento de suas almas através do sono. De modo algum você poderá impor seu desejo de como eles devem viver.

– Ficarei atenta, Wladilovitch.

– Recorde-se, Sofia, de sua responsabilidade com eles enquanto estão aqui, no Brasil: foi você quem quis vir para cá.

– Tenho-a bem nítida em minha mente.

– Você tem se saído muito bem, cumprido suas obrigações com dedicação e boa vontade.

Nesse dia antecedente à visita, Wladilovitch me colocou a par da situação de meus familiares. Não me parecia, porém mais de ano já se passara desde o meu desencarne.

– Poucos alcançam a oportunidade de um retorno, Sofia, entretanto, você, com seu esforço, está conseguindo cuidar de seus parentes num curto espaço de tempo. Aproveite bem esta estadia.

– Quantos dias terei?

– Dispõe de três dias. Seguirei com você, porém retornarei logo você haja adentrado no reduto do lar terreno.

– Isto significa que estarei sozinha?

– Sim, será por sua conta. Estamos, portanto, acreditando em você. Não se preocupe, caso precise, basta me chamar. Passado o tempo determinado, virei buscá-la.

– Está bem.

Naquela noite dormi preocupada. Era uma responsabilidade e tanto. No dia seguinte, sairíamos bem cedo, aproveitando assim o tempo disponível na zona terrena. Orei muito ao Mestre, pedindo a proteção necessária para esse empreendimento.

Despertei animada. O desejo de rever Krovienko enchia meu coração de alegria. Logo, porém, minha consciência, alerta, chamou-me à atenção: era-me imperioso frear sentimentos menos nobres. Ele agora era meu filho. Ademais, precisava ampará-lo, a fim dele assumir atitudes dignas, melhorando assim sua condição espiritual.

Cheguei finalmente ao meu antigo lar. Procurei pela casa, mas não encontrei Bochenko. Saí pela vizinhança, revendo antigos companheiros. Tudo parecia igual. Era como voltar à vida de reencarnada.

– Sofia, Bochenko não mora mais aqui. Mudou-se a semana passada para a casa de Krovienko.

– Ele abandonou o lar? Por quê?

– Encontra-se doente e sozinho. Não consegue dar conta de sua sobrevivência.

– Vamos rapidamente ao encontro deles!

– Não tenha tanta pressa. Antes, prepare-se emocionalmente, você sabe que não irá encontrar felicidade.

Eu realmente sabia que não iria encontrar boas coisas, afinal Krovienko não se dava bem com o irmão desde criança. Era preciso averiguar como eles se encontravam.

Chegamos num pequeno sítio. Nele havia uma casa modesta e alguma plantação. Logo avistei uma criança a correr de um para outro lado. Se não fosse meu neto, então quem seria?

– É o filho de Kripsia. Vive aqui, praticamente.

– Ah, sim! Havia me esquecido! Krovienko trabalha para Kripsia.

– Sofia, agora você está em casa de Krovienko. Aproveite as ocasiões de ajuda. Voltarei no tempo previsto para levá-la.

– Mas... Wladilovitch, que farei?

– Esteja atenta. Controle seus impulsos sentimentais. Agindo com cautela, saberá o que fazer. Quando precisar, recorra à prece, valioso instrumento.

– Está bem, seguirei suas recomendações.

– Só mais um reforço: Krovienko é seu filho e, como tal, precisa ser assistido.

Sabia muito bem porque meu mentor me falou daquela forma. Precisava permanecer extremamente atenta, a fim de não desvirtuar meus sentimentos.

Então, pela primeira vez sozinha, entrei na casa. O silêncio era quase total. Percorri os cômodos, olhando atentamente a simplicidade da mobília. Meus filhos continuavam vivendo na pobreza. Fui para o quintal. A alguns metros da casa, alguém se achava sentado num banco sob uma árvore frutífera. Pareceu-me ser Bochenko. Aproximei-me. Era ele mesmo.

Bochenko, de barba por fazer, aparentava cansaço, desânimo, enfraquecimento. Imediatamente fui abraçá-lo. O rapaz, no mesmo instante, levantou-se. Ato contínuo, percebeu-se arrepiado. Teria distinguido minha presença?

– Credo, que calafrio! Parece até coisa de alma penada!

Aquelas palavras, ditas em voz alta, bateram fundo em meu coração. Ele nem sequer poderia imaginar que era eu, sua mãe, quem ali estava presente. Frente a frente, fitei demoradamente aquele rosto de olhar triste, marcas fincadas na face, demonstrando sofrimento. Como se pusera em pé, então começou a caminhar lentamente, puxando pela perna esquerda, respiração ofegante. Percebi-lhe claramente o sofrimento advindo de suas muitas dores.

– Bochenko, vá repousar um pouco. Aproveite que seu irmão ainda não voltou da cidade. Você sabe que se ele o pegar deitado, irá reclamar, julgando-o um inútil.

– Alice, minha boa cunhada, agradeço-lhe a preocupação, porém não consigo ficar muito tempo deitado, pois meus ossos parecem moídos.

– É uma pena você estar assim tão doentinho! Ainda é novo para ficar deste jeito.

– Acredito, Alice, que a doença não escolhe idade.

– Está bem, mas ela não precisava estragá-lo tanto.

Os dois foram andando. A situação não era nada boa no seio da minha família.

Krovienko chegou justamente quando Bochenko se preparava para um cochilo.

– Novamente deitado? Não aguento mais esta vida! Primeiro, trabalhar que nem um burro; segundo, chegar em casa e ver uma mulher molóide, um irmão inútil, vagabundo, depois os filhos a correr sem uma tarefa. É preciso ter muito fôlego para aguentar!

– Não fale assim de seu irmão! Ele não é um inútil, somente está muito doente.

– Deixe-o, Alice. Talvez seja melhor eu procurar outro canto.

– A vítima! Se você fizer isso, todos irão me condenar.

– Além do fato de você, Krovienko, estar muito errado: trabalhar para os outros e não querer cuidar de seu irmão inválido!

– Cale-se, sua rameira! Com que atrevimento você ergue a voz para falar das minhas atitudes? Eu sei o que faço!

– Sabe muito bem: ter uma amante e cuidar dela melhor do que de sua própria família é digno?

– Já mandei se calar...

– Você nem percebe que Kripsia só quer as terras e seu trabalho, assim como só tem interesse nos bens de Arthur. Vocês homens são tolos, acreditando em mulheres como essa ta...

A moça não teve tempo de terminar a frase, pois Krovienko a esbofeteou. Bochenko, no afã de querer ajudá-la, tentou se levantar, porém não tinha forças suficientes para a empreitada.

Krovienko saiu da casa. Fui atrás dele.

Não podia ser verdade o que acabara de assistir! Minha família se me apresentava totalmente despedaçada! Meu filho, tão adorado, estava agindo de forma totalmente errada! Onde pusera o Evangelho plantado em seu coração desde tenra infância? O rapaz só portava ódio neste, pensando somente em livrar-se dos familiares. Desejava matá-los! Era horrível perceber esses pensamentos em pessoa tão estimada.

Ele se envolvera com Kripsia desde os tempos em que eu ainda estava viva. Ela somente se interessava pelas terras e ele, enceguecido pela atração sexual, a qual não sentia pela esposa, deixou-se levar pelas carícias e palavras de incentivo da amante. Kripsia queria terras, assim como ele.

Recordei-me, então, de suas últimas encarnações na Sibéria, quando ambos travaram uma luta acirrada pelos latifúndios e, presentemente, a antiga madame Malfia o enganava sensualmente, recurso não utilizado naquele passado para conquistar as terras que lhe pertenciam. Krovienko, embora muito audacioso, havia caído nas malhas da sedução, enganado por suas próprias emoções desvairadas.

Eu precisava fazer brotar em seu coração os exemplos do Evangelho, a fim dele retomar os compromissos assumidos com sua família. Não desconhecia que as terras, por determinação do plano superior, iriam ficar com Kripsia – para o pagamento dos débitos passados –, contudo era necessário aprumá-lo na direção dos sentimentos mais nobres. Alice, meus netos e Bochenko, estavam sofrendo em demasia.

Naquela noite, aguardaria o sono de Krovienko e conversaria com ele por ocasião de seu desdobramento. Orei muito, pedindo forças a Deus. Era um momento delicado, pois além de me encontrar agindo sozinha, era ao mesmo tempo parte sentimental do problema. Indubitavelmente, isso não era como participar de um trabalho de aprendizado.

A noite chegou. Precisava permanecer atenta, porquanto seria preciso segurar Krovienko antes dele procurar o ambiente propício aos seus vícios. Quieta em um canto do quarto, meus pensamentos se dirigiam a Deus. De repente soou uma voz ao meu lado:

– Precisando de ajuda?

– Oh! Wladilovitch! Como você adivinhou? Estou sim, precisando de muita ajuda.

– Suas preces me chamaram. Aqui estou. Sei de todo o caso. Dentro de alguns minutos Krovienko estará desperto em espírito. Será a oportunidade de conversarem.

– E se ele não me reconhecer?

– Reconhece-la-á, não se preocupe. Porém não espere bons modos ou boas palavras, visto haver se envolvido em sentimentos mesquinhos. Estou aqui com o fim de protegê-la, pois se encontra mancomunado com alguns espíritos trevosos por ele conhecidos na erraticidade, entre a última encarnação como Andropoulos e esta como Krovienko. Tais espíritos estão a deturpar suas lições evangélicas, Sofia, e relembrando os sentimentos negativos de ódio, rancor, egoísmo, vingança, por eles possuídos. Como trouxe consigo todas essas tendências, está sendo fácil para os inimigos espirituais o convencerem.

– Agradeço-lhe. Não saberia como agir quando esses espíritos chegarem.

– Vamos, com a força do pensamento e com a ajuda de alguns companheiros que vieram comigo, isolar a casa com correntes magnéticas de proteção para que os irmãos que ainda vivem na ignorância não consigam entrar aqui. Assim sendo, quando o rapaz despertar *"deste lado"*, não os encontrará, será você que o receberá.

Aguardava, trêmula. Que iria dizer? Como ele reagiria? Agradeci mentalmente a Deus a presença de meu mentor. Alguns minutos se passaram, não chegando a quinze, e lá estava ele, lúcido, bem na minha frente.

– Quem está aí?

– Sou eu, meu filho, sua mãe.

– Minha mãe? Mas ela morreu!

– Sou eu mesma. Estou aqui para conversar com você.

– Não preciso ouvir sermões.

– Krovienko, é desta forma que você me recebe? Onde você escondeu a boa educação que eu lhe dei? Não será possível, pelo menos, ser cordial e prestar atenção nas coisas que tenho a lhe dizer?

– Por que está aqui? Para defender Bochenko?

– Também. Não regressei para defender ninguém e sim visitá-los, mas não esperava de maneira alguma observar as cenas deprimentes acontecidas nesta tarde. Você está se superando! Onde está aprendendo tantas coisas ruins? Terá esquecido os exemplos do mestre Jesus tantas vezes lidos durante os nossos estudos do Evangelho? Onde você os colocou?

– Quais os motivos para tantas perguntas? Estou muito bem agora. Antes me encontrava sufocado por esse Evangelho que você tanto fala. Sem a sua presença posso fazer o que quiser.

– Estragar sua vida? Estragar todo um planejamento de vida? Saiba, Krovienko: o que você faz, você paga. E você errou muito no passado, pois, juntos, fomos responsáveis pela destruição de vidas. Agora, meu filho, precisamos consertar o que fizemos. Esta é a sua hora, por isso estou lhe falando. Mude suas atitudes, antes que seja tarde.

– E se eu não quiser mudar?

– As escolhas serão suas e irá responder por todas elas. Você assumiu responsabilidades com sua família, inclusive com seu irmão. Essas companhias por você arrumadas não são dignas, querem somente destruí-lo, usá-lo como instrumento para o mal. Você vem sendo uma cobaia e não tem se dado conta. Amanhã, quando se cansarem de você, arrumarão outro para fazerem as mesmas coisas.

Ele estava quieto, cabeça baixa, parecendo atento ao meu discurso de exortação moral.

– *"Faça aos outros o que gostaria que eles lhe fizessem"*[15]. Pense bem: você gostaria se Alice estivesse lhe traindo?

15 Mt 7:12; Lc 6:31 (NR).

Como você agiria se estivesse muito doente e Bochenko lhe fechasse a porta da caridade? Se você tivesse sido abandonado do mesmo modo como eu fui abandonada no meio da selva, como você estaria agora? Você estaria vivo? Está se desinteressando de seus filhos! Você está sendo correto? Mude sua vida, suas ações, seus pensamentos, suas companhias, enquanto há tempo, meu filho. Lembre-se das palavras de Jesus: *"quem com ferro fere, com ferro será ferido"*[16].

As terras devem pertencer a Kripsia e, fora isso, você não lhe deve mais nada a não ser o respeito. Desvencilhe-se dessa mulher má, vingativa e destrutiva. Pense em construir a sua felicidade fincada na família, pois é o lar a base do nosso fortalecimento como espíritos. Pense, Krovienko, somos imortais. Não nos será possível viver no erro para sempre, um dia a vida nos cobrará. Prepare-se antes dela bater à sua porta. A justiça de Deus é certa, meu filho, é certa. Calei-me.

Agora o rapaz olhava para mim, atônito. Percebi-o pasmado e aproveitei o momento para abraçá-lo. Sem resistência, retribuiu o gesto de carinho.

– Mãe! Estou feliz por vê-la!... Sinto-me cansado, muitas vezes não sabendo como agir. Não tenho ódio de Bochenko, todavia atormento o pobre como um algoz.

16 Na verdade, literalmente falando, tal dito popular inexiste no Evangelho, porém este, do qual aquele se tornou sua corruptela: *"Então Jesus lhe disse: embainha a tua espada; pois todos os que lançam mão da espada, à espada perecerão"*; conforme Mt, 26:52. (NR).

– Krovienko, você tem uma dívida muito grande com seu irmão, deve ampará-lo como a um filho.

– Tenho alguns companheiros e eles desejam que eu destrua minha família.

– Eu sei. Estão lá fora, esperando por você. Tenha o pensamento firme, pois também querem destruí-lo. Não são boas companhias. Ore muito para eles o deixarem em paz. Estarei *"deste lado"* velando por todos vocês.

Krovienko pareceu-me sincero. Naquele instante senti muita pena dele. Era novamente o meu bebê indefeso, despreparado, para a vida. Abracei aquele homem com mais intensidade, querendo protegê-lo. Wladilovitch adentrou o aposento e, com um gesto de cabeça, percebi haver chegado a hora da despedida.

– Vá agora, meu filho. Procure na oração e no Evangelho os instrumentos para suas lutas internas. Estarei sempre com você.

Krovienko despertou na cama, acordou Alice e contou-lhe:

– Sonhei com minha mãe! Ela me falava algo! Mas não consigo me lembrar!

– Durma, amanhã talvez você se recorde.

A pobre mulher estava, com razão, aborrecida com o marido. Caso ele mudasse, então tudo tornaria à calma. O rapaz virou-se para o lado e dormiu.

Saí do quarto e fui até à peça na qual dormiam as crianças e Bochenko. Meu filho não se encontrava lá. Por certo saíra para encontrar seus laços afins. Resolvi esperar um pouco.

Meia hora transcorreria até Bochenko chegar, correndo. Ofegante, olhou-me e não me reconheceu. Desejava voltar ao corpo rapidamente.

– Como tem passado?

– O quê?

– Perguntei-lhe *"como tem passado?"*, meu filho.

– Não muito bem. Quem é você?

– Repare. Deixe a pressa de lado. Ninguém poderá atingi-lo aqui.

– Como sabe que estou sendo perseguido?

– Pelo seu estado, é evidente. Estar ansioso por retornar ao seu corpo significa estar fugindo de alguém ou de uma situação.

– Quem é você, que tanto sabe?

– Nada sei, apenas sei que sou sua mãe.

O rapaz arregalou os olhos e, num ímpeto, abraçou-me.

– Mamãe! Como tenho lembrado de você. Encontro-me tão sozinho e triste.

– Tomei ciência do que está lhe acontecendo. Cheguei aqui hoje pela manhã.

– De onde você veio?

– Vim de uma colônia espiritual aqui perto, na qual me encontro temporariamente alojada. Dela recebo apoio moral e perispirítico, ou seja, cuidados com meu corpo, o qual não é o mesmo de quando vivia a seu lado; todavia se trata de um corpo material carente de assistência médica, visto haver estado adoentado.

– A senhora continua doente?

– Agora não, encontro-me curada.

– Como é essa história de morte?

– Um dia explicarei detalhadamente. Agora temos assuntos urgentes a serem tratados: sua saúde, por exemplo.

– É, estou bastante adoentado. Regressei, minutos atrás, de um lugar do qual me disseram poder ser de muita valia para mim. Propuseram-me a cura, mas tal promessa somente se efetivaria com a condição de ajudá-los na destruição de Krovienko. Disseram-me também que ele era meu pai, contudo me rejeitara quando eu ia nascer. Não entendi muito bem.

– Numa outra vida isso realmente aconteceu, contudo neste momento ele é seu irmão e precisa de ajuda. Você deve se fortalecer para poder auxiliá-lo, visto se achar moralmente mais forte.

– Mas eu sinto muita raiva dele! Só saí apressado do encontro de há pouco por haver ficado com medo, pois me encontrava num local muito estranho e com gente mais estranha ainda!

– Não se preocupe com isso, meu filho. Procure orar, como lhe ensinei. Leia o Evangelho antes de dormir, a fim de não mais vir a se encontrar com essas pessoas estranhas. E tenha paciência com seu irmão. Quando ele lhe ofender, saia de perto. Ele tem obrigação moral de ampará-lo. Trata-se duma antiga dívida, portanto ajude-o a cumprir essa tarefa.

– Mãe, isso não será nada fácil!

– Compreendo, mas precisamos nos unir para encaminhar seu irmão no rumo da responsabilidade e do bem.

Ele se encontra envolvido por sentimentos mesquinhos, tanto os dele próprio quanto os de Kripsia. Quando ele estiver um pouco tranquilo, tente se aproximar e conversar, filho. Lembre-se dos nossos encontros, quando rezávamos e líamos, juntos, o Evangelho.

– Mãe, sinto saudades daquela época, no entanto Krovienko não vai aceitar.

– Bochenko, preciso de sua ajuda. Tenho permissão do Plano Superior para ajudá-los. Estarei, sempre que possível, com você. Aceite meu convite.

– Pelo muito que lhe amo, vou fazer o possível.

– Meu filho, que Deus lhe abençoe! Também orarei muito por você, buscando aliviar seu sofrimento.

Abraçamo-nos. Enquanto Bochenko voltava ao corpo para o merecido descanso, procurei elevar meu pensamento e agradecer a Deus por tudo que estava recebendo.

Ao sair daquele casebre encontrei alguns companheiros guardando o ambiente. Porém, mais ao longe, avistei uma turma de espíritos raivosos a pronunciar impropérios.

– São os algozes, querendo acertar contas com seus filhos. Um porque fugiu e outro porque possui um contrato antigo ainda não solvido.

– É, meu amigo, não podemos, mesmo, fugir aos compromissos assumidos.

– Agora vá descansar um pouco no alojamento de irmã Querubina. Permaneceremos aqui até o amanhecer.

Agradeci e segui para o alojamento citado, cerca de um quilômetro distante dali. Fui muito bem recebida, porquanto Wladilovitch e os companheiros da colônia a contataram, informando-a de minha presença nos arredores. Receberia da colônia amazonense todo apoio necessário às minhas atividades.

Adormeci profundamente.

Nos dois dias seguintes, ainda permaneci no lar de Krovienko. Fiz preces, li o Evangelho e falei a cada um dos moradores com o fim de levar um pouco de alívio a seus sofrimentos. Encontrei também Kripsia, que passou por lá no dia de minha partida. Quando a vi, não senti raiva, apenas pena, muita pena. Recordei-me havê-la matado na encarnação passada, mas também não senti remorso. Era como se os maus sentimentos houvessem sido arrancados de mim. Orei por ela, igualmente. Vivia ainda na ilusão das coisas materiais. Dia chegará, entretanto, no qual tomará consciência, como chegara o meu.

Percebi pairados no ar, entre Krovienko e Kripsia, desejos inoportunos e, fervorosamente, pedi ajuda. Recebi, como uma intuição, uma instrução mental para falar com Alice, encaminhá-la para junto do marido. E assim foi evitada uma ligação carnal imoral que repercutiria como mais um débito na vida de cada um. Graças a Deus um mal maior foi evitado.

Wladilovitch chegou. Viera me buscar para o retorno à colônia espiritual. Quando me preparava para sair, vi Arthur Sell entrando na casa. Fiquei emocionada, agora sabedora de quem ele representara em meu passado. Também me emocionei pela sua aparência. Era a de um velho doente, frágil, fisicamente derrotado, sem forças para continuar a vida.

Olhei para Wladilovitch, como a pedir-lhe permissão para abraçar aquele irmão necessitado. Representava para mim um espírito amigo que por séculos me amparou nos momentos difíceis. Meu mentor anuiu com a cabeça. Imediatamente me aproximei do homem e o abracei, como faria uma mãe, com ternura e gratidão. Arthur Sell sentiu um arrepio e seus olhos brilharam de emoção. Olhou para os lados, como a procurar alguém, mas logo Kripsia chegou e o clima de paz por ele sentido começou a se perder.

Era hora de partir. Nada mais seria possível fazer. Cada um precisava agir de acordo com seu livre-arbítrio.

Durante alguns anos coloquei em minha rotina, com a permissão dos irmãos superiores, a tarefa de visitar meus familiares a cada mês, ajudando-lhes no que era possível, orientando-lhes quando surgia a oportunidade.

Em cada visitação, encontrava Bochenko cada vez mais fraco. Consoante sua programação reencarnatória, tinha seu desencarne previsto para dentro dos próximos dois anos. Ele contava agora 40 anos e Krovienko 38. O tempo havia passado rapidamente.

Para dar cumprimento àquele planejamento, Krovienko teria que continuar trabalhando para Kripsia e seu filho. Todavia, a ligação amorosa desenvolvida entre ambos ia se constituindo num débito lamentável adquirido por ele, seja perante si próprio, seja perante sua família. Alice, principalmente. Quanto a mim, já não sentia por ele aquele amor doentio, mas tão somente o desejo de também vê-lo ficar bem.

Com o passar do tempo, fui adquirindo amizades valorosas que me ajudaram na reestruturação dos lares edificados na Amazônia. Assim, os novos companheiros conseguiram, com preces e conselhos dados durante o sono, sensibilizar Arthur Sell, fazendo-o procurar reconquistar sua esposa. Com essa sua nova atitude, Kripsia poderia se desinteressar por Krovienko, o que seria muito oportuno.

Esse era o ritmo das nossas atividades no plano terreno. Quanto às minhas atividades espirituais, continuavam as mesmas: estudo do *Evangelho* e atendimento aos irmãos recolhidos no Umbral[17].

Muitas vezes meus companheiros da colônia Bandeirantes vinham me visitar. Eram ocasiões maravilhosas, pois os diálogos edificantes provocavam imenso bem a qualquer espírito.

Foi em 1956, com o desencarne de Bochenko e com as vidas dos demais familiares encarnados caminhando

17 O *"Umbral"* – termo dado a conhecer pela primeira vez pelo Espírito ANDRÉ LUIZ, conforme sua obra *"Nosso Lar"* (Capítulo 12), psicografada pelo médium FRANCISCO CÂNDIDO XAVIER, edição FEB –, é a região espiritual situada entre a crosta terrestre e o Céu, i e, na atmosfera. Sua etmologia deriva do substantivo latino *"umbra,-ae"*, que significa "sombra; escuridão; trevas". Nessa dolorosa região habitam compactas legiões de almas irresolutas e ignorantes, não suficientemente perversas para serem enviadas às colônias de reparações mais dolorosas, nem bastante nobres para serem conduzidas a planos de elevação. (NR).

mais sossegadamente, que solicitei uma reunião com Wladilovitch. Meu mentor se afastara há três anos para seguir seu caminho. Agora somente nos encontrávamos a espaços de tempos para eu receber instruções e falarmos francamente das minhas experiências. Seu distanciamento, outrossim, não significava o abandono da minha tutela, posto continuar a tudo saber sobre mim, apenas não se fazia presente. Soube mais tarde, por ele mesmo, que isso se dá muitas vezes pelo que chamamos de *"telepatia"* e, doutras vezes, ele era comunicado pelos auxiliares.

Naquela reunião pretendia pedir-lhe minha transferência definitiva para São Paulo. Era meu desejo, pela afinidade lá sentida, trabalhar e desenvolver-me naquela colônia. Poderia fazer alguns cursos, ter acesso a novas oportunidades, etc.

Bochenko se achava, dentro das possibilidades, muito bem. Fora recolhido, logo após sua passagem ao Plano Espiritual, a um pequeno abrigo, nos arredores de Manaus, para sair da perturbação e se restabelecer. Quando se tornasse mais fortalecido, com lucidez e discernimento, seria encaminhado às outras colônias.

Eu o visitava constantemente, participava das preces e o acariciava ternamente, sem contudo ser reconhecida. Ele se achava perturbado, devido aos sentimentos de raiva nutridos contra seu irmão, sentimentos engolidos para não se ver abandonado à própria sorte.

Expliquei a Wladilovitch, que continuaria velando pelos meus, que os visitaria sempre que possível.

– É justo o seu pedido, pois tem se esforçado bastante e conseguido resultados favoráveis. Não vejo por que barrar o seu crescimento. Confio plenamente em sua dedicação como mãe. Deveremos tratar, então, da sua transferência.

– Querido amigo, sinto-me maravilhada com essa nova oportunidade! Falaremos com Adroaldo?

– Cuidarei dos trâmites burocráticos. Planeje adequadamente sua vinda para cá, certificando-se de como se processará o desenvolvimento de Bochenko e de todos os outros. Você possui uma tarefa importantíssima e seu crescimento moral depende também de como você vai conduzi-la.

– Já disponho de todo esse planejamento em mãos e posso mostrar-lhe quando for necessário.

– Fico muito feliz com essa presteza. Vou examiná-lo quando voltar da colônia Bandeirantes. Dentro de uma semana voltaremos a nos falar.

Minha ansiedade retornou. Durante uma semana o tempo parou. Nem poderia ter uma reação diferente. Afinal, era meu futuro em jogo, embora não desconhecesse ser a ansiedade o pior veneno contra o equilíbrio emocional.

Aproveitei o tempo para estudar, aperfeiçoando-me no atendimento aos irmãos perturbados trazidos para o ambulatório da colônia. Como não podia deixar de perceber, a família do desencarnado também se transformava num alvo importante a ser tratado, uma vez que em muitos casos a parentela influenciava de forma negativa o tratamento da perturbação do recém-desencarnado. Resolvi, então, por quatro dias, debruçar-me exclusivamente sobre o estudo de casos com as características acima.

Na biblioteca havia várias teses sobre eles. Por isso mesmo, vários trabalhos desenvolvidos na prática, eram-nos apresentados para que pudéssemos nos aprofundar, teoricamente, no assunto. De posse desse conhecimento, minha intenção era a de colocar em exercício, e da melhor forma possível, tais conhecimentos. E fiquei tão entretida com a beleza dos exemplos narrados que nem percebi o tempo passar. Wladilovitch voltara.

Sem lhe dar chances de se manifestar, comecei a falar desembestadamente. O mentor, de ouvidos atentos, não interferiu. Quando parei, sem fôlego, perguntou-me:

– Terminou?

De certa forma, exagerei. Poderia ao menos ter tido a gentileza de deixá-lo falar alguma coisa. Sorte nossa os mentores serem os melhores espíritos. Respeitam-nos e compreendem nossas fraquezas. Se ocorresse o inverso, com quase certeza teria ficado com raiva do interlocutor.

– Pois bem, Sofia, estou contente por você estar se esforçando, estar fazendo sua parte com dedicação e amor. No próximo mês, sua transferência será efetivada.

– Não sei o que dizer, estou muito feliz!

– Isso é excelente, pois terá muito trabalho pela frente.

– Tenho uma curiosidade: reencarnarei novamente?

– Sem sombra de dúvida. Todos reencarnaremos. É uma lei e, justamente por se tratar de uma lei, então não há exceção: ninguém foge a ela.

– Será logo?

– Não há previsão pelos próximos, hum... Cem anos. Por ora você deverá aprender e trabalhar o maior tempo possível dentro das suas possibilidades.

– Poderei levar meus filhos para São Paulo?

– Calma, Sofia. Você sabe isso não ser possível por enquanto. Veja o caso de Bochenko, ainda fraco e perturbado. As coisas não acontecem com o estalar dos dedos. Ademais, Krovienko está se comprometendo com alguns espíritos e tudo isso deve ser considerado. Por outro ângulo, não devemos nos esquecer dos seus mentores e das programações dos seus pupilos. Cada coisa a seu tempo. Procure pensar em sua jornada, bastante trabalhosa por si só.

Mais uma vez me precipitara.

– Sinto muito Wladilovitch, procurarei me controlar.

– Estarei novamente com você no primeiro dia do próximo mês. Partiremos logo pela manhã.

Eu parecia uma menina novamente. Lembrei-me da viagem Sibéria-São Paulo e, depois, São Paulo-Amazonas. Foram muitas as dificuldades: fome, sede e calor. Tudo fora desconforto. Meus filhos eram pequenos, mas havia valido muito. Aprendera a valorizar cada momento da minha vida, cada oportunidade apresentada. A reencarnação é isso: uma grandiosa oportunidade de aprendizado. Oxalá todos pudessem compreender a magnitude da vida na carne.

Mesmo com tudo arranjado para minha partida, não abandonei os trabalhos em andamento nem os estudos. Visitaria mais uma vez meu filho Bochenko no abrigo para onde fora trasladado e, também, meus familiares encarnados. Seria não só uma despedida temporária, visto poder visitá-los nas próximas ocasiões, mas também uma chance de lhes dar carinhos e conselhos.

O grande dia chegou. Partimos ao alvorecer. Nossa viagem foi rápida, sem atropelos. De volta à colônia Bandeirantes, a felicidade foi imensa! Não por haver deixado de gostar da colônia onde ficara, mas aqui era diferente, sentia-me mais feliz, mais satisfeita.

Kátia era uma bela jovem que trabalhava na Secretaria da Administração Geral. Solicitamente preencheu minha ficha de moradora permanente e me informou do aposento onde eu passaria a residir.

– Sofia, seu quarto é o de número 44, da casa número 3, onde moram as moças sem famílias desta colônia. São casas amplas, com bons compartimentos. Tenho certeza de que você ficará bem lá. Moro na casa vizinha, de número 2; se precisar de alguma coisa, é só falar, sinta-se à vontade.

– Kátia, também tenho certeza de que ficarei bem.

Em meu íntimo algo me dizia haver encontrado meu lugar.

Entrei no apartamento. Uma cama muito bem arrumada, um pequeno armário e uma escrivaninha com objetos de uso pessoal, pareciam me aguardar. Tudo se encontrava rigorosamente preparado. Deixei meus poucos pertences, principalmente meu *Evangelho*, alguns apontamentos, e saí.

De forma alguma me sentia cansada. Apresentei-me, conforme instruções de meu mentor, para o Encarregado Geral dos moradores da colônia. Seu nome era Benedito.

Com muita dedicação, explicou-me o funcionamento dos Departamentos, a rotina dos trabalhadores, e falou-me também das minhas primeiras atividades.

– Sofia, você estará, nesses primeiros tempos, subordinada à equipe da irmã Manfredina, incumbida da recepção aos irmãos perturbados, recém-chegados por aqui. Ela efetua uma triagem e os encaminha para o setor adequado a cada caso. Esse trabalho tem a duração de seis horas, após as quais você disporá de um tempo livre para estudar, quer seja na biblioteca quer seja nalgum curso de sua preferência. Às dezoito horas, no Salão Oval, realizamos a prece consagrada à Maria, nossa Mãe. Mais tarde, à noite, você terá a oportunidade para uma conversa amiga, ouvir música, ou executar alguma atividade particular. Nossa colônia é maravilhosa! Se desejarmos, nossa passagem por ela será gratificante.

– Agradeço-lhe, senhor Benedito. Acredito, verdadeiramente, que serei muito feliz neste lugar. É a minha casa.

– Ótimo. Tudo o de que você precisar deverá ser falado com a irmã Manfredina e, caso ela não possa resolver, você já tem a liberdade de me procurar.

Antes que Benedito acabasse a frase, alguém bateu à porta.

– Entre!

Uma senhora, aparentando seus cinquenta anos, fisionomia tranquila, olhos brilhantes, penetrou na pequena sala.

– Ah! É a querida Manfredina! Entre, minha irmã, esta é Sofia, sua nova pupila.

– Seja bem-vinda, minha filha. Nesta casa as bênçãos do Alto fazem morada.

– É muita a alegria que sinto... Não tenho palavras!

– Então, se não há palavras, haverá ações.

– Sim, Benedito, há muita tarefa a ser feita. Deixe Sofia comigo, seremos boas companheiras.

Saímos do local como irmãs que sempre se conheceram e se amaram. A afinidade foi evidente, a empatia foi imediata. Nela parecia haver encontrado minha segunda mãe.

Manfredina mostrou-me os pavilhões onde se achavam internados os irmãos ainda sem condições de se comunicarem. Eram três estes pavilhões, com vinte leitos cada, todos bem limpos e organizados. Em suas entradas havia uma saleta onde duas auxiliares preenchiam as fichas dos necessitados e também prestavam as primeiras informações, a fim de serem atendidos. Apresentou-me, ainda, os outros colaboradores. No total, a equipe era formada por doze espíritos entre atendentes, enfermeiros e médicos.

Completadas as apresentações, fui designada para preencher as fichas. Solange, atual responsável por aquela tarefa, foi transferida para auxiliar as enfermeiras.

– Irmã Manfredina, vejo que nos pavilhões alguns internados não conseguem falar nem ao menos se mover! Como preencherei suas fichas?

– Eles não vieram até aqui por suas vontades, foram trazidos pelos seus familiares ou pelos seus mentores. Todos eles têm seus acompanhantes e estes nos informarão. Por si mesmos nossos pacientes desconhecem o caminho, assim como seus próprios estados.

– A senhora quer dizer com isso que muitos sequer sabem que morreram?

– Isso mesmo. Neste posto só chegam espíritos com merecimento, ou seja, espíritos sem raiva, resignados, que de uma maneira ou de outra procuraram cuidar um pouco mais de seus espíritos. O fato de não saberem dos seus respectivos desencarnes não os torna maus. Podem ter se iludido com o Paraíso constante da Bíblia, podem necessitar de repouso etc. São esses os motivos das suas perturbações e, portanto, esse é o nosso trabalho.

– Terminadas as triagens, para onde todos serão encaminhados? Ficarão aqui?

– Alguns casos – poucos, eu diria –, são espíritos com noções da vida espiritual. Esses espíritos, por mérito, no primeiro momento após seu desencarne, foram conduzidos até aqui, a fim de refazerem suas forças, mas, logo em seguida, serão encaminhados para outros departamentos ou outras colônias.

– A senhora disse: *"logo após seu desencarne eles foram trazidos para cá"*. Mas por quê? Não são todos auxiliados na desencarnação?

– Todos são auxiliados, porém o livre-arbítrio escolhido por cada qual traçou o caminho a ser necessariamente seguido. Assim sendo, nenhum mentor, nenhum parente, poderá levar o desencarnado para onde quiser.

– Sei da importância do livre-arbítrio.

– Alguns espíritos aqui chegados transitaram já pela zona umbralina e, nalgum momento, pediram ajuda. Sendo pedidos sinceros, então nossas equipes socorristas foram tirá-los dos sofrimentos e os trouxeram para cá.

– É um trabalho fascinante. Alguns anos atrás, quando aqui estive em visita, fui até à Terra para presenciar uma seção mediúnica. Alguns espíritos lá atendidos foram encaminhados a um pronto-socorro.

– Sofia, você ainda continua na Terra, pois esta colônia faz parte de sua atmosfera. Aqueles irmãos foram trazidos para postos como este nosso aqui[18]. Os espíritos superiores coordenam essa distribuição segundo as características dos desencarnados.

– Então, aqui neste posto, tanto podem chegar espíritos que passaram pela seção mediúnica como os recolhidos pelas equipes socorristas?

– Exatamente. Cada caso é um caso: temos espíritos que foram trazidos logo após o desencarne, como também temos os que foram trazidos após anos ou após séculos dos seus desencarnes. O importante é sabermos de ninguém ficar sem o misericordioso auxílio da justiça divina.

• • • • • • • • • •

18 Com respeito a este assunto, remeto o leitor ao Capítulo III do *Evangelho Segundo o Espiritismo*, § 1 *(Jo 14:1-3)* e 2 *("Diferentes estados da alma na erraticidade")*. (NR).

O tempo passou rapidamente.

– Amanhã será um novo dia, descanse em paz.

Saí com o estado de alma duma menina que havia ganho sua primeira boneca. A felicidade se estampou em meu rosto. Quando me encontrava há alguns passos de casa, avistei meu amigo André transitando pela rua transversal. Acenei-lhe:

– Como vai, Sofia? O amigo muito querido deslocou-se até onde eu estava, a fim de me cumprimentar.

– Estou, posso dizer, transbordando de felicidade! Cheguei hoje cedo para ficar definitivamente nesta colônia.

– Que maravilha! Fico contente por você. Afinal, não era outro o seu desejo. Isto significa que minha amiga está trabalhando muito bem. Todo desejo sincero, conquistado com amor, merece ser valorizado.

– Você é sempre tão gentil!

– Vamos aproveitar o tempo. Presumo que já arranjou trabalho.

– Sim, estou trabalhando com Manfredina...

– Ótima professora. Espírito boníssimo e dedicado, há anos, ao trabalho junto aos conturbados.

O companheiro falava com tal entusiasmo que não tive coragem de interrompê-lo para explicar o que mais faria na colônia.

– Sofia, por ora me encontro bastante ocupado. Tenho responsabilidades com uma pessoa pronta a renascer na cidade de São Paulo. Porém, tão logo venha a folgar, virei procurá-la para estudarmos, conversarmos. Será muito agradável.

– André, você não imagina o quanto me fez bem ouvir estas palavras. Sinto em você uma amizade profunda!

– Vivemos, em qualquer parte do universo, para um único motivo: desenvolver o amor, a fraternidade. Não digo nada além do que Jesus lecionou.

– Que maravilha, André! Sou também uma entusiasmada seguidora do *Evangelho*. Assim sendo, quando tivermos tempo, conversaremos.

André já se retirava quando o chamei para fazer uma pergunta, simples curiosidade:

– Quando a pessoa citada vai renascer?

– Renascerá no próximo mês.

– Vou orar por vocês. É necessária muita força para retornarmos à carne.

André agradeceu, seguindo seu caminho e eu, por minha vez, entrei em meu quarto. Sozinha, com meus pensamentos, recordei-me de todo preparo executado quando, lá na Sibéria, preparara-me para reencarnar. O medo e a ansiedade se instalam em nossos corações nessas ocasiões. Para esses momentos difíceis, a prece é o melhor remédio.

O tempo continuava em seu fluir incessante. Como combinado, cumpria minhas obrigações na colônia e, sendo-me possível, seguia para o Amazonas a fim de rever Bochenko e os familiares ainda encarnados.

Na primeira vez, decorridos três meses aqui, encontrei-o se restabelecendo, lentamente. Naquela ocasião já possuía seus dois braços, falava dos progressos realizados e também da esperança de mais tarde poder reajustar-se com seus desafetos.

Krovienko, por sua vez, prosseguia em sua vida de amarguras. Separou-se totalmente de Kripsia e parecia dedicado à esposa e filhos. Regressou ao povoado onde vivera quando adolescente e trabalhava na extração da borracha. Mas não se achava feliz.

Fui até à casa de Querubina onde sabia que encontraria o posto espiritual. Pedi aos irmãos informações sobre Krovienko. Arthur havia descoberto sobre a traição dos amantes, armou-se e partiu à procura do arruinador de sua honra.

Compreendi o que Arthur sentiu n'alma: havia sido traído três vezes pelo mesmo homem.

O irmão continuou explicando que Kripsia viu quando o marido comprou a arma e, rapidamente, foi avisar o amásio. Dessa forma meu filho teve tempo de forjar uma desculpa.

Arthur chegou na casa de Krovienko numa manhã chuvosa. Tanto Alice quanto as crianças encontravam-se no recinto. O rapaz recebeu o inimigo, porém já se encontrava com as respostas prontas para o ataque.

– Como vai, caro doutor?

– Não estou aqui para conversas! Quero vingar-me: você morrerá!

Com toda calma, Krovienko se aproximou de Arthur, abriu-lhe o paletó, e retirou-lhe a arma alojada na cintura. O surpreendido ficou sendo Arthur.

– Agora quem pode morrer é você. Que tal um tiro de raspão?

– Ora seu!... Você sabia que eu viria?

– Claro! Você não está falando com nenhum ingênuo. Fique sabendo que nada quero com sua mulher. Ela me serviu enquanto eu quis, mas agora está velha, imprestável! Faça dela o que quiser.

– Seu insensível! Nada lhe toca o coração?

– Nada. Sou feito de pedra. Saiba que estas terras foram pagas em trabalho com o suor do meu rosto. Quero reaver o que é meu!

– Não deixarei que Kripsia assine nada! Jamais estas terras serão suas! Elas ficarão para meu filho, como recompensa por todo o mal causado por você a nós.

– Vejam só!... Foi Kripsia quem se ofereceu a mim. Ela sim, é a causa de tudo. Pensando bem, acho que usarei esta arma para matá-la.

– Não faça isso! Devolva-me a arma, por favor!

– Aqui não existem favores! Posso muito bem matar toda sua família e alegar legítima defesa. Afinal, a arma é sua e você veio até aqui.

Arthur não sabia mais o que dizer. Perplexo, abaixou a cabeça, deu as costas ao inimigo e iniciou a andar.

– Faça o que quiser.

– Muito esperto! Assim será covardia. Vire-se!

Como Arthur continuasse a caminhar, Krovienko, raivoso, partiu atrás dele.

– Nesse instante, o mentor de seu filho, nosso irmão Voschi, posicionara-se mais firmemente, já que ele nada ouvia, a fim de evitar uma tragédia maior. Krovienko sentiu uma forte dor no peito, uma dor paralisante. O rapaz, gemendo e, repentinamente sem forças, deitou-se ali mesmo, no quintal de terra batida. Inconscientemente, largou a arma.

Arthur, vendo o acontecido, aproximou-se do algoz, retirou-lhe a arma e, compassivo, examinou-o. Identificando o desmaio, levou-o para dentro da casa. Alice preocupou-se:

– O que houve?

– Seu marido está desmaiado, sentiu uma forte dor no peito. Aparentemente parece bem. Preciso levá-lo para o atendimento de emergência. Ajude-me a colocá-lo na carroça.

Krovienko sofrera uma síncope.

No dia seguinte, já refeito, foi dispensado e voltou para casa. Iria embora. Nada mais tinha a fazer naquela cidade.

– Alice, prepare as coisas. Iremos para Itacoatiara. Nada mais temos a fazer aqui nestas terras.

– Graças a Deus! Minhas preces foram ouvidas!

– Cara irmã, o que houve com ele? Como foi que Krovienko acordou já pensando em ir embora?

– Enquanto se encontrava desmaiado – numa feliz providência arranjada pelo seu mentor – foi trazido para nosso lar. Aqui, então, Voschi, com firmeza, recomendou-lhe abandonar as terras e regressar ao seu local de origem, pois se achava seriamente comprometido. Para evitar um mal maior, tornava-se necessário recomeçar sua vida longe de Kripsia.

– Sinto-me culpada. Será que fui negligente ao transferir-me de colônia? Por acaso abandonei meu filho à sua própria sorte?

– De forma alguma, Sofia. Tal parte coube a ele mesmo. Ao fim e ao cabo, ele precisa vencer suas tendências selvagens. Você apenas o trouxe para o Brasil, porém a reencarnação e as expiações são dele. Ninguém, portanto, pode ocupar o lugar que somente a ele pertence. Sua participação como mãe foi exemplar, pois suas tarefas foram cumpridas. E tanto o foram que mereceu a transferência de colônia. Fique tranquila, irmã.

– Visitá-lo-ei novamente. Aproveitarei a hora do repouso para lembrar-lhe dos ensinamentos evangélicos.

– Isso será muito bom.

– E o irmão Voschi? Quando poderei vê-lo?

– Acredito que logo mais, à noitinha, ele estará aqui.

Assim aconteceu. Falei com o irmão Voschi e, juntos, seguimos para a casa de Krovienko. Com o adiantado da hora, todos dormiam. Krovienko se debatia consigo mesmo. Encontrava-se indignado com o ocorrido recente, não aceitando o fato de perder as terras para Kripsia. Por indicação de Voschi aproximei-me do rapaz com o intuito de relembrá-lo dos compromissos anteriormente assumidos:

– Krovienko, sou eu, a mamãe. Meu filho, atenda-me.

Entorpecido pelo ódio, alguns minutos se passaram até poder me reconhecer.

– Mamãe! O que quer?

– Meu filho, quero relembrá-lo das lições do *Evangelho* de Jesus, aquelas...

– Nada quero saber! Só pretendo recobrar as minhas terras. Preciso planejar bem, a fim de Kripsia e Arthur sofrerem as consequências.

– Você está bastante enganado, pois quem deve sofrer tais consequências é você. No passado, você e ela lutaram por terras e a vantagem foi sua. Agora essas terras devem ser devolvidas. Portanto, conforme-se: as terras devem ficar, por direito, com Kripsia.

– Não posso aceitar.

– Você precisa aceitar, é para seu próprio bem. Não é possível, meu filho, que depois de tão longos anos você nada haja aprendido! Para agir de acordo com as leis divinas você deverá se conformar. É da Lei a sua devolução das terras para Kripsia e seu filho. Assim sendo, acalme-se.

– Em meu peito o ódio pede vingança.

– Chega de tantas vinganças. Prefiro vê-lo sofrendo na pobreza do que vê-lo na abundância das terras que não lhe pertencem; e muito menos quero vê-lo maculando um lar digno, como é o lar de Arthur.

– Mas de que *"dignidade"* a senhora está me falando, mamãe? Bem se vê que não conhece Kripsia!... Foi ela quem me seduziu.

– Ela responderá por esses abusos, mas Arthur não merece ser traído, já sofreu o bastante. Ele é digno, porque, mesmo desonrado, não abandonou a esposa; permanece com ela, ardentemente desejoso por reconquistar a paz e a harmonia de um lar feliz. Não piore as coisas nem para você nem para Kripsia.

– Não sei se poderei fazer o que me pede.

– Para seu próprio bem, pense no assunto. Espero que sua decisão seja para o bem-estar de todos.

Quando Krovienko parecia mais tranquilo, despedimo-nos com um abraço fraterno. E foi naquele momento que tive, finalmente, a certeza dos meus verdadeiros sentimentos em relação a ele: a paixão avassalante e devoradora que me assolara por tantos séculos foi substituída pelo amor de mãe.

Após o rapaz haver reingressado em seu corpo físico, agradeci a Deus pela bênção alcançada.

Passei também pelo pronto-socorro onde Bochenko fora internado e percebi-o em boa recuperação. Reconheceu-me de imediato e falou-me com mais desenvoltura. Tentei, com minha conversa, passar-lhe energias de otimismo, serenidade e reconforto. Acreditei haver sido compreendida, porquanto me respondeu com palavras de resignação.

Tornei ao posto de Querubina. Descansaria naquela noite e, no dia seguinte, bem cedo, rumaria para São Paulo. Em minhas preces, a alegria estava presente: acreditava sinceramente que uma fase importante de minha vida houvera se completado. Agora sim, achava-me pronta para começar a escalada do progresso espiritual.

Ao chegar à colônia Bandeirantes, Adroaldo veio ao meu encontro:

– Querida irmã, hoje teremos uma apresentação lírica na Praça da Fonte. Você não gostaria de ir?

Rapidamente reassumi meus sentimentos. Aceitei o convite, prazerosamente. Ser-me-ia de extrema valia apreciar a boa música.

– André também estará presente e, assim, poderemos conversar tranquilamente.

Às 20h, precisamente, o evento teve início. Encontravam-se, assistindo ao espetáculo, praticamente todos os trabalhadores de folga. A música tem o poder de nos elevar, é como uma dádiva divina.

– Sinto um enorme bem-estar quando ouço uma bela composição musical. É como se toda a humanidade passasse a comungar dos mesmos sentimentos.

– Seria maravilhoso, Ataulfo – um dos meus novos amigos –, se todos pudessem sentir a paz e a felicidade como nós neste momento.

– Nutro as esperanças de um dia ainda vir a ter ao meu lado todos aqueles aos quais amo, todos aqueles que ainda se debatem nas aflições causadas pelos desenganos da própria alma.

– Também desejo e espero o mesmo.

Minha vida na colônia transformou-se na mola propulsora para minha felicidade. O trabalho digno, o estudo reconfortador, as palestras edificantes, a companhia dos amigos sinceros, fizeram de mim um espírito feliz.

Encontrei em Adroaldo e André dois amigos inseparáveis. Wladilovitch ainda é meu mentor e, quando lhe é possível, busca sempre estar ao meu lado, orientando-me. Aproveito sua ausência para me dedicar ainda mais aos trabalhos.

Tenho conhecido outras colônias em companhia de Adroaldo. Quando vai fazer alguma preleção e esta coincide com a minha folga, sigo com ele. Isso tem enriquecido, ainda mais, o espírito que sou. Exercito principalmente a fraternidade, esse amor tão difícil de ser entendido e praticado. Sei agora o quanto estava errada, cega pelos desvarios da paixão.

Procuro ainda, tanto quanto me seja possível, atender aos meus entes queridos, presentemente prisioneiros na carne.

Participo com André de grupos de estudos aqui na colônia Bandeirantes. Nesses debates, participam espíritos tanto desencarnados quanto encarnados. Estes são pessoas que trabalham e estudam em favor da *Doutrina dos Espíritos*[19]. Alguns são pesquisadores de determinados assuntos, como, por exemplo: Filosofia, Biologia, Física etc. Todos são temas pertinentes ao entendimento, principalmente, de *O Livro dos Espíritos*[20], o qual também estudo.

A alegria do saber é imensa. Muitos trabalhadores da colônia estudam para, na próxima encarnação, divulgarem com mais afinco as verdades espirituais. Isso me atrai irresistivelmente.

Foi em 1970, que, conversando com Adroaldo e André, propus-me a escrever um livro. Imediatamente recebi o apoio de ambos. Cada um, conforme sua especialidade, colaboraria comigo, a fim de que minhas experiências pudessem aliviar corações tão sofridos quanto o

19 Ou *Espiritismo*, uma vez que este não é senão o conjunto das instruções dos Espíritos superiores, instruções fundadas em princípios científicos, filosóficos, e com finalizações religiosas.

20 Primeiro livro e fundamento do *Espiritismo*. Veio à lume em 18 de abril de 1857. Seus autores são: desencarnados, os Espíritos superiores; encarnado, ALLAN KARDEC, pseudônimo do Prof. francês HIPOLLYTE LEON DENIZARD RIVAIL.

meu. Acertamos que o próprio André ajudar-me-ia na psicografia, mediunidade a ser desenvolvida por uma pessoa muito chegada a ele. Portanto, tão logo essa hora adviesse, daríamos início à sua composição.

Claro, precisaria da aprovação de Wladilovitch. Assim, tão logo tomei conhecimento de sua chegada à colônia, fiz-lhe o pedido. Desde então, o trabalho tem sido árduo. Essa tarefa é uma daquelas a requerer muita dedicação.

Em meados da década de 80, Krovienko desencarnou. Estive presente não para desatar os liames que o prendiam à carne, mas somente para lhe dar o apoio necessário. Não me reconheceu, achava-se muito debilitado. Embora haja freado seus maiores impulsos, quais sejam o das paixões carnais e o das ambições pela posse de terras, bem como o dos poderes que isso acarreta, lamentavelmente escravizou seu corpo na bebida. De certa forma, venceu alguns obstáculos; contudo, portador de sentimentos inferiores, reentrou na pátria espiritual em estado de perturbação. Assim como Bochenko, ficaria num pronto-socorro para se recuperar. No entanto, encontrava-me apaziguada, pois não mais se perdera nas trevas como no desencarne anterior. Mais uma vez agradeci a Deus por tudo que estava recebendo.

Infelizmente, Kripsia não teve o mesmo destino. Envolvida como estava com o poder e os vícios sexuais, foi arrebatada pelos amigos das sombras que, prontamente, recolheram-na. Seu espírito ainda teria que padecer por lá durante anos até que a luz do *Evangelho* pudesse penetrar em sua consciência. Arthur Sell desencarnou muito perturbado, porém também estava recebendo ajuda dos amigos espirituais.

Perguntei e pedi ao irmão Voschi se eu podia aconselhar meus netos, os filhos de Krovienko, para olharem com fraternidade para o companheiro César. Pedido consentido, então me propus visitá-los vez por outra para dar andamento à tarefa assumida. E estando Krovienko alojado, rumei para minhas tarefas cotidianas.

Muito ainda precisava ser feito em comunhão com os entes familiares; afinal, nosso entrelaçamento afetivo se prolonga por toda eternidade. A princípio, a ligação pode ser através de sentimentos negativos, como os de ódio e vingança, contudo, na medida do nosso crescimento em amor e saber, passamos a compreender o verdadeiro sentido da vida, isto é, o amor, e, portanto, o amor praticado na comunidade na qual nos encontramos inseridos. Por conseguinte, melhorados nossos sentimentos, aquelas ligações tornar-se-ão fraternais e eternas. Quanto a isso, posso citar minha ligação não só com Wladilovitch – junto a mim em sua missão –, mas também André, o qual se me tornou um companheiro indispensável. E embora meu amicíssimo se encontre engajado na missão de guiar aquele seu ente querido, tem comigo mais uma tarefa, a de me auxiliar em minha evolução, principalmente a intelectual, haja vista se tratar de uma figura de grande saber.

Ainda hoje, em 2.001, vários anos após assumir plenamente o estudo sistemático dos problemas filosóficos, científicos e religiosos, sinto-me engatinhar no vasto conhecimento universal. Nada obstante, disponho já da plena consciência de que as verdades divinas postas no mundo são para serem conquistadas pelo espírito por toda vida, sendo, portanto, eternas.

Assim é a nossa vida aqui, no mundo espiritual: tarefas necessárias ao próprio desenvolvimento, tarefas assumidas pelo desejo de ajudar, compromissos que não podem ser alterados. O espírito precisa pensar, agir, participar, cooperar, pois é esse o verdadeiro sentido de sua existência, uma vez ser ele o sujeito-agente-pensante da natureza.

Queridos amigos, companheiros de jornada! Quero incentivá-los a buscar a paz, o equilíbrio.

Encontramo-nos juntos em todos os movimentos, porque ninguém sai do mundo, ninguém se ausenta dessas idas e vindas, porquanto, num determinado momento, deparamo-nos defronte as próprias consciências.

A partir da minha verdadeira descoberta de Jesus – antes um desconhecido, embora inconscientemente possuísse o discernimento da sua presença –, tornei-me um espírito renovado: Jesus nos move para atitudes positivas, enche-nos de entusiasmo para a conquista da esperança e nos ensina a coragem para seguirmos adiante sem nos deter com os pedregulhos do caminho. Jesus é o irmão amado, desejado de todos nós. Por tudo que Ele representa em nossa evolução – pois sem Ele seríamos como cegos no plano espiritual –, temos que ter, pelo menos, a iniciativa de conhecê-lo, mas não como aquele *"coitado"* que morreu por nós; Ele morreu, deu sua vida, pela causa de Deus, não para redimir os pecados de qualquer um.

Assim sendo, todos somos responsáveis por nós e pelos movimentos causados no universo, e seremos nós mesmos quem iremos redimir nossos erros. Sem a luta, sem o desejo sincero da profunda e fecunda mudança, continuaremos a andar cegamente por caminhos outrora já iluminados.

Acredito ser a minha grande tarefa a de seguir os passos do Mestre do amor, Jesus. Não se trata de uma tarefa simples, no entanto é maravilhosa por nos dar a segurança do dever cumprido. Basta-nos apenas trabalhar para o bem: o bem que salva vidas, o bem que ensina, o bem que enche nosso ser de amor, tolerância e compreensão; o bem que deseja felicidade, o bem que estende as mãos, o bem que eleva o pensamento ao Criador, enfim, e Lhe agradecer pelas infindáveis dádivas recebidas.

Ainda não conhece Jesus? Procure-o em todo aquele que se apresenta a você, afim de que aja com caridade, possibilidade única de amor ao próximo. Procure-o em seu interior, por certo irá encontrá-lo em qualquer ponto do vasto caminho percorrido desde há dois mil anos.

Poderia permanecer aqui durante semanas, dissertando sobre Esse espírito que um dia olhou para mim e chamou-me. Hoje continua a olhar-me, porém suas palavras são outras: *"Continue, irmã, seja feliz"*.

Ao encerrar este livro, quero lhes fazer um convite: venham, irmãos! O caminho é florido, a vida é maravilhosa, o trabalho no bem nos sustenta. Deus nos espera!

Ainda hoje, em muitos momentos, Adroaldo me incentiva, repetindo-me a máxima do Apóstolo dos Gentios:

– Sofia, *"Se Deus é por nós, quem será contra nós*[21]*"*.

Somente um ser pode me prejudicar e esse ser se chama: *"eu mesma"*.

•••••••••

21 Paulo de Tarso, Rm 8:31. (NR).

Nosso livro

Formato: 14x21 cm
Tipologia: Adobe Garamond Pro (texto)
Harrington (títulos)
Papel: Alta Alvura Alcalina Suzano 75 grs (miolo)
Cartão Supremo Sz 250 grs (capa)

Revisão de Língua Portuguesa
Cinthia Maria Ramazzini Remaeh

Projeto Gráfico, diagramação e capa
Angela dos Santos Luiz